Isabella Ackerl
Die bedeutendsten Staatsmänner

Isabella Ackerl

Die bedeutendsten Staatsmänner

marixverlag

Copyright © by Marix Verlag GmbH, Wiesbaden 2006
Projektbetreuung: Verlagsagentur Mag. Michael Hlatky, A – 8071 Vasoldsberg
Covergestaltung: Thomas Jarzina, Köln
Bildnachweis: akg-images GmbH, Berlin
Satz und Bearbeitung: C&H Typo-Grafik, Miesbach
Gesamtherstellung: GGP media GmbH, Pößneck
Printed in Germany

ISBN-10: 3-86539-900-2
ISBN-13: 978-3-86539-900-7

www.marixverlag.de

INHALT

EINLEITUNG

Das vorliegende Buch enthält 68 Biografien von Staatsmännern, vom 15. Jahrhundert beginnend bis zur Gegenwart. Es sind fast nur Männer, die das heutige Aussehen unserer Welt geformt haben. Mit Absicht wurden die führenden Gestalten der Antike weggelassen, denn von ihren Staatsgründungen bzw. von ihrem politischen Wirken hat nichts bis heute Bestand. Die großen Philosophen zu Staat und Gesellschaft in der Antike haben wohl alles schon einmal durchgedacht und auch wie in einem Labor der Geschichte erprobt, ob das eine Diktatur, eine Demokratie oder eine Oligarchie war – die Antike fand für alle Staatsformen eine theoretische Basis und hat diese auch der praktischen Erfahrung ausgesetzt. Für dieses Buch wurden jedoch bewusst jene Persönlichkeiten ausgewählt, deren Wirken noch Spuren in der Gegenwart hinterlassen hat bzw. solche, die unsere Gegenwart nachdrücklich gestaltet haben.

Als Staatsmänner wurden jene Persönlichkeiten definiert, die nicht durch Erbschaft, sondern durch Auswahl eines Herrschers oder einer Volksvertretung in ein Amt berufen wurden, das sie mit all ihrem Können, ihren Begabungen und Leistungen bestmöglich ausgefüllt haben. Natürlich sind Staatsmänner keine Heiligen, nicht jeder wurde mit dem Marschallstab im Tornister geboren, so mancher konnte eine führende Position nur nach langen Kraftanstrengungen erreichen. Doch jeder Einzelne von ihnen hat in der Geschichte seines Landes einen herausragenden Platz eingenommen, und nur von diesem Standpunkt aus erfolgt seine grundsätzliche Würdigung. Menschen, die ihrem Land zur Unabhängigkeit von einer Kolonialmacht verholfen haben, werden im eigenen Land eine andere Wertung erfahren als im Mutterland der einstigen Kolonie. Daher steht primär der nationale Blickwinkel im Vordergrund. Viele der Dargestellten haben weit über die nationale Ebene hinaus eine Wirkungsmächtigkeit entfaltet, die sie zum Symbol für eine bestimmte Politik werden ließ.

Nicht immer gehörten Wahl der Mittel und eingesetzte Methoden zum moralischen Kodex der herrschenden Gesellschaft, doch das Erkennen von neuen Wegen und die innovative Fantasie haben nicht selten einen durchschlagenden Erfolg erzielt.

Welche Begabungen und Eigenschaften einen Staatsmann ausmachen, wird sich kaum abgrenzen lassen. Was er vom Start weg mitbringen muss, sind sicherlich eine gute Ausbildung und der unbändige Wille nach Wissen und Verstehen. Manche von ihnen wurden systematisch für eine künftige Funktion erzogen, der eine oder andere stolperte in ein Metier, das er sich erst erobern musste. Neugier auf menschliche Verhaltensweisen, der Wunsch zu gestalten und Menschen in gewisse Richtungen zu lenken, die Leidenschaft für eine Idee, Ausdauer und Geduld, ein subtiles und dezentes Feingefühl bei der Einschätzung von Freund und Feind waren immer wieder hilfreich. Ein entspanntes Verhältnis zu Macht und Machtausübung gehörte oft dazu, und die viel zitierte Fortune, die auch darin besteht, dass der rechte Mann zur rechten Stunde bereitsteht. Es bedurfte manchmal auch der Führungspersönlichkeiten, die den Mut aufbringen, ein Land oder einen Staat aus einer gescheiterten Situation herauszuführen. Zuletzt muss ein guter und sich immer auch der Möglichkeit des plötzlichen Scheiterns bewusster Staatsmann jene Demut aufbringen, die ihn dazu befähigt einzusehen, dass Erfolg oder Misserfolg nicht mathematisch steuerbare Vorgänge, sondern schicksalsbestimmte Geschehnisse sind, die auch mit grundsätzlichen Weltanschauungen beantwortet werden können.

Ein gewisser Mut zur Wahrhaftigkeit gehört dazu, ob er sich darin äußert, dass Tatsachen verbalisiert werden, die sich keiner auszusprechen traut, oder in der allen vertrauten Verlässlichkeit des gegebenen Wortes.

Eine Eigenschaft eines Staatsmannes, die dem Charakter der Demokratie sehr entspricht, ist die Teamfähigkeit. Die Bereitschaft, warten zu können und den richtigen Augenblick abzuwarten, wann ein Schritt öffentlichkeitsverträglich wird, erfordern viel Geduld und Vertrauen in die gefasste Meinung.

Im Übrigen – jede Zeit hat ihre Mittel und ihre Werte. Gab es Phasen in der Geschichte, da nur der Sieg auf dem Schlachtfeld es erst ermöglichte, eine Lösung eines Problems zu finden, so leben wir heute in einer Zeit, in der als beste Tugend gilt, Konflikte ohne Waffen auszutragen. Der in der Antike geprägte Grundsatz »do ut des« (Ich gebe, damit du gibst), der den Grundsatz des Kompromisses in wenigen Buchstaben umschreibt, ist heute gültiger denn je.

So berichtet jede dieser Biografien über ein Leben der Erfolge und Misserfolge, der großen Visionen und billigen Untaten, der persönlichen Tragödien und der Veränderungen, die eine Zeit auf den Kopf stellten. Geschichte in ihrer lebendigsten Form.

Isabella Ackerl

John Adams

Da der älteste von drei Söhnen eines Farmers und Stadtrates (select man) schon als Kind einen wachen Geist verriet, wurde er mit Blick auf College und nachfolgendes Studium erzogen. Adams begann in Worcester bei einem sehr gebildeten Juristen zu studieren, unterrichtete gleichzeitig an einer Mittelschule und machte seinen Abschluss in Jura schließlich in Harvard.

Als junger Anwalt erwies sich Adams als sehr ehrgeizig und politisch äußerst zielstrebig. Es war jene Zeit in der amerikanischen Politik, in der Befürworter und Gegner des Kolonialstatus Position bezogen. Adams nahm sehr bald eindeutig Stellung – gegen das britische Mutterland. Heftigst griff er den Erlass »Writs of Assistance case« aus dem Jahr 1761 an, der Hausdurchsuchungen durch Zollbeamte nach Schmuggelgut auch ohne das Vorliegen von Beweisen ermöglichte. Adams sah darin eine Verfassungswidrigkeit. Ebenso bekämpfte er den »Stamp Act«, der besagte, dass jedes Dokument eine Stempelmarke tragen müsse.

1764 heiratete er die Pfarrerstochter Abigail Smith aus dem nahen Weymouth, die über gute Beziehungen zu politischen Kreisen verfügte, was sich für Adams als sehr hilfreich erwies. Abigail hinterließ einen reichen, sehr lebhaft verfassten Briefwechsel, Adams selbst schrieb Tagebuch – Dokumente, die die Turbulenzen ihrer Zeit hervorragend widerspiegeln. In seinem Tagebuch zeigt Adams sich als widersprüchlicher und sehr eifersüchtiger Mensch, misstrauisch und zornig, aber auch verspielt und äußerst zart, wenn es um seine Familie geht.

Ab 1763 veröffentlichte er regelmäßig Beiträge für verschiedene Tageszeitungen in Boston, in denen er wie in einem Selbstgespräch die Probleme der Zeit diskutierte. Er nahm grundsätzlich einen Rechtsstandpunkt ein und wandte sich gegen alle aus Großbritannien gleichsam aus der Ferne diktierten Erlasse, denen die Bewohner der Kolonien nicht zugestimmt hatten.

1768 erschienen seine in der »Boston Gazette« publizierten Artikel in London als Buch unter dem Titel »A Dissertation on the Canon and Feudal Law«. Grundtenor des Werkes ist der

Protest der Neuen Welt gegen die Autorität und das Feudal-
recht der Alten Welt.

Im Jahr 1770 übernahm Adams die Verteidigung von fünf britischen Soldaten in einem Sensationsprozess: Die fünf Soldaten
waren im Zuge des »Boston Massacre« wegen Mordes angeklagt
worden – ausgelöst durch ihr Einschreiten bei der Vollziehung
der »Townshend Acts«, als sie die Einfuhrsteuer auf Glas, Tee
bzw. Papier einbeziehen sollten. Dabei waren fünf Menschen zu
Tode gekommen. Die öffentliche Meinung war gegen die Soldaten aufgebracht, doch Adams erzielte einen Freispruch.

Seine Anwaltspraxis war nun gefragt, er konnte zwei Ange-
stellte aufnehmen. Allerdings erlitt er auch einen schweren gesundheitlichen Rückschlag, der ihn nötigte, für eine Weile Erholung zu suchen. Ein Jahr später war er wieder auf dem Posten
und wurde in das House of Representatives von Massachusetts
gewählt. Zwei Jahre später nahm er am Continental Congress,
der gesetzgebenden Körperschaft, als Mitglied der Delegation
von Massachusetts teil. Es war dies die erste Konstituante der
13 US-Gründerstaaten. Damals galt seine Sympathie, wie sein
Tagebuch beweist, den radikalen, absoluten Gegnern Englands.
Vor allem die britische Steuer- und Handelspolitik fand in ihm
einen erklärten Kontrahenten. Es war Adams, der 1775 die Ernennung George Washingtons zum Oberbefehlshaber der amerikanischen Truppen vorschlug.

Ab Mitte der 1780er-Jahre profilierte er sich als Befürworter
einer völligen Trennung der nordamerikanischen Staaten vom
britischen Mutterland. Daher war er auch – ebenso wie Thomas
Jefferson – an der Abfassung der Unabhängigkeitserklärung
beteiligt. 1777 entsandte man ihn mit Benjamin Franklin nach
Frankreich, um die Anliegen der unabhängigen Vereinigten Staaten zu vertreten. Auf dieser Reise begleitete ihn sein zehnjähriger
Sohn John Quincy, welcher der sechste Präsident der Vereinigten
Staaten wurde. So war es nur logisch, dass Adams im September
1783 auch zu den Unterhändlern des Vertrages von Paris gehörte,
der die 13 Gründerstaaten in die Unabhängigkeit entließ.

Die nächsten Jahre verbrachte Adams als Gesandter in Holland und als Amerikas Erster Botschafter am Hof von St. James
in London. Nach seiner Rückkehr nach Amerika stand er acht
Jahre an der Seite George Washingtons als Vizepräsident.

Nach Ablauf von Washingtons Amtszeit wurde Adams zum zweiten Präsidenten der Vereinigten Staaten gewählt. Seine Ära wurde von außenpolitischen Schwierigkeiten und innenpolitischen Spannungen überschattet, vor allem in seiner Föderalistischen Partei kam es zu Auseinandersetzungen. Selbst ein gemäßigter Politiker, vermochte er den radikalen Flügel seiner Partei nicht zu zähmen, der wegen des Jay-Vertrages, der die Nord- und Nordwestgrenze der Vereinigten Staaten zu Großbritannien und vor allem die gegenseitigen Handelsinteressen regelte, fast einen Krieg provoziert hätte. Schließlich kam es zur Spaltung der Partei. Adams' Gegner, Thomas Jefferson, erreichte einen glanzvollen Wahlsieg.

Als Anhänger der Lehren Charles Montesquieus trat Adams grundsätzlich für ein Zweikammersystem und eine strenge Trennung von Legislative und Exekutive ein. Auch die persönliche Freiheit des Einzelnen gegenüber dem Staat und der Regierung hielt er hoch. Probleme hatte er mit enragierten Anhängern der Französischen Revolution, die ihm in ihren Forderungen zu weit gingen.

Nach seinem Ausscheiden aus dem Amt war er nicht mehr politisch tätig, blieb aber an allen Vorgängen äußerst interessiert. Seine letzte große Freude war 1825 die Wahl seines Sohnes John Quincy zum Präsidenten der Vereinigten Staaten.

Adams publizierte auch grundsätzliche, theoretische Werke wie »Thoughts on Government« (1776) und »Defense of the Constitutions of Government of the United States of America« (1787). Bereits im Ruhestand verfasste er Teile einer »Autobiography«.

* 30. Oktober 1735 in Braintree (Mass.)
† 4. Juli 1826 in Quincy (Mass.)
1764   Heirat mit Abigail Smith
1765   Geburt der ältesten Tochter
1767   Geburt des Sohnes John Quincy
1768   Übersiedlung nach Boston
1781–1788 Gesandter in Holland, ab 1785 zeitgleich in Großbritannien
1789–1797 Vizepräsident unter George Washington
1797–1801 zweiter Präsident der Vereinigten Staaten

JOHN QUINCY ADAMS

Der älteste Sohn des zweiten Präsidenten der Vereinigten Staaten wuchs in einer von Intellektualität und politischem Diskurs bestimmten Atmosphäre auf. Schon als Teenager wurde er Zeuge von bedeutenden politischen Ereignissen wie der Schlacht von Bunker Hill 1775. In den Jahren 1778 und 1780 begleitete er seinen Vater auf Reisen nach Europa. Er bekam die Gelegenheit, an einer privaten Schule in Paris zu studieren. Als sein Vater Botschafter in Holland war, schrieb er sich an der Universität in Leiden ein. Daher sprach er sehr gut Französisch und auch ein wenig Holländisch. Er dürfte sich schon sehr früh der Bedeutung seines Umfelds bewusst geworden sein, was sein ab 1780 geführtes Tagebuch erkennen lässt. Es stellt in seiner geradezu brutalen Offenheit ein großartiges Zeitdokument dar.

1781, als 14-Jähriger, begleitete er den amerikanischen Gesandten Francis Dana als Sekretär und Dolmetscher für Französisch nach Russland. Dana sollte den Hof in St. Petersburg für eine offizielle Anerkennung der Unabhängigkeit der Vereinigten Staaten gewinnen, doch trotz eines fast zweijährigen Aufenthalts wurde Dana von Zarin Katharina II. nicht ein Mal empfangen. Auf der Rückreise traf John Quincy Adams seinen Vater in Paris, begleitete ihn aber nicht nach London, wo der Vater am Hof von St. James akkreditiert war, sondern kehrte nach Massachusetts zurück.

Adams begann ein Jurastudium in Harvard, das er 1787 abschloss. Drei Jahre später erhielt er die Zulassung für das Gericht in Boston. In diesen Jahren schrieb Adams zahlreiche politische Artikel, welche die Aufmerksamkeit von Präsident Washington erregten, der ihn 1794 als amerikanischen Vertreter nach Holland schickte. Damals galt Den Haag als ein wichtiger Beobachtungspunkt für die europäischen Koalitionskriege gegen das revolutionäre und postrevolutionäre Frankreich. Seine offiziellen Depeschen und die privaten Briefe an den Vater, zu dieser Zeit Vizepräsident, informierten die amerikanische Regierung bestens über die Vorgänge in Europa. Zwei Jahre später entsandte ihn Washington, der ihn für einen seiner fähigsten Beamten hielt, nach Portugal.

1797 wurde Adams' Vater Präsident der Vereinigten Staaten und entsandte den Sohn nach Preußen. Im selben Jahr ging John Quincy Adams die Ehe mit Louisa Catherine Johnson ein. Es gelang ihm, mit Preußen einen Freundschafts- und Handelsvertrag abzuschließen. Derartige Verträge waren für das noch junge und daher kaum diplomatisch anerkannte Staatswesen der Vereinigten Staaten wichtige Schritte auf dem Weg zur internationalen Akzeptanz. Nach seiner Abberufung aus Berlin 1800 wurde er 1801 in den Senat von Massachusetts, zwei Jahre später in den Senat der Vereinigten Staaten gewählt. Sofort wurde er mit Fraktionen, Gruppierungen und den damit verbundenen Feindschaften, die teilweise seinem Vater galten, konfrontiert. Ursprünglich Mitglied der Föderalistischen Partei, ergab sich bei ihm eine zunehmende Unzufriedenheit mit deren Politik, die ihn schließlich zwang, seinen Sitz im Senat aufzugeben. Er selbst sah sich nie nur als einen Vertreter einer Partei, sondern betrachtete immer das Interesse des gesamten Landes als seine Aufgabe. So unterstützte er Präsident Thomas Jefferson in der Verhängung eines totalen Außenhandelsembargos, um Großbritannien zu zwingen, die Rechte der Vereinigten Staaten anzuerkennen. Zwischen 1806 und 1809 lehrte Adams als Professor in Harvard. Mittlerweile war er zur Partei der Republikaner gewechselt, die eher seinem Standpunkt entsprach.

Der seit 1809 amtierende Präsident James Madison schätzte Adams' große Begabung, vor allem auf dem außenpolitischen Feld, und ernannte ihn zum Botschafter der USA in Russland, just in jener Phase, als Zar Alexander I. sich entschloss, mit Napoleon zu brechen. Die Situation zeigte sich nun für den amerikanischen Botschafter überaus offen, ganz anders als er sie seinerzeit erlebt hatte. Die Anbahnung von Handelsbeziehungen begegnete keinerlei Widerständen. Adams berichtete sehr detailliert aus St. Petersburg über Napoleons Russlandfeldzug und über das Desaster der Grande Armée.

Im Jahr 1814 verhandelte der Diplomat mit den Briten in Gent monatelang über einen Friedensvertrag, der den seit 1812 schwelenden Krieg beendete. Dabei waren die guten Beziehungen zu Russland durchaus hilfreich. Man einigte sich auf

den Status quo ante – es blieb alles so, wie es war. Die Grenz-
ziehung zu Kanada wurde einer eigenen Schiedskommission
anvertraut.

Anschließend ging Adams nach Paris, wo er Napoleons
Rückkehr aus Elba erlebte, und dann an den Hof von St. James
als Botschafter – eine Position, die schon sein Vater innegehabt
hatte. In London verhandelte er eine Handels- und Seefahrt-
Konvention, erzielte aber weiter keine spektakulären Erfolge.

Als James Monroe 1817 zum Präsidenten der Vereinigten
Staaten gewählt wurde, berief er Adams als Außenminister in
seine Administration. Als solcher hatte Adams ganz wesentlichen Anteil an der Formulierung der Monroe-Doktrin (Amerika den Amerikanern), welche die Ausschaltung aller europäischen Kolonialmächte aus dem amerikanischen Kontinent
forderte. Weiterhin spielte er eine wichtige Rolle bei der Erwer-
bung Floridas, das von Spanien gekauft wurde. Adams verfolgte sehr konsequent diesen politischen Ansatz, auch gegenüber Russland, dem er sich seit seiner Zeit als Botschafter sehr
verbunden fühlte. Als das Zarenreich versuchte, in Kalifornien
Fuß zu fassen, lehnte er dies in einer scharf formulierten Note
ab. Adams nährte auch ein gewisses Misstrauen gegenüber
der Heiligen Allianz in Europa, insbesondere gegen die Pläne
Großbritanniens in Südamerika.

Nach der Amtszeit Monroes wurde Adams 1825 zum sechs-
ten Präsidenten der Vereinigten Staaten gewählt. So erfolgreich
und akzeptiert er als Außenminister gewirkt hatte, so wenig
glücklich verlief seine Präsidentschaft, auch wegen der Feindschaft mit seinem Gegenkandidaten Andrew Jackson. Ob es die
Frage der Ausdehnung der Exekutivgewalt war, die Förderung
der Künste und Wissenschaften zur Hebung der allgemeinen
Bildung – Adams stieß auf den erbitterten Widerstand des Kon-
gresses. Trotzdem entwickelte sich seine Präsidentschaft zu einer wirtschaftlich höchst erfolgreichen Phase für die Vereinigten
Staaten. An eine Verlängerung seiner Amtszeit war aber nicht
zu denken, Adams unterlag Andrew Jackson.

Eine Zeit lang zog sich Adams aus der Politik zurück, kehrte
aber 1831 wieder in den Kongress zurück, dem er bis zu seinem
Tode angehörte. Er war ein gefürchteter Redner und profilierte sich als entschiedener Gegner der Sklaverei. Immer wieder

beantragte er, dass jedes in den USA geborene Kind frei sein sollte, dass kein Staat in die Vereinigten Staaten aufgenommen werde, in dem die Sklaverei herrsche, und dass es keine Sklaven und keinen Sklavenhandel im District of Columbia geben dürfe. Jahrelang wurden seine Vorlagen von den Sklavenhalterstaaten bzw. ihren Vertretern blockiert, doch langsam gewannen seine Ansichten mehr Zustimmung. 1844 konnte er seine Anträge endlich durchbringen. Er vertrat als Anwalt die Sklaven des Schiffes »Amistad«, die revoltiert hatten, und konnte die Freiheit für sie gewinnen.

Adams war ein großer, aber schwieriger Geist, ein unabhängiger Denker, dem die Sache der Res publica über alles ging. Persönlich ein zurückhaltender Mensch, der nur wenige Freundschaften pflog, dafür über die Zahl seiner Feinde nicht klagen musste. Er war ein Politiker, dem die Vereinigten Staaten sehr viel verdanken – formte er doch mit der Monroe-Doktrin, mit den Verträgen mit Großbritannien und den Gebietserwerbungen von Spanien die künftigen Grenzen dieser Großmacht.

* 11. Juli 1767 in Braintree (Mass.)
† 23. Februar 1848 in Washington, D. C.

1775	Schlacht von Bunker Hill
1778	und 1780 Europareisen
1781–1782	Reise nach Russland
1787	Abschluss in Harvard
1790	Zulassung am Gericht in Boston
1794	amerikanischer Vertreter in Holland
1796	Botschafter in Portugal
1797	Botschafter in Preußen und Heirat mit L. C. Johnson
1803	in den Senat gewählt
1806–1809	Professor in Harvard
1814–1817	Botschafter in London
1817–1825	Außenminister
1825–1829	Präsident
1831–1848	Mitglied des Kongresses

KONRAD ADENAUER

Der aus dem katholischen Rheinland stammende Adenauer war schon durch seine Herkunft für eine Karriere in einer christlichen Rechtspartei bestimmt. Der Sohn aus einer Beamtenfamilie, die einen sehr bescheidenen Lebensstil pflegte sowie Pflichterfüllung und religiöse Werte als Lebensleitlinien hochhielt, besuchte das humanistische Gymnasium in Köln. Er hatte zwei ältere Brüder und eine jüngere Schwester. Nach dem Abitur 1894 begann er eine Banklehre, brach diese aber ab, als er ein Kölner Bürgerstipendium erhielt. Er studierte Jura und Politikwissenschaft in Freiburg, München und Bonn. Sein Interesse für Politik äußerte sich nicht nur ideell durch sein Studium, er wandte sich auch früh der praktischen politischen Arbeit zu. Seine Partei war das Zentrum – die einzig wählbare Partei für einen Katholiken aus dem Rheinland. Bereits 1906 wurde er in den Kölner Stadtrat gewählt, noch während des Ersten Weltkrieges wurde Adenauer zum Oberbürgermeister von Köln bestellt, eine Funktion, die er bis zu seiner Vertreibung durch die Nationalsozialisten unangefochten und höchst anerkannt ausübte. Als Kommunalpolitiker war Adenauer ein hervorragendes Beispiel, wie man bereits in den 20er- und 30er-Jahren des 20. Jahrhunderts moderne Kommunalpolitik machen konnte. Durch den Ausbau des Rheinhafens verbreiterte er die wirtschaftliche Grundlage der Stadt, gleichzeitig schuf er rund um Köln an Stelle des Festungsgürtels einen Grüngürtel, um es auch für die Bevölkerung attraktiv und lebenswert zu machen. Er förderte die Ansiedlung von Industriebetrieben, unter anderem der Ford-Werke, er investierte in Kultur- und Freizeitanlagen und betrieb die Wiedergründung der Kölner Universität, die 1798 aufgelassen worden war.

Parlamentarische Erfahrungen sammelte Adenauer schon vor 1918 – als Mitglied des preußischen Herrenhauses. Ab 1920 gehörte er dem preußischen Staatsrat an, 1928 wählte ihn das Zentrum zum Parteisprecher.

Nach der Machtergreifung der Nationalsozialisten verlor Adenauer alle politischen Funktionen und wurde aus Köln verbannt. Er lebte in dieser Zeit in Rhöndorf, wurde immer wieder Verfolgungen ausgesetzt, zuletzt 1944 nach dem Attentat auf Hitler verhaftet und ins KZ geschickt. Versuche verschiedener Vertreter des deutschen Widerstandes, ihn für eine Mitarbeit zu gewinnen, lehnte er dezidiert ab.

Nach Kriegsende installierten ihn die Amerikaner sofort wieder als Bürgermeister, aber als die Briten das Rheinland als Besatzungszone übernahmen, wurde er seines Amtes enthoben.

Schon vor Kriegsende war die Christ-Demokratische Union gegründet worden, die den alten Zwist zwischen Katholiken und Protestanten auf der politischen Ebene überwinden sollte. In dieser Partei spielte Adenauer von Anfang an eine große Rolle, bereits 1946 wurde er Parteivorsitzender in der britischen Zone, von wo aus sich die Partei über alle vier Besatzungszonen ausbreitete.

Als die Parteien in Deutschland darangingen, eine neue Verfassung zu formulieren, wurde der Parlamentarische Rat gebildet, zu dessen Präsident Adenauer 1948 bestellt wurde. Die zu beratende Verfassung für einen Bundesstaat konnte allerdings nur für die westlichen Besatzungszonen Gültigkeit erlangen, da die russische Besatzungszone, die spätere Deutsche Demokratische Republik, sehr schnell eigene Wege ging.

Nach Abschluss der Verfassungsberatungen, an deren Ende die Formulierung des Grundgesetzes stand, wurden die ersten freien Wahlen ausgeschrieben. Adenauer stand mittlerweile an der Spitze der westdeutschen CDU, die gemeinsam mit der bayerischen CSU einen Stimmenanteil von 31 Prozent erringen konnte. Adenauer, ein strikter Gegner der SPD und einer egalitären Massengesellschaft, formte eine Koalitionsregierung aus CDU/CSU sowie FDP und DP, die nur eine geringe Mehrheit besaß. Um seinen Gegnern den Wind aus den Segeln zu nehmen, ließ er sich von Ärzten bescheinigen, dass er, immerhin 73 Jahre alt, das Amt eines Bundeskanzlers durchaus zwei Jahre ausüben werde können. Tatsächlich blieb er Kanzler der Bundesrepublik Deutschland bis 1963.

Adenauers Kanzlerschaft war die Zeit des deutschen Wirtschaftswunders, jener Phase, in der Deutschland wieder seinen Platz in der Gemeinschaft der Staaten einnahm, die Zeit, in der es auch seine außenpolitischen Präferenzen und Ziele klar formulierte. In tagespolitischen Fragen agierte Adenauer pragmatisch und kompromissfähig, vor allem wenn es um die Verteidigung der Einheit der Bundesrepublik ging. In seiner Ära schaffte das Land immerhin die Eingliederung von fast zehn Millionen Heimatvertriebenen und Flüchtlingen.

Sein Hauptinteresse, seine Liebe und seine Grundsatztreue galten der Außenpolitik, die er nach rigorosen Vorgaben lenkte, an denen er nicht rütteln ließ. Er sah die große Gefahr und Bedrohung für die Mitte Europas und ihren Frieden in der kommunistischen Herrschaft in Osteuropa. Er konnte und wollte nicht an eine friedliche Koexistenz mit der Sowjetunion glauben, woraus seine strikte Partnerschaft mit den Westmächten und mit der NATO resultierte. Dazu gehörten auch die atomare Abschreckung und die damit verbundene Stationierung von Atomwaffen auf dem Gebiet der Bundesrepublik Deutschland. Eines seiner großen Vorhaben war die Bildung einer europäischen Verteidigungsgemeinschaft, die sich nicht verwirklichen sollte.

Um diesem Gesamtziel zu dienen, führte er Deutschland 1950 in den Europarat, Deutschland wurde Gründungsmitglied der Europäischen Kohle- und Stahl-Union und stand damit am Anfang der heutigen Europäischen Union. 1955, nach dem Scheitern der europäischen Verteidigungsgemeinschaft, wurde das Land souverän und damit Vollmitglied der NATO. In den nächsten Jahren erfolgte die deutsche Wiederbewaffnung.

Diese Politik Adenauers erfuhr in den Wahlen 1953 und 1957 ihre Honorierung, die CDU gewann beachtlich an Stimmen. Eine wichtige Ursache dieses Wahlerfolgs lag sicherlich auch in Adenauers Wahl seines Wirtschaftsministers: Ludwig Erhard und seine soziale Marktwirtschaft führten das Land in nur wenigen Jahren zu einem nie gekannten Wohlstand aller Bürger. Eine breite Palette von sozialstaatlichen Maßnahmen sicherte den innenpolitischen Frieden. Allerdings wollte Adenauer nie zulassen, dass Erhard mehr als das Amt des Wirtschaftsministers erreichen könnte. Immer wieder erklärte er ihn als ungeeignet für das Amt des Kanzlers, was zu schweren Differenzen zwischen den beiden führte. Letztlich erwies sich aber die Richtigkeit seines Urteils – Erhards Kanzlerschaft war ein Misserfolg.

Erst die Wahlen von 1961 zeigten Abnutzungserscheinungen der regierenden CDU und ihres greisen Kanzlers. Weltpolitisch stand es ebenfalls nicht zum Besten, im August 1961 begann das DDR-Regime mit dem Bau der Berliner Mauer. Adenauer musste eine Koalitionsregierung mit der FDP bilden. Vor seinem Rücktritt schloss er noch den seine Karriere als Außenpolitiker krönenden Vertrag, der zugleich der bedeutendste dieser Nachkriegszeit war: 1963 unterzeichnete er mit Charles de Gaulle den deutsch-französischen Freundschaftsvertrag, der das gute Verhältnis der beiden altgedienten Politiker auf Dauer auf die beiden Staaten ausdehnen sollte.

Nach seinem Rücktritt 1963 blieb Adenauer noch drei Jahre Vorsitzender der CDU. In diesen Jahren kam es öfter zu Angriffen auf ihn – er hätte sich zu wenig der Frage der deutschen Wiedervereinigung gewidmet. Er jedoch hatte dies als eine Aufgabe der Westalliierten erachtet. Die Bundesrepublik Deutschland war unter Adenauers Führung strikt nach der Hallstein-Doktrin vorgegangen, die besagte, dass nur der Westen Deutschlands den Alleinvertretungsanspruch für Deutschland wahrnehmen könne. Versuche der in der Opposition agierenden SPD, Deutschland auf eine neutrale oder bündnisfreie Politik einzuschwören, scheiterten am unerbittlichen Nein des Kanzlers.

Adenauer überzeugte die Menschen durch die Einfachheit und die Klarheit seiner Sprache, er war unprätentiös, bescheiden und diszipliniert. Zweimal verheiratet, blieb er beide Male als Witwer zurück. 1904 hatte er Emma Weyer, eine Tochter aus einer wohlhabenden Kölner Familie, geheiratet, die ihm politisch und gesellschaftlich so manche Wege ebnete. Sie starb 1916, aus dieser Ehe stammten drei Kinder. Aus seiner Ehe mit Auguste Zinsser gingen fünf Kinder hervor.

Im Gedächtnis der Deutschen ist Adenauer der Gründungskanzler der Bundesrepublik Deutschland, der »Größte« der Nachkriegszeit, der für Parlamentarismus und Grundgesetz stand. Politisch hatte er zu seiner Zeit keinen Widerpart – Kurt Schumacher, in diesen Jahren SPD-Chef, war für Adenauer kein ernsthafter Gegner. Schumachers Sozialismus war ideologisch aufgeladen und aufdringlich, während die Menschen in der Nachkriegszeit Sicherheit, Klarheit und Würde suchten. Sicherlich war Adenauer ein Mann mit Fortune, der in der Politik vernünftige und moralisch vertretbare Lösungen fand. Integration war für ihn ein wichtiger Grundsatz, an dem er auf europäischer Ebene, im Verhältnis zu Frankreich und in der Stellungnahme zur NATO konsequent festhielt. Die Alternative dazu wäre die Neutralität gewesen, doch Adenauers politische Erfahrungen in der »Welt von gestern«, beginnend vom Bündnissystem Bismarcks über die Weimarer Republik und die beiden Weltkriege, lehrten ihn, dass Neutralität nichts oder zu wenig wert sein könnte.

Adenauer kam nicht aus einer mit dem Geschäft der Res publica schon lange verbundenen Familie, vielmehr war er ein Homo novus, ein Newcomer, der durch diese Tatsache anderen Menschen Mut machte, dass man als Einzelner in der Politik etwas zu bewegen vermag. Dass er in seiner politischen Arbeit nicht an Traditionen gebunden war, war auch seine Stärke. Nach seinem Rücktritt widmete er sich nicht nur der Rosenzucht, sondern verfasste auch seine »Erinnerungen«.

* 5. Januar 1876 in Köln

† 19. April 1967 in Rhöndorf

1906   im Kölner Stadtrat

1917–1933 Oberbürgermeister von Köln

1921–1933 Präsident des preußischen Staatsrates

1949–1963 deutscher Bundeskanzler

Werke

Erinnerungen (1965–1968) in 4 Bänden

Arthur James Balfour

Arthur James Balfour, über ein halbes Jahrhundert der mächtigste Mann der britischen Konservativen, wuchs in einer reichen britischen Adelsfamilie heran. Sein Umfeld war intellektuell geprägt, sein tägliches Leben mit Politik durchsetzt. Seine Karriere war schon durch die Tatsache vorgezeichnet, dass bereits sein Onkel Robert Cecil Marquess of Salisbury britischer Premier war. Den Traditionen der Familie entsprechend, absolvierte er Eton und studierte am Trinity College in Cambridge.

Nach Abschluss seiner Studien übernahm er ein konservatives Mandat im Parlament für den Wahlbezirk Hartford.

Balfours lebenslanges Interesse galt aber auch der Wissenschaft. Schon 1879 hatte er die Abhandlung »Defence of Philosophic Doubt« veröffentlicht, in der er zu beweisen suchte, dass auch Wissenschaft auf einem Glaubensakt beruhe. Er nahm im philosophischen Diskurs der Viktorianischen Zeit, der sich zwischen Wissenschaft und Religion bewegte, den Standpunkt der Religion ein.

1885 übernahm Balfour unter der Regierung Salisbury sein erstes offizielles Amt als Präsident des Local Government Board, ein Jahr später wurde er Schottland-Minister, anschließend Erster Sekretär für Irland. Als unbedingter Gegner des Irish Home Rule erhielt er den Beinamen »Bloody Balfour«, weil er mitleidlose Unterdrückungsmaßnahmen anordnete. Gleichzeitig befand er sich in offenem Gegensatz zu den englischen Großgrundbesitzern in Irland, die in Abwesenheit, als »absentees«, die Bevölkerung unterdrückten. Balfours Politik bzw. Strategie lautete hingegen »killing home rule by kindness«.

1891 übernahm er die Funktion des Sprechers der Konservativen im House of Commons und wurde zum First Lord of the Treasury bestellt.

Ein Jahr darauf verloren die Konservativen die Mehrheit, das liberale Ministerium von William Gladstone folgte nach. In dieser Phase führte Balfour die Opposition im britischen Parlament.

Ab 1895 bildete Balfours Onkel, der Marquess of Salisbury, zum dritten Mal eine Regierung, der Neffe übernahm das Amt des Lord-Schatzkanzlers. Er war zwar ein Gegner des Burenkrieges, vertrat aber die Ansicht, dass, wenn die Briten schon einen Krieg in Südafrika führten, sie ihn auch entscheidend gewinnen müssten. In diesen Jahren erlangte Balfour immer mehr Macht – parallel zur immer weiter fortschreitenden Krankheit seines Onkels. Daher schien es nur logisch, dass er nach dem Ausscheiden seines Onkels das Amt des Premiers übernahm.

Einer seiner ersten Regierungsakte war die Erlassung des »Balfour Act«, eines Gesetzes, das die Verwaltung der Pflichtschulen völlig reorganisierte. Im folgenden Jahr wurde der »Wyndham Land Purchase Act« beschlossen, eine Regelung, die den Kauf von Land durch Pächter in Irland begünstigte. Mit dem »Committee of Imperial Defense« etablierte er eine weltweit einsetzbare Verteidigungsstrategie für das Empire. Doch keines dieser Gesetze konnte die Zustimmung der Wähler finden. Außerdem gestattete er die Einwanderung von Chinesen als Minenarbeiter in Südafrika, als es dort einen erheblichen Arbeitskräftemangel gab. Auch dies führte zu Protesten von Menschenrechtskämpfern und der Labour Party.

Einen echten Prestigeerfolg errang Balfour mit dem Abschluss der Entente Cordiale mit Frankreich, welche die englische Isolationspolitik beendete und den Kern eines europäischen Bündnissystems bildete. Zugleich wurden die Interessenssphären der beiden Großmächte abgesteckt – Großbritannien wahrte die Vorherrschaft in Ägypten und damit die Kontrolle über den Suezkanal, Frankreich behielt Marokko als sein Einflussgebiet.

1905 trat Balfour wegen parteiinterner Zwiste über den Freihandel zurück, blieb aber bis 1911 offizieller Parteiführer. Den Riss wegen Joseph Chamberlains Schutzzollpolitik konnte er aber nicht zusammenschweißen, was zu Wahlniederlagen der Konservativen 1906 und 1910 führte.

Erst 1915 übernahm Balfour wieder ein offizielles Amt: Im Kriegskabinett von Lord Herbert Henry Asquith wurde er als Nachfolger Winston Churchills Erster Lord der Admiralität, ein Jahr später wechselte er in das Auswärtige Amt. In diesen Kriegsjahren zeigte er sich bereit, Regierungsverantwortung in den beiden liberalen Koalitionskabinetten von Asquith und David Lloyd George zu übernehmen.

Seine herausragende Leistung war die Erkenntnis, dass Großbritannien in Palästina dem Zionismus Raum geben müsste. Von den jüdischen zionistischen Vertretern Chaim Weizmann und Nahum Sokolow gedrängt, erklärte er im November 1917 in einem Brief an Lionel Walter de Rothschild, dem Oberhaupt des britischen Familienzweiges der Rothschilds, dass Großbritannien bereit wäre, den Zionismus zu unterstützen. Damit legte er die Basis für die 30 Jahre später erfolgte Gründung des Staates Israel.

Nach dem Ersten Weltkrieg lastete er sich kein Regierungsamt mehr auf, blieb aber immer politisch aktiv und interessiert. 1926 zeichnete er für den »Balfour-Report« verantwortlich, der das Verhältnis zwischen dem britischen Mutterland und den Dominions neu regelte und die Grundlage für das 1931 erlassene Westminster-Statut wurde, das den Dominions – zum damaligen Zeitpunkt waren dies Australien, Irland, Kanada, Neufundland, Neuseeland und Südafrika – innere Autonomie verlieh.

Zuletzt arbeitete der schon 80-jährige Politiker an der Niederschrift seiner Memoiren, die 1930 unter dem Titel »Chapters of Autobiography« erschienen.

* 25. Juli 1848 in Whittingehame, East Lothian (Schottland)

† 19. März 1930 in Woking, Surrey (England)

1885–1886 Präsident des Local Government Board im Kabinett Salisbury

1887–1891 Chief Secretary for Ireland

1891–1892 First Lord of the Treasury

1892–1895 Sprecher der Opposition

1895–1902 Lord-Schatzkanzler im Kabinett Salisbury III

1902–1905 Premierminister

1902   Balfour Act

1903   Wyndham Land Purchase Act

1904   Entente Cordiale mit Frankreich

1915   Erster Lord der Admiralität

1916–1919 Außenminister

David Ben Gurion

Dem aus dem russischen Ostpolen stammenden David Grün – den Namen Ben Gurion nahm er erst in Palästina an – war die Idee des Zionismus schon seit frühester Jugend vertraut: Sein Vater Avigdor Grün, ein Hebräischlehrer, war begeistertes Mitglied von »Chovevei Zion«, seine Mutter verlor er schon im Alter von elf Jahren. So ist es nicht verwunderlich, dass er sich mit seinem Jugendfreund Isaak Ben Zwi nach der russischen Revolution von 1905, die auch den Antisemitismus wieder an die Oberfläche geschwemmt hatte, der »Poale Zion«, die von den Ideen Theodor Herzls beeinflusst war, anschloss. Schon als 14-Jähriger hatte er die Ezra Jugendbewegung gegründet, die Hebräisch als Umgangssprache propagierte.

1906 wanderte David Grün nach Palästina aus, wo er als

Landarbeiter in Orangenplantagen und Weingärten sein Fortkommen fand. Wie viele seiner Altersgenossen war er oftmals arbeitslos, bittere Armut und Malaria waren die ständigen Begleiter seiner Jugend. In diesen Zeiten wuchs in ihm die Überzeugung, dass die Besiedlung des Landes das Hauptziel des Zionismus sein müsse.

Gemeinsam mit seinem Jugendfreund Ben Zwi und dessen späterer Ehefrau Rachel Yanait schrieb er für die zionistische Zeitschrift »Ahdut«, wobei er erstmals den Namen Ben Gurion verwendete. In der jüdischen Arbeiterbewegung erreichte er bald eine führende Position.

Nach seiner Teilnahme am Zionistischen Weltkongress in Wien ging David Ben Gurion nach Istanbul, um Jura zu studieren, warb aber auch für ein jüdisches autonomes Gebiet auf dem Territorium des Osmanischen Reiches. Doch als Aktivist der jüdischen Bewegung wurde er verhaftet und des Landes verwiesen. Er ging in die Vereinigten Staaten, wo er nach der Balfour-Deklaration, in der die Briten in einer Kompromisserklärung zustimmten, dass das jüdische Volk in Palästina eine Heimstätte haben sollte, mit Ben Zwi eine Freiwilligenbewegung mit dem Namen »Jüdische Legion« gründete. 1917 heiratete er die aus Russland stammende Paula Munweis, die bis zu seinem Tod seine politischen Aktivitäten teilte.

Erst 1918 durfte er wieder nach Palästina zurückkehren. Er betätigte sich wieder in der Arbeiterbewegung. 1920 gründete er mit Mitstreitern die jüdische Gewerkschaftsbewegung »Histradut«, die Landkauf und Besiedlung durch jüdische Einwanderer forderte. In wenigen Jahren gelang es Ben Gurion, die verschiedenen sozialistischen Gruppen in der zionistischen Arbeiterpartei Mapai zu vereinen.

In konsequenter Verfolgung seiner Ideen organisierte und leitete er die Selbstverwaltung der Jewish Agency, welche die illegale Einwanderung von Juden, vor allem aus Deutschland, organisierte. Im Machtkalkül zwischen der britischen Mandatsmacht, die nach Ausbruch des Zweiten Weltkrieges die Einwanderung nach Palästina empfindlich einschränkte, und den arabischen Einwohnern Palästinas versuchte Ben Gurion eine ausgleichende, maßvolle Rolle, die zwischen politischer Vision und der Situation angepasstem Pragmatismus oszillierte, zu spielen. Konsequent in seinen Standpunkten, aber flexibel in der Taktik erreichte er damit ein Maximum, vor allem für die von Nazi-Deutschland verfolgten Juden. Ab 1942 galt daher sein Hauptaugenmerk dem sogenannten Biltmore-Programm, das eine jüdische Masseneinwanderung für die Verfolgten forderte. Zu diesem Zeitpunkt wurde erstmals auch die Gründung eines eigenen jüdischen Staates als Programm öffentlich formuliert.

Auch nach dem Ende des Zweiten Weltkrieges ging die illegale Masseneinwanderung weiter, die Überlebenden des Holocausts wollten sicher im eigenen Land leben. Wie dramatisch die damalige Situation war, schildert Leon Uris in seinem (auch verfilmten) Buch »Exodus«. In diesen Jahren leitete Ben Gurion im Rahmen der Jewish Agency den Bereich Verteidigung; er kämpfte gegen die britische Mandatsmacht und für die Gründung eines unabhängigen Staates.

Angesichts dieser Lage sahen sich die Briten gezwungen, die Sache den Vereinten Nationen zur Entscheidung vorzulegen, die im November 1947 die Aufteilung Palästinas zwischen Juden und Arabern festlegten.

Am 14. Mai 1948 verkündete Ben Gurion die Unabhängigkeit des Staates Israel. Wenige Stunden später marschierten vier arabische Staaten in Israel ein – Gebot der Stunde war nun die Überleitung der bisher illegalen Verteidigungskräfte in eine reguläre Armee. Der Erhalt des Staates in dieser schwierigen Gründungsphase war sicherlich das Verdienst Ben Gurions. Treffend charakterisiert der Schriftsteller Amos Oz die damalige Rolle des Staatsgründers: »Ben Gurions eiserner Führungswille in diesen eineinhalb schicksalhaften Jahren des Unabhängigkeitskrieges verwandelte ihn vom ›Ersten unter Gleichen‹ in der zionistischen Führung in einen modernen König David.«

Siebenmal übernahm er in den folgenden Jahren die Ministerpräsidentschaft, fünfmal auch das Verteidigungsressort. Ben Gurion ist vor allem die militärische Verteidigungsbereitschaft Israels zu verdanken, die in den lokalen Kämpfen der folgenden Jahre das Überleben des Staates sicherte. Seine konsequent verfolgte Einwanderungspolitik machte es möglich, dass sich die Bevölkerung Israels innerhalb von fünf Jahren ab der Staatsgründung verdoppeln konnte.

Grundsätzlich versöhnungsbereit, schloss Ben Gurion 1952

mit der Bundesrepublik Deutschland ein Wiedergutmachungs-
abkommen. 1963 trat er als Ministerpräsident zurück, bis 1970
gehörte er dem jüdischen Parlament, der Knesset, an. Im Alter
von 84 Jahren zog er sich aus der Politik zurück und lebte im
Kibbuz Sde Boker in der Negev-Wüste, wo er seine Memoiren
schrieb.

* 16. Oktober 1886 in Plonsk (Polen)
† 1. Dezember 1973 in Tel Aviv (Israel)
1906   Auswanderung nach Israel
1911   Zionistischer Weltkongress in Wien
1915   Verhaftung in Istanbul und Ausweisung aus dem Osmani-
            schen Reich
1918   Rückkehr nach Palästina
1920   Gründung der Histradut
1930   Gründung der Mapai
1935–1938   Leiter der Jewish Agency
1948   Gründung des Staates Israel
1948–1963   siebenmal Ministerpräsident, fünfmal Verteidigungsminister

OTTO VON BISMARCK

Otto von Bismarck, der Schöpfer des Deutschen Kaiserreiches,
ist als politische Persönlichkeit nicht mit Schlagworten wie
dem »eisernen Kanzler« oder gar mit der Kategorie eines großen
Bösewichts zu erfassen. Er war vielmehr ein Mensch der vielfältigen Spannungen und der Widersprüche. Seinem Grundsatz,
dass ein Politiker immer mehrere Möglichkeiten vorausplanen
müsse, entsprach er völlig. Keineswegs hatte er von Anbeginn
seiner politischen Karriere den deutschen Nationalstaat geplant,
vielmehr arbeitete er sich von der Ebene Preußens hinauf zum
deutschen Nationalstaat. Zweifellos hatte er gerade auf dem
Felde der Innenpolitik viele Schwächen, viel zu spät erkannte
er, wohin sich im Zeitalter der Industrialisierung die politischen
Kräfte und damit die Parteien entwickeln würden. Unbenom-
men bleiben ihm seine außenpolitischen Leistungen, sein klares
Kalkül und die politische Fantasie, die er zur Erreichung eines
politischen Zieles entwickelte.

Bismarck stammte aus einer Familie einfacher Landedelleute aus der Altmark, seine Vorfahren waren Gewandschneider, sein Vater Ferdinand war ein bescheidener Mann, seine Mutter Wilhelmine, geborene Mencken, hingegen eine sehr gebildete und ehrgeizige Bürgerliche aus einer Gelehrtenfamilie. Ihr Ziel war es, aus dem Sohn etwas zu machen. Mit dem Vater verband ihn eine liebevolle Beziehung, von der Mutter fühlte er sich ziemlich gegängelt.

Das Jahr seiner Geburt, 1815, in dem der Wiener Kongress die politische Landkarte Europas neu gestaltete, mit dem Wunsch, alles wieder so herzustellen, wie es vor der Französischen Revolution gewesen war, stellte auch eine Zeitenwende dar, die den Aufbruch zu neuen Denkweisen einleitete.

Bismarck besuchte in Berlin das Gymnasium, wo er nie als besonders begabt auffiel. 1832 ging er nach Göttingen, um Jura zu studieren, genoss jedoch mehr das Studentenleben – er gehörte dem Korps Hannovera an –, als sich den Wissenschaften zu widmen. Viele Streiche aus seiner Studentenzeit sind überliefert, viele eher peinliche Vorfälle mit den akademischen Behörden sind dokumentiert. Er selbst schrieb später, dass er ein »liederliches Leben« geführt habe, Interesse für Politik war damals nicht auszumachen.

Bismarck beendete sein Studium in Berlin und ging nach dem Referendarsexamen an Gerichte nach Aachen und Potsdam. Sein damaliges Berufsziel war die diplomatische Laufbahn, denn die Bürokratie konnte er nicht ausstehen. Er konnte sich weder an geregelte Dienstzeiten noch an Autoritäten anpassen. Zum großen Missfallen der Eltern quittierte er 1838 den Staatsdienst, er wollte unter gar keinen Umständen Beamter werden. »Ich will aber Musik machen, wie ich sie für gut erkenne, oder gar keine«, meinte er später über diesen Entschluss. Bismarck wollte mit Menschen arbeiten und nicht mit Papier. Daher konzentrierte er sich für wenige Jahre auf den Beruf eines Landwirtes, die dafür nötigen Kenntnisse eignete er sich selbst an. In diesen Jahren ging er viel auf Reisen, fuhr nach England, Frankreich und in die Schweiz und führte ein bewegtes Leben, wofür sein Spitzname, der »tolle Bismarck«, Zeugnis ablegt. Er las enorm viel, Literatur, Geschichte, Philosophie waren die Themen, denen sein Interesse galt. Er liebte William Shakespeare und Lord Byron, mit dem Geheimrat Goethe konnte er weniger anfangen. Seine metaphysische Ausrichtung bezeichnete er selbst als »nackten Deismus«. In einem pietistisch angehauchten Freundeskreis lernte er Johanna von Puttkamer kennen, seine spätere Frau. Als in ebendiesem Freundeskreis eine noch junge Frau einer tödlichen Krankheit zum Opfer fiel, wurde er ein überzeugter Christ, ohne jedoch eine engere kirchliche Bindung zu suchen. 1846 hielt er brieflich um Johannas Hand an, ein Jahr später wurde geheiratet. Sie war eine Frau von »seltenem Geist und seltenem Adel der Gesinnung«.

Im Mai 1847 wählte ihn die Ritterschaft in den Vereinigten Preußischen Landtag, in ein Gremium, in dem die Liberalen das Übergewicht hatten. Die Konservativen, denen Bismarck nahestand, die für Krone und Adel eintraten, waren nur schwach vertreten. Bismarck rückte nur als Ersatzmann in diesen Landtag ein. Zuvor war er Deichhauptmann von Schönhausen gewesen, hatte also einer ständischen Vertretung angehört. Seine generelle Gesinnung war ständisch konservativ, er verteidigte etwa die Rechte des Adels zur Parforcejagd und trat für die Beibehaltung der Patrimonialgerichtsbarkeit ein. Einen beachtlichen Bekanntheitsgrad erreichte er, als er eine Rede über die Haltung des preußischen Volkes im Jahr 1813 hielt. Er widersprach vehement der These, dass sich das Volk erhoben habe, um eine Verfassung zu erlangen. Zu diesem Thema kam es im Landtag zu wilden Diskussionen. Mit solchen Äußerungen erwarb er sich den Ruf eines radikalen Kämpfers gegen Liberalismus und Verfassung. Gerade in den Jahren der Revolution von 1848/49 hielt er kämpferische Reden, in dieser Wendezeit stand er für Preußentum und Königstreue. Bismarck bekannte sich zu seinem Antisemitismus, er sah, welche konfessionellen Auseinandersetzungen zu gewärtigen waren.

Im Jahr 1849 wurde er Mitglied der zweiten Kammer des preußischen Landtages und beteiligte sich an der Gründung der »Kreuzeitung«. Er beklagte die Mängel des eigenen Standes und bekämpfte das Frankfurter Parlament. So wollte er keinesfalls eine Kaiserwahl durch die Paulskirche. Russland, das war für ihn damals der richtige Partner.

In den 1850er-Jahren bewährte er sich auf diplomatischen Posten, in Frankfurt beim Bundestag, als Gesandter in Petersburg und Paris. Als er 1862 das Amt des Ministerpräsidenten antrat, steckte er sich nicht viele Ziele, er wollte Preußen zu einer Großmacht machen und mit Österreich eine Klärung des deutschen Dualismus erreichen. Mit dem Verfassungsstaat fand er sich ab, er wusste ihn zu nutzen, liebte ihn aber nicht. Preußen steckte zu diesem Zeitpunkt in einer schweren Krise. Auslösendes Moment war der seit 1857 schwelende Konflikt um die Heeresreform. Das seit 1814 geltende Gesetz war längst nicht mehr zeitgemäß, es musste erneuert werden. Eine zweite Konfliktebene bildete die Auseinandersetzung, ob die Armee nur dem König unterstehen oder ob sie nach dem Wunsch der Liberalen über die Exekutive in die Verfassung eingebunden werden solle. Die Liberalen fürchteten ein Unterdrückungsinstrument außerhalb des Parlaments. Als sie bei den Wahlen erheblich zulegen konnten, besaßen sie die Mehrheit im Landtag. Der König wollte abdanken, als sich Bismarck anbot, die Situation auch gegen den Landtag zu lösen. Er setzte scharfe Maßnahmen gegen die Presse- und Versammlungsfreiheit durch und erklärte im Landtag: »Nicht durch Reden und Majoritätsbeschlüsse werden die großen Fragen der Zeit entschieden – das ist der Fehler von 1848 und 1849 gewesen – sondern durch Eisen und Blut.«

Aus heutiger Sicht äußerst konsequent, setzte Bismarck Maßnahmen zur Stärkung von Preußens Position. 1863 verhinderte er den österreichischen Versuch zur Reorganisation des Deutschen Bundes, er begründete die Freundschaft mit Russland, dem er Unterstützung bei der Unterdrückung des polnischen Aufstandes von 1863 zusicherte, gewann die Unterstützung Österreichs gegen Dänemark in der Schleswig-Holstein-Frage. Doch Bismarck wollte diese beiden Provinzen völlig an Preußen angliedern und riskierte dazu die Auseinandersetzung mit Österreich. Für einen solchen Konflikt suchte er einen Partner in Italien. Österreich wollte den Bundestag mit der Frage beschäftigen, dies beantwortete Bismarck mit der Besetzung des von Österreich verwalteten Holsteins. Der Krieg von 1866 brachte Österreich eine demütigende Niederlage, die Friedensschlüsse von Nikolsburg und Prag hingegen fielen für Österreich äußerst maßvoll aus. Schleswig-Holstein wurde preußische Provinz, Hannover, Österreichs Verbündeter, wurde besetzt. Bismarck

schuf aus diesen norddeutschen Staaten den Norddeutschen
Bund, der ihm als Kanzler unterstand, wo er sofort das allgemeine und gleiche Wahlrecht einführte. Damit war Deutschland
fast geeinigt, Preußen mächtiger denn je, die Liberalen zufrieden, weil auch die Verfassungsfrage eine Lösung gefunden hatte. Allerdings folgten nicht alle Anhänger der Konservativen
und Liberalen Bismarcks Politk, es kam zu einer Spaltung der
beiden Gruppen, Nationalliberale und Freikonservative standen
auf der Seite des preußischen Kanzlers. Für die Entwicklung des
deutschen Bürgertums war diese Spaltung verhängnisvoll, weil
das Bürgertum durch die klassische Kabinettspolitik in die Rolle
des Zuschauers gedrängt wurde.

Schon 1866 hielt Bismarck eine Auseinandersetzung mit
Frankreich für unausweichlich. Als die Kandidatur Leopolds
von Hohenzollern-Sigmaringen für den spanischen Thron aufs
Tapet kam, erhob Frankreich Einspruch, Bismarck zog zurück,
allerdings wollte Frankreich eine Garantie gegen eine Wieder-
holung. Die Affäre um die Emser Depesche, ein von Bismarck in
seinem Inhalt verändertes und veröffentlichtes Telegramm, das
Frankreich der Drohung mit dem Abbruch der diplomatischen
Beziehungen beschuldigte, veranlasste das französische Kaiserreich zur Kriegserklärung. In wenigen Monaten war Frankreich
völlig besiegt, Napoleon III. ins Exil gezwungen und im Januar
1871 wurde in Versailles das Deutsche Kaiserreich ausgerufen,
nachdem zuvor mühevolle Verhandlungen um Bayerns Zustimmung stattgefunden hatten. Der Friede von Frankfurt war
keineswegs maßvoll, denn Frankreich musste gegen den Willen der Bevölkerung Elsass-Lothringen an das Deutsche Reich
abtreten. Der Keim für weitere Auseinandersetzungen, symbo-
lisiert durch das Schlagwort von der »Revanche pour Sedan«,
wurde mit diesem Vertrag gelegt.

Die beiden nächsten Jahrzehnte nutzte Bismarck, um dieses
Deutsche Kaiserreich, das wohl saturiert, aber noch nicht kon-
solidiert war, nach allen Seiten durch ein kompliziertes Netz
von Verträgen abzusichern. Grundprinzip wurde, durch Verträge mit Österreich, Russland und Italien, prinzipiell jedoch
unter Ausschluss Frankreichs, ein ausbalanciertes Verhältnis zu wahren. Gefährdet war dies immer wieder etwa durch
den österreichisch-russischen Gegensatz auf dem Balkan, den

Bismarck 1878 auf dem Berliner Kongress nur oberflächlich beruhigen konnte. Der Abschluss des Dreibunds mit Österreich und Italien und der Rückversicherungsvertrag mit Russland sollten ein tragfähiges System bilden. Ob dieses System an Bismarcks Nachfolgern oder an seinen zweifellos großen innenpolitischen Fehlern scheiterte, ist zu diskutieren. Bismarcks Kulturkampf mit der katholischen Kirche, durch deren Internationalität er das Reich gefährdet sah, das Sozialistengesetz von 1879, das die sozialdemokratisch denkende und fühlende Bevölkerung illegalisierte, konnten durch die positive Sozialgesetzgebung nicht ausglichen werden. Die folgende innenpolitische Lähmung und der Ehrgeiz von Wilhelm II. beschleunigten seinen Sturz. Verbittert verließ er das Amt, in den folgenden Jahren immer wieder laut und deutlich Kritik äußernd. Es waren dies die Jahre, in denen die einseitigen Bismarck-Legenden entstanden, die seinem sehr differenzierten Wirken nicht gerecht wurden.

Bismarck hielt sich für einen Auserwählten, er war ein Mann, der einen Auftrag Gottes erfüllte. Im Grunde war dies eine calvinische Einstellung. Am Ende seiner Laufbahn erwog er sogar kurz einen Staatsstreich, um das Parlament zu beseitigen und das Kaisertum zu festigen. Den Sozialdemokraten wollte er überhaupt das Wahlrecht entziehen.

1866 hätte er Frankfurt am liebsten gewaltsam eingenommen, hätte die Stadt nicht die Kontribution von 25 Millionen Talern bezahlt, denn die Erinnerungen an die Paulskirche waren noch sehr virulent. In jenen Situationen, in denen er sich Feinde gemacht hatte, die auf Dauer gefährlich werden konnten, zeigte Bismarck Maß und Zurückhaltung.

Er besaß ein gefährliches, jähzorniges Temperament, mit 16 Jahren soll er einem Reitlehrer ein Auge ausgeschlagen haben, von einem Berliner Gymnasium wurde er relegiert, weil er einen Professor einen bürgerlichen Esel nannte. Als Abgeordneter in Frankfurt hatte er die bürgerliche Intelligenz und Tüchtigkeit kennengelernt, die den ostelbischen Junkern weit überlegen waren. Es war dieses tüchtige Bürgertum, das aus eigener Kraft etwas erreicht hatte, das Bismarck auch weit über seinen Sturz hinaus die Treue hielt. Gleichzeitig spottete er über die »Professorenschwätzer« des Jahres 1848.

Im Prinzip war Bismarck ein Mensch der Tat, der handelte, der Reden verabscheute, daher waren seine Parlamentsreden auch immer ziemlich sarkastisch.

Außenpolitisch war er der geniale Politiker, der klar erkannte, was möglich war. Er selbst formulierte dazu einen großartigen Satz: »Der Staatsmann kann nie selbst etwas schaffen, er kann warten und lauschen, bis er den Schritt Gottes durch die Ereignisse hallen hört – dann vorspringen und den Zipfel des Mantels fassen, das ist alles.«

Innenpolitisch verfehlte er mit seinem Kampf gegen die Sozialdemokratie die Zukunft, konnte auch nicht die Werte einer konstitutionellen Monarchie erkennen. Ein bleibendes Verdienst war das geheime, gleiche und direkte Wahlrecht für den Reichstag.

In seine Ära fiel der Beginn jenes kabarettreifen (Hauptmann von Köpenick) gehorsamen preußischen Beamtentums. Bismarck ließ gegen freisinnige Beamte Maßnahmen ergreifen, sie wurden versetzt, schikaniert und aus dem Dienst drangsaliert – in dieser Atmosphäre musste das devote Untertanentum blühen.

Bismarcks Verhältnis zur Presse war herablassend, er konnte die Journalisten nicht ausstehen, daher ging er auch mit der Pressefreiheit salopp um, schikanierte oder kaufte sie – die geheime Schatulle für die Bezahlung von gehorsamen Journalisten hieß nicht zufällig »Reptilienfonds«. Kluge Gegner im Parlament nannte er diffamierend Rabulisten, das Wort Intellektueller wurde regelrecht zu einem Schimpfwort pervertiert.

Von Gegensätzen bestimmt war sein Verhältnis zum Militär, Politik und Heeresführung waren in ihren Zielen nicht kompatibel. Kein Wunder, dass ihn mit Moltke eine erbitterte Feindschaft verband. Respekt für den politischen Gegner und ein dementsprechender Umgang, wie etwa in Großbritannien längst üblich, entsprachen nicht dem preußischen Comment. Umgekehrt kam es zu geradezu peinlicher Heldenverehrung und Pilgerfahrten nach Friedrichsruh, dem Alterssitz Bismarcks.

* 1. April 1815 in Schönhausen
† 30. Juli 1898 in Friedrichsruh bei Hamburg

ab 1827   Gymnasium in Berlin
1832–1835 Jurastudium
1847   Heirat mit Johanna von Puttkamer
1847   Mitglied im Vereinigten Preußischen Landtag
1851–1859 preußischer Gesandter am Frankfurter Bundestag
1859–1862 Gesandter in Petersburg
1862   in Paris
1862–1890 Ministerpräsident und Außenminister
1871   Fürst Bismarck

Werke
Gedanken und Erinnerungen

Léon Blum

Der aus dem wohlsituierten jüdischen Bürgertum des Elsass stammende Léon Blum wandte sich schon als Student dem Sozialismus zu. Als sensibler Intellektueller war dies im Grunde eine logische Entwicklung. In seiner Studentenzeit – er studierte Jura in Paris an der Sorbonne – stand er unter dem Einfluss des elsässischen politischen Schriftstellers Maurice Barrès und seinem Ich-Kult. Blum war Ästhet, ja er wirkte fast dandyhaft. Im Quartier Latin war er in anarchistischen Kreisen zu Hause. Die Tradition der französischen Republikaner war ihm Maxime, der Sozialismus eines Jean Jaurès, getragen von demokratischem und humanistischem Geist, wurde ihm Credo. Nach der Ermordung Jaurès trat er gleichsam in die Fußstapfen seines großen Vorbildes.

Nach seiner Promotion 1894 wirkte Blum zunächst als Literaturkritiker. Auslösendes Moment, sich dem Sozialismus anzuschließen, war für Blum wie für viele Intellektuelle seiner Zeit die Affäre Dreyfus. Der Kampf der Linksliberalen um Gerechtigkeit für den jüdischen Offizier Alfred Dreyfus, der ohne sein Zutun in ein Komplott konservativer Militärs geraten war, entwickelte sich zum Kampf um soziale Gerechtigkeit.

Blums Engagement galt anfangs der Einigung der verschiedenen sozialistischen Parteien. Darauf zog er sich – bis zum Beginn des Ersten Weltkrieges – fast aus der Politik zurück und widmete sich der Literaturkritik, nur dem Staatsrat gehörte er als Mitglied an.

Im August 1914 übernahm er die Funktion eines Kabinetts-chefs von Marcel Sembat, dem Minister für öffentliche Arbeiten im Kabinett Viviani.

Nach dem Krieg war er es, der das neue Programm der So-zialisten formulierte. Dies war nötig geworden, weil sich 1920 die Kommunisten von den Sozialisten getrennt hatten. Da sie auf dem Parteikongress die Mehrheit erzielt hatten, konnten sie das gesamte Parteivermögen und die Presse übernehmen. Blum leitete nun die Wiedergeburt einer sozialistischen Partei ein. In der Deputiertenkammer wurde er zum Fraktionschef der Sozi-alisten und damit zum Chef der Opposition gegen Alexandre Millerand und Raymond Poincaré gewählt, außerdem betreute er als Direktor die Zeitung »Le Populaire«. Er trat mit dem Ziel an, seine Partei zur stärksten Fraktion im Abgeordnetenhaus zu machen und damit den Regierungschef stellen zu können. 1924 unterstützte er Édouard Herriots Kabinett des »Cartel des Gauches«, weigerte sich aber, selbst den Regierungen Herriot und Briand anzugehören.

Bereits 1928 gewannen die Sozialisten 104 Sitze im Parla-ment, Blum selbst verlor sein Mandat. Ein Jahr später kehrte er aber wieder in die Kammer zurück, wobei er für den Distrikt Narbonne kandidiert hatte.

Nach 1934 widmete er seine ganze Kraft dem Aufbau der linken Solidarität gegen die rechten Faschisten, denen er ein Programm aus Pazifismus, Verstaatlichung der französischen Industrie und Maßnahmen gegen die überbordende Arbeitslo-sigkeit entgegenhielt.

Im Juni 1936 war es endlich so weit, Blum leitete das Kabi-nett der linken Volksfront, das sich aus Sozialisten, Kommu-nisten und Radikalen zusammensetzte. Blum war der erste sozialistische und jüdische Regierungschef in der Geschichte Frankreichs. Zunächst konnte diese Regierung, der unter an-deren auch die berühmte Wissenschaftlerin und Nobelpreis-trägerin Irène Joliot-Curie angehörte, große Erfolge erreichen: In Frankreich wurde die 40-Stunden-Woche eingeführt, mit be-zahltem Urlaub und kollektiven Arbeitsverträgen wurden alte Forderungen der Sozialisten in die Tat umgesetzt. Die Produktionsstätten der wichtigsten Waffenhersteller wurden verstaatlicht, auch die Banc de France. Doch Blum scheiterte bald an der Wirtschafts- und Finanzpolitik und auch innenpolitisch, da er sich dazu entschieden hatte, Frankreich aus dem Spanischen Bürgerkrieg herauszuhalten. Blum wurde als Appeasement-Politiker beschimpft, seine Verstaatlichungspolitik wurde mit dem Slogan »Besser Hitler als Blum« diffamiert. Dem folgenden Kabinett von Camille Chautemps gehörte er noch bis Januar 1938 als Vizepremier an.

In den Jahren vor dem Zweiten Weltkrieg gehörte Blum zu den entschiedenen Gegnern des Münchner Abkommens, er forderte immer wieder größere französische Rüstungsanstrengungen, um in der gespannten Lage in Europa vorbereitet zu sein.

Unter dem Vichy-Regime wurde er 1940 wegen Kriegsverbrechen verhaftet und vor Gericht gestellt. Das Verfahren, das im Februar 1942 in Riom stattfand, gestaltete sich aber zur Niederlage seiner Gegner: Seine unbeugsame Haltung fand mehr Freunde als Feinde, der Prozess wurde schließlich vertagt, Blum wurde ins KZ Buchenwald abgeschoben, wo er 1945 von den Amerikanern befreit wurde.

Von Dezember 1946 bis Januar 1947 stand er noch einmal quasi als »elder statesman« an der Spitze einer sozialistischen Regierung, danach übte er kein Regierungsamt mehr aus. In dieser letzten Amtsperiode gelang es ihm noch, eine Milliardenanleihe für Frankreich mit den USA zu verhandeln. Seine Funktion als Vizepremier im kurzlebigen Kabinett des Radikalsozialisten André Marie war nur ein Intermezzo. Unbestritten war seine geistige Führerschaft der Sozialisten bis zu seinem Tode.

* 9. April 1872 in Paris
† 30. März 1950 in Jouy-en-Josas

1894	Promotion
1914	Kabinettschef bei Sembat
1936–1937	Premier
1937–1938	Vizepremier
1942	Prozess wegen Kriegsverbrechen
1946–1947	Premier

Simón Bolívar

Der früh verwaiste Sohn einer reichen Kreolenfamilie wurde dem Zeitideal entsprechend mit den Lehren der Aufklärung und den Traditionen der Antike von seinem Privatlehrer Simón Rodríguez erzogen. Seine Eltern Don Vicente Bolívar und Doña Maria de la Concepción Palacios y Blanco besaßen Kupferminen in Venezuela. Im Alter von drei Jahren verlor Simón Bolívar seinen Vater, sechs Jahre später starb seine Mutter. Daraufhin kümmerte sich sein Onkel Carlos Palacios um ihn. Mit 15 Jahren wurde er gemeinsam mit einem Freund nach Spanien geschickt, um seine Ausbildung zu vervollkommnen. In Spanien lernte er María Teresa Rodríguez del Toro y Alaysa kennen, die er 1802 heiratete. Ein Jahr später kehrte er nach Venezuela zurück, Maria starb kurz danach an Gelbfieber. Vom Tod seiner Frau tief getroffen, gelobte er, nie wieder zu heiraten.

1804 reiste er abermals nach Europa und erlebte in Paris die Krönung Napoleons, die ihn erschütterte, hatte doch sein bisheriges Vorbild die republikanischen Ideale verraten. In Rom, das ihn restlos faszinierte, soll er sich angeblich auf dem Aventin feierlich verpflichtet haben, die Unabhängigkeit Südamerikas von der Kolonialmacht Spanien zu erkämpfen.

Getragen von seinem Sendungsbewusstsein, kehrte er 1807 nach Venezuela zurück, wo sich nach der Eroberung Spaniens durch napoleonische Truppen eine beachtliche Unabhängigkeitsbewegung gebildet hatte. Sofort beteiligte er sich am Aufstand gegen den Statthalter Joseph Bonaparte, Napoleons Bruder. Überall in Südamerika bildeten sich lokale Juntas, die nicht nur Bonaparte, sondern auch die spanische Kolonialmacht bekämpften. Der Sturz des Statthalters in Venezuela 1810 gab das allgemeine Signal für den langwierigen Unabhängigkeitskampf.

Die Gesinnungsgenossen entsandten nun den weltgewandten Simón Bolívar nach England, um dort um Unterstützung für die antispanischen Rebellen zu bitten. Es war politisch eine vergebliche Reise, doch in Großbritannien lernte Bolívar Francisco de Miranda kennen, der sich schon früher für eine Befreiung Lateinamerikas von der spanischen Kolonialmacht mit Hilfe der europäischen Mächte eingesetzt hatte. Gemeinsam kehrten sie nach Venezuela zurück, Miranda wurde General in der Revolutionsarmee.

Am 5. Juli 1811 kam es zur Ausrufung einer unabhängigen Republik mit einer eigenständigen Verfassung. Miranda, im Besitz des Oberbefehls über die Armee, erhielt zu diesem Zeitpunkt diktatorische Vollmachten.

Nach einer verheerenden Niederlage der aufständischen Truppen gegen die Spanier bei Puerto Labello musste Miranda im Juli 1812 in San Mateo einen Waffenstillstand unterzeichnen. Bolívar und die anderen Anführer der Revolutionsarmee witterten Verrat und ließen sich dazu hinreißen, Miranda den Spaniern auszuliefern. Er starb in einem spanischen Gefängnis.

Bolívar zog sich mit seinen Anhängern nach Cartagena in Neu Granada, heute Kolumbien, zurück, wo er wieder eine Armee aufstellte. In Cartagena verfasste er das »Manifiesto di Cartagena«, einen leidenschaftlichen Aufruf zur Beseitigung der spanischen Kolonialherrschaft. 1813 kehrte er nach Caracas zurück und stürzte die Royalisten. Unter frenetischem Jubel wurde Bolívar zum »Libertador« und Diktator ernannte, doch die Royalisten gewannen schnell wieder die Oberhand, und er musste neuerlich fliehen, diesmal nach Jamaika und schließlich nach Haiti. In Jamaika hatte er »La Carta de Jamaica« geschrieben, einen Brief, in dem er seine politischen Visionen von einem geeinten, von der spanischen Herrschaft befreiten Südamerika darlegte. Als ideale Staatsform betrachtete er die konstitutionelle Republik, nach britischem Vorbild mit einem erblichen Oberhaus, einem gewählten Unterhaus und – auf sich persönlich zugeschnitten – einem Präsidenten auf Lebenszeit.

Nach dem Zusammenbruch der napoleonischen Herrschaft 1815 wurde auch Joseph Bonaparte aus Spanien vertrieben, das angestammte Königshaus kehrte mit Ferdinand VII. an die Macht zurück, was allerdings den Zusammenbruch der spanischen Herrschaft in Lateinamerika beschleunigen sollte, denn Bolívar war inzwischen aus Haiti, das sich der französischen Vormacht entledigt hatte, zurückgekehrt, verfügte nun über europäische Söldner und eine starke Unterstützung durch die einheimische Bevölkerung.

Mit Hilfe Haitis nahm er den Kampf wieder auf, Siege und Niederlagen wechselten. 1819 errang er in der Schlacht bei Boyacá einen respektablen Sieg. Auf dem Kongress von Angostura (heute Ciudad Bolívar) schuf er den Staat Groß-Kolumbien, dem die heutigen Territorien von Venezuela, Panama, Kolumbien und Ecuador angehörten. Bolívar wurde zum Präsidenten und Diktator gewählt, übertrug aber die Macht an seinen Stellvertreter Francisco de Paula Santander, da er sich selbst um die Befreiung Ecuadors kümmern wollte.

1822 konnte er mit Hilfe seines Freundes, General Antonio de Sucre, einen beachtlichen Sieg über die Spanier bei Pichincha erringen.

Zur selben Zeit kämpfte in Peru San Martin um die Unabhängigkeit, die beiden Haudegen trafen sich im Juli 1822 in Guayaquil (Ecuador). Das Treffen hatte schwerwiegende Folgen, denn San Martin übertrug ihm den Oberbefehl über seine Truppen und zog sich aus dem Kampf zurück. Bolívar marschierte mit Sucre nach Peru, ein Jahr später zog er in Lima ein. Im Dezember 1824 in der Schlacht bei Ayacucho mussten die Spanier eine endgültige Niederlage hinnehmen. Bolívar wurde Präsident von Groß-Kolumbien und Peru. Für den neuen Staat, der – in verkleinerter Form – fortan seinen Namen tragen sollte, konzipierte er eine autoritäre Verfassung, die allerdings nie angenommen wurde.

Für 1826 berief Bolívar eine panamerikanische Konferenz ein, er träumte von einer Zusammenarbeit aller Staaten des amerikanischen Kontinents. Doch nur wenige Länder nahmen an diesem Treffen teil, denn außer Groß-Kolumbien entsandten nur Zentralamerika und Mexiko Delegierte. Das dort unterzeichnete Abkommen zeigte kaum Folgen, aber der Gedanke einer panamerikanischen Zusammenarbeit lebte weiter: Bolívar dachte in großen Räumen, in Kontinenten, während die zeitgenössischen Politiker nur den einzelnen Nationalstaat vor Augen hatten.

Bedingt durch persönliche Rivalitäten unter den Revolutionsgenerälen brach ein Bürgerkrieg aus, der den Einheitsstaat Groß-Kolumbien zerbrechen ließ. Es gab wohl zentrale Gewalten, aber die regionale Verwaltung funktionierte mehr schlecht als recht.

So kehrte Bolívar, bereits seit einigen Jahren schwer erkrankt, nach Bogotá und dann nach Caracas zurück. Man bewunderte den einstigen Kriegshelden, doch die Unterstützung durch Anhänger blieb aus. Verbittert wollte Bolívar nach Europa ins Exil gehen, doch noch vor Antritt seiner Reise starb er an Tuberkulose. Bolívar war zweifellos ein Visionär, der seine Anhänger begeisterte und den Staaten des ehemaligen spanischen Kolonialreichs in Südamerika mit seinen Ideen eine neue Zukunft eröffnete, doch seine wenig pragmatische Vorgangsweise wurde vielen seiner Pläne zum Verhängnis. Er war schwärmerisch, vielleicht in manchem seiner Zeit voraus.

* 24. Juli 1783 Caracas (Venezuela)
† 17. Dezember 1830 Santa Marta (Kolumbien)

1799	Reise nach Spanien
1802	Heirat
1803	Rückkehr nach Venezuela
1804	in Frankreich und Italien
1807	Rückkehr nach Venezuela
ab 1810	Aufstand gegen die Spanier
1811	Unabhängige Republik Venezuela
1819	Staat Groß-Kolumbien
1822	Treffen mit San Martin
1824	Präsident von Groß-Kolumbien
1826	Panamerikanische Konferenz

WILLY BRANDT
(HERBERT ERNST KARL FRAHM)

Herbert Ernst Karl Frahm, uneheliches Kind einer 19-jährigen Verkäuferin und des Lehrers John Möller, lernte seinen leiblichen Vater nie kennen. Wesentlich geprägt wurde er durch seinen der Sozialdemokratie verbundenen Großvater, der ursprünglich Knecht auf einem Gutshof und dann Kraftfahrer in Lübeck war. Er besuchte das Johanneum in Lübeck, wo er als Einzelgänger und Außenseiter beschrieben wird. Früh fand er eine politische und wahrscheinlich auch gefühlsmäßige Heimat in der sozialistischen Jugendbewegung. Julius Leber, der später von den Nationalsozialisten ermordete SPD-Abgeordnete, war sein Mentor. Mit 17 Jahren trat Herbert Frahm der SPD bei, wechselte aber aus Frust über den politisch lahmen Kurs der Partei gegenüber den Nationalsozialisten zur linken Sozialistischen Arbeiterpartei (SAP).

Nach dem Abitur 1932 begann er ein Volontariat bei einer Schiffsmaklerfirma, doch schon im März 1933 musste er wegen seiner vielfältigen politischen Aufgaben den Weg ins Exil antreten. Er floh von Travemünde aus mit einem Kutter nach Dänemark und dann nach Norwegen.

Im norwegischen Exil nahm er den Namen Willy Brandt an. Seinen Lebensunterhalt verdiente er sich als Journalist, er war beruflich oft unterwegs, reiste nach Frankreich, Spanien und Großbritannien. In Skandinavien lernte Brandt politischen Pragmatismus und Weltoffenheit kennen, was ihn für sein ganzes Leben prägen sollte. In dieser Zeit des Exils unterstützte er weiter die deutsche »Volksfront«, das heißt das gemeinsame Vorgehen der linken Parteien, und zwar der KPD und der SAP, gegen Hitler, wandte sich aber strikt gegen die Sowjetunion, die er als nicht sozialistisch ablehnte. Als Zeitungskorrespondent erlebte er den Spanischen Bürgerkrieg, was in ihm eine große Desillusionierung auslöste. Kurzfristig geriet er sogar in deutsche Gefangenschaft, wurde aber wegen seines geänderten Namens nicht enttarnt. Jedenfalls kehrte er um 1940 der SAP den Rücken und trat wieder in die SPD ein.

Als die Nationalsozialisten im April 1940 in Norwegen landeten, floh Brandt nach Schweden. Dort lernte er Bruno Kreisky und Gunnar Myrdal kennen, mit denen ihn eine lebenslange Freundschaft verband. Von Schweden aus unterhielt er auch lose Verbindungen zur deutschen Widerstandsbewegung.

Nach Kriegsende kehrte Brandt nach Deutschland zurück und arbeitete zunächst als Korrespondent bei den Nürnberger Prozessen und dann bei der norwegischen Mission in Berlin als Presseattaché. Das Amt des Bürgermeisters von Lübeck lehnte er ab, sein Ziel war Berlin. Da er in die Politik gehen wollte, nahm er wieder die deutsche Staatsbürgerschaft an und wurde 1949 für die SPD in den deutschen Bundestag gewählt, ein Jahr später wurde er ins Berliner Abgeordnetenhaus entsandt. Zu Kurt Schumacher, dem SPD-Nachkriegschef, hatte Brandt wenig Beziehung. Er hielt ihn für doktrinär und nationalistisch. Sein politischer Ziehvater und enger Freund dieser Jahre war Ernst Reuter, Berliner Oberbürgermeister seit 1947. Die beiden verbanden ein erklärter Antikommunismus und eine proamerikanische Haltung. Brandts politisches Ziel war das Amt des Oberbürgermeisters, doch 1952 und 1954 gelang es dem Berliner SPD-Vorsitzenden und Anhänger einer konservativen Parteilinie, Franz Neumann, Brandts Wahl zu verhindern.

Nach dem Tod des Berliner Bürgermeisters Otto Suhr wählte das Berliner Abgeordnetenhaus jedoch Willy Brandt, inzwischen ein sehr einflussreicher SPD-Politiker, zum Regierenden Bürgermeister. In dieser Funktion in der zweigeteilten Stadt sollte Brandt Weltberühmtheit erlangen. Den Sowjets gegenüber zeigte er Courage und ließ sich weder durch Nikita Chruschtschows Forderung nach Entmilitarisierung der Stadt noch durch den Bau der Mauer 1961 einschüchtern. Seine obersten Ziele waren die Sicherung der Lebensfähigkeit Berlins und gleichzeitig die Vermeidung aller Extremismen. Berlin war das »Schaufenster der freien Welt«. In diesen Jahren erkannte Brandt ganz klar, dass in der Frage des Ostens neue Wege gesucht werden mussten. Statt einer »Politik der Stärke« propagierte er eine »Politik der kleinen Schritte« – die Zeichen der Zeit standen auf Entspannung. Da auch Brandts Berater Egon Bahr für einen »Wandel durch Annäherung« eintrat, konnte schon 1963 ein erstes Passierscheinabkommen mit der DDR geschlossen werden, das es den Westberlinern ermöglichte, den Ostteil der Stadt zu besuchen.

1964 wurde Brandt als Nachfolger des verstorbenen Erich Ollenhauer zum Parteivorsitzenden der SPD und gleichzeitig zum Kanzlerkandidaten der Partei bestellt, schon 1958 war er Mitglied des Parteivorstandes geworden. Als solches nahm er auch entscheidenden Einfluss auf die Formulierung des neuen Parteiprogramms, das 1959 in Bad Godesberg beschlossen wurde. Es brachte eine völlige Neupositionierung der SPD als reformfähige und pragmatische Volkspartei.

In den Wahlkämpfen der folgenden Jahre (1965 und 1969) versuchte Brandt vergeblich, für die SPD einen Wahlsieg einzufahren und damit deutscher Bundeskanzler zu werden. Er führte seine Wahlkämpfe nach dem Vorbild John F. Kennedys,

seinen politischen Widerpart Ludwig Erhard versuchte er durch
außenpolitische Initiativen aus dem Feld zu schlagen.

In das Kabinett von Kurt-Georg Kiesinger, einer Koalition
von CDU/CSU und SPD, trat Brandt – trotz anfänglichen Zö-
gerns – im Dezember 1966 als Vizekanzler und Außenminister
ein. Für diesen Schritt wurde er von der studentischen Protest-
bewegung angegriffen, die ihm vorwarf, die Ideale seiner Jugend zu verraten. Obwohl sein eigener Sohn Peter zu diesen
Studentengruppen gehörte, vermochte Brandt zu ihnen keinen
Kontakt zu finden. Mit Kurt-Georg Kiesinger kam es immer
wieder zu Spannungen, weil dieser Brandts Ostpolitik nicht
mittragen wollte. Auch Brandts Vorgänger im Auswärtigen
Amt, der CDU-Minister Gerhard Schröder, hatte an der Hallstein-Doktrin festgehalten, die in den Nachkriegsjahren einen
wichtigen Faktor darstellte, als Deutschland seine internationale Stellung erst festigen musste. Der vom Staatssekretär im
Auswärtigen Amt Walter Hallstein geprägte Grundsatz, dass
nur die Bundesrepublik Deutschland den Alleinvertretungsanspruch für Deutschland wahrnehmen könne, war nach Brandts
Ansicht ein zu enges Korsett, um in der Ostpolitik Änderungen
erzielen zu können.

Nach den Wahlen von 1969 bildete Brandt eine Koalitionsregierung mit der FDP (Freie Demokraten). Zum ersten Mal
nach dem Ende des Zweiten Weltkrieges war ein Sozialdemokrat deutscher Bundeskanzler geworden, und Brandt nahm die
Zügel sofort fest in die Hand. Als eine der ersten Maßnahmen
seiner Administration setzte er eine Aufwertung der deutschen
Mark durch und unterzeichnete den Atomsperrvertrag. Er ließ
keinen Zweifel daran, wohin der Weg gehen sollte. Mit griffigen
Sätzen wie »Wir stehen nicht am Ende unserer Demokratie, wir
fangen erst an« gewann er die Gunst der deutschen Wähler.

Schon in seiner Regierungserklärung setzte er wichtige Akzente in der Deutschlandpolitik und in der Ostpolitik, als er von
»zwei Staaten in Deutschland« sprach. Ab 1970 konzentrierte
er sich völlig auf die Außenpolitik, die eine Verbesserung des
Verhältnisses zur kommunistischen Welt anstrebte. So akzep-
tierte er bei einem Besuch in Polen die Oder-Neiße-Grenze als
polnische Westgrenze. Im Rahmen des Staatsbesuches in Polen
kam es auch zum legendären Kniefall Brandts am Mahnmal für

die Opfer des Nationalsozialismus im ehemaligen Warschauer Ghetto. Diese Geste Brandts wurde vielfach gelobt, fand aber auch zahlreiche Kritiker, wie auch seine Akzeptanz für den Status von Westberlin sehr kontrovers bewertet wurde. Die internationale Anerkennung für seine Versöhnungspolitik mit Osteuropa fand ihr sichtbares Zeichen in der Verleihung des Friedensnobelpreises an Willy Brandt im Jahr 1971. Er war der erste Deutsche nach 1945, der mit diesem Friedenspreis ausgezeichnet wurde.

Eher behutsam ging er das Problem DDR an, um nicht das Misstrauen des Westens auf den Plan zu rufen. Er traf sich 1970 in Erfurt mit dem DDR-Ministerpräsidenten Willy Stoph, zwei Jahre später wurde der deutsch-deutsche Grundlagenvertrag unterzeichnet. Bei den Neuwahlen des deutschen Bundestags 1972 erreichte Brandt einen fulminanten Sieg – er konnte das Vertrauen von 45,8 Prozent der Deutschen erringen, vor allem der Anteil der Jugend war überzeugend. Diese hieß seine Ostpolitik trotz des Radikalenerlasses, der kurz zuvor ergangen war, gut. 1973 besuchte Willy Brandt als erster deutscher Bundeskanzler Israel.

Unmittelbar nach der Wahl jedoch zeigten sich bei Brandt Abnutzungserscheinungen. Im Mai 1974 musste er seinen Rücktritt anbieten, da sein engster Mitarbeiter und Vertrauter im Kanzleramt, Günther Guillaume, als ostdeutscher Agent enttarnt worden war. Brandt hatte es der DDR nie vergessen, dass sie sein Vertrauen durch eine derartige Intrige missbraucht hatte. Historiker beurteilen die Guillaume-Affäre heute eher als Auslöser denn als Ursache für seinen Rücktritt, tatsächlich dürften eine gewisse Amtsmüdigkeit und Depressionen Brandts, auch wegen der parteiinternen Kritik an seinem unentschlossenen Führungsstil, der Grund gewesen sein.

Brandt blieb jedoch bis 1987 Vorsitzender der SPD, wohl auch um die innerparteiliche Opposition zu beruhigen. Zu seinem Nachfolger Helmut Schmidt pflegte er ein äußerst loyales Verhältnis, sympathisierte aber gleichzeitig mit dem linken Flügel der Partei, etwa in der Frage der Nachrüstung oder des Ausstiegs aus der Atomenergie. Nicht verhindern konnte er, dass die Grünen weiter Zulauf erhielten und ab 1983 im Bundestag vertreten waren.

1976 übernahm Willy Brandt den Vorsitz in der Sozialistischen Internationale, ein Jahr später präsidierte er auf Vorschlag des ehemaligen amerikanischen Verteidigungsministers Robert McNamara eine Nord-Süd-Kommission, die Vorschläge zugunsten der Dritten Welt ausarbeiten sollte. Dadurch stieg Brandts Ansehen in der ganzen Welt.

Brandt war ein überzeugter Europäer, der stets für eine Erweiterung eintrat, vor allem die Beteiligung Großbritanniens an der Europäischen Wirtschaftsunion war ihm ein Herzensanliegen. Es erfüllte ihn mit Stolz, nach 1979 dem ersten direkt gewählten Europäischen Parlament anzugehören.

In den 1980er-Jahren reiste er viel, auch im Auftrag der Sozialistischen Internationale. 1984 besuchte er Kuba und Fidel Castro, traf sich mit Deng Xiaoping und Michail Gorbatschow. 1990/1991 versuchte er vergeblich, den Ausbruch des Golf-Krieges zu verhindern.

Einen privaten Neuanfang machte Brandt 1983, als er in dritter Ehe die Historikerin und Publizistin Brigitte Seebacher heiratete. Von 1941 bis 1948 war er mit Carlotta Thorkildsen verheiratet gewesen, aus dieser Ehe stammte eine Tochter. Aus seiner zweiten Ehe mit der verwitweten Rut Bergaust waren drei Söhne hervorgegangen.

Eine persönliche Genugtuung bedeuteten dem Altkanzler die Ereignisse des Jahres 1989. Schon im Spätsommer dieses Jahres hatte er gemeint, dass die Politik der »kleinen Schritte« überholt wäre und die Deutschen selbstverständlich zusammengehörten. Am 10. November erklärte er in Berlin angesichts des Falles der Mauer: »Jetzt wächst zusammen, was zusammengehört.«

1990 wiederholte er seine Reise nach Erfurt: Diesmal fuhr er in ein freies Land. Im selben Jahr wurde er nach den Wahlen Alterspräsident des deutschen Bundestages und nahm dort die Gelegenheit wahr, seinen Parteigenossen die Leviten zu lesen, vor allem in Richtung Oskar Lafontaine. Er ließ keinen Zweifel daran, dass es für ein geeintes Deutschland nur einen Regierungssitz geben könne, nämlich Berlin.

Brandts Leben umfasst das 20. Jahrhundert in all seinen politischen Höhen und Tiefen, als aktiver Politiker war er Kalter Krieger und Entspannungspolitiker, er war ein Mann, dem vieles glückte, der Entwicklungen intuitiv erfasste und seine

Politik danach ausrichtete – nicht der große Theoretiker, der langfristige Konzepte verfolgte, sondern ein Politiker, der auch seinen Emotionen nachgab. Es war ihm vergönnt, einen wichtigen Beitrag zur Aushöhlung des kommunistischen Systems zu leisten, aber auch zur Aussöhnung der kritischen Jugend mit dem Deutschland der 70er- und 80er-Jahre.

Wirtschaft und Inneres waren nicht seine Politikfelder, seine Leidenschaft galt der Außenpolitik, eine Leidenschaft, die er mit seinem Freund, dem österreichischen Bundeskanzler Bruno Kreisky, teilte. Brandt war ein Mann der großen symbolischen Gesten, der einprägsamen Statements, wie: »Wir wollen mehr Demokratie wagen.« Das behielten die Menschen im Gedächtnis. Brandt engagierte sich, offerierte seinen Wählern Visionen, für die man sich begeistern konnte, auch wenn die Realität oft nachhinkte. Er war ein politischer Pragmatiker, der sich zu John F. Kennedys Grundsatz der »compassion« bekannte, wie er Kennedy überhaupt in vielem kopierte.

* 18. Dezember 1913 in Lübeck

† 8./9. Oktober 1992 in Unkel bei Bonn

1933	Flucht nach Norwegen
1938	Ausbürgerung
1948	Wiedereinbürgerung in Deutschland
1957–1966	Bürgermeister von Berlin
1964–1987	Chef der deutschen SPD
1966–1969	Vizekanzler und Außenminister
1969–1974	Bundeskanzler
1971	Friedensnobelpreis
Mai 1974	Rücktritt
bis 1987	Vorsitzender der SPD
1976–1992	Chef der Sozialistischen Internationale
1977–1980	Vorsitzender der Nord-Süd-Kommission
1983	dritte Ehe mit Brigitte Seebacher
1979	Wahl ins europäische Parlament

Werke (Auswahl)

Krieg in Norwegen (1942)

Norwegens Freiheitskampf 1940–1945 (1948)

Mein Weg nach Berlin (1960)

Begegnungen mit Kennedy (1964)
Friedenspolitik in Europa (1968)
Notizen zum Fall G.
Über den Tag hinaus (Erinnerungen 1974)
Begegnungen und Einsichten. Die Jahre 1960–1975 (1976)
Links und Frei. Mein Weg 1930–1950 (1982)
Der organisierte Wahnsinn. Wettrüsten und Welthunger (1985)
Erinnerungen (1989)

ARISTIDE BRIAND

Aristide Briand, der erste Staatsmann, der den Gedanken einer europäische Union aufgegriffen hatte, wurde als Sohn
des Besitzers einer Hafenkneipe mit dem Namen »Croix Verte«
in Nantes geboren. Er zeichnete sich als Schüler nicht durch her-
vorstechenden Fleiß aus, aber seine schnelle Auffassungsgabe
und sein brillantes Gedächtnis ließen ihn für ein Studium geeignet erscheinen, mit dem er mit 16 Jahren im Lycée in Nantes
begann. Dort lernte er den Schriftsteller Jules Verne kennen, der
seine brillante Auffassungsgabe hoch schätzte und ihn in seinem Roman »Zwei Jahre Ferien« als Vorbild für seine Haupt-
figur Briant nahm, einen Anführer von Jugendlichen, der sich
durch Intelligenz und Wagemut auszeichnet.

1883 begann Briand in Paris als Werkstudent Jura zu studieren und ließ sich nach seinem Examen in Saint-Nazaire als Anwalt nieder. 1892 musste er die Stadt wegen eines Skandals – er
war mit einer verheirateten Frau in einer angeblich strafbaren
Situation erwischt und vor Gericht gestellt worden – verlassen
und ging nach Paris. Das Urteil gegen ihn wurde jedoch vom
Kassationsgerichtshof aufgehoben.

In der französischen Hauptstadt schrieb er für das antiklerikale Journal »La Lanterne« und für die linken Zeitschriften
»Le Peuple« und »Petite République«, doch es war die Politik,
die ihn faszinierte und für die er sich begeisterte. Sein großes
Vorbild wurde der Gewerkschaftsführer Fernand Pelloutier, der
als »Theoretiker des Generalstreiks« bezeichnet wurde. Briand
profilierte sich als glänzender Redner bei sozialistischen Ver-
sammlungen, er machte sich einen Namen als Teilnehmer bei

Kongressen. Der Parteidisziplin wollte er sich allerdings nicht unterwerfen, dazu war er ein zu unabhängiger Geist und auch kein tief überzeugter Marxist. Dreimal, nämlich 1889, 1893 und 1898, versuchte er bei den Wahlen einen Parlamentssitz zu gewinnen, doch jedes Mal vergeblich.

Als sich die verschiedenen sozialistischen Gruppen Frankreichs auf Drängen der Internationale in einer Partei einigten, gehörte er mit Jean Jaurès, mit dem er 1904 die Zeitschrift »L'Humanité« gründete, zu den Mitinitiatoren. Doch bald beschritt er einen anderen Weg, der ihn in die Führungsschicht der bürgerlichen Dritten Republik führen sollte.

1901 wurde er als Vertreter des Departements Loire zum Mitglied der französischen Nationalversammlung gewählt und fand in der Volksvertretung das für ihn ideale Forum, um seine Vorstellungen zu artikulieren. Er wurde ein glänzender Vertreter des parlamentarischen Diskurses.

Seine erste große Aufgabe war die Erstellung eines Berichts über eine Gesetzesvorlage zur Trennung von Staat und Kirche. Von konsequenten liberalen Vorstellungen beseelt, ging er an diesen Auftrag heran, weder die religiösen Gefühle der Bevölkerung noch die Freiheit der Kultusausübung sollten angetastet werden. Es gelang ihm, sowohl die Rechten als auch die Linken zu beschwichtigen. Damals nannte ihn sein Kollege in der Kammer, Maurice Barrès, ein »Monstrum an Elastizität«. Seine Stärken waren ein hoch entwickeltes diplomatisches Geschick und seine überzeugende Bereitschaft zum Interessensausgleich. Elfmal wurde er in der Folge zum Präsidenten der Kammer gewählt.

1906 wurde Briand erstmals ins Kabinett berufen, und zwar als Kultusminister, wo er bei der Handhabung des von ihm nachhaltig beeinflussten Gesetzes der Trennung von Staat und Kirche getreu seinen liberalen Vorstellungen handelte. In den folgenden Jahren wurde Briand 26-mal mit einem Regierungsamt betraut, 15-mal leitete er das auswärtige Ressort, elfmal stand er als Ministerpräsident an der Spitze des Kabinetts.

In den Kriegsjahren 1915 bis 1917 Ministerpräsident, forderte er als Kriegsziele Frankreichs die Annexion des Rheinlandes und des Saargebietes. Noch bis zur Londoner Konferenz von 1921, die sich mit den deutschen Reparationszahlungen befasste, hielt er an den Bestimmungen des Versailler Vertrages fest. Ein Jahr später wollte er eine Verständigungspolitik (rapprochement) mit Deutschland einleiten, doch Alexandre Millerand, damals Präsident der Republik, desavouierte seine Politik, und Briand demissionierte.

1925, wieder zum Minister für auswärtige Angelegenheiten bestellt, nahm er seine Verständigungspolitik abermals auf. Nun versuchte er, in Europa ein System der kollektiven Sicherheit zu schaffen, in dem auch Deutschland seinen Teil leisten sollte. Es sollte sich freiwillig verpflichten, den Status quo, also den Vertrag von Versailles mit all seinen für Deutschland teils demütigenden Bedingungen, zu wahren.

Der erste Schritt zu einem solchen System war der Vertrag von Locarno, der am 16. Oktober 1925 unterzeichnet wurde. Dieser Vertrag garantierte die französisch-deutschen und belgisch-deutschen Grenzen und sah einen gegenseitigen Beistandspakt vor. Im Dezember 1926 erhielt Briand gemeinsam mit seinem deutschen Amtskollegen Gustav Stresemann den Friedensnobelpreis.

Schließlich schloss er am 27. August 1928 mit dem amerikanischen Staatssekretär Frank Billings Kellogg den viel zitierten Briand-Kellogg-Pakt, der den Krieg ächtete. Obwohl diesem Pakt 60 Staaten beitraten, hatte er nur moralischen Wert und keine ideologischen Konsequenzen.

Inspiriert von der paneuropäischen Idee des Österreichers Richard Coudenhove-Kalergi, legte Briand ein Memorandum über die Schaffung einer europäischen Union vor. 1927 wurde er Präsident der von Coudenhove-Kalergi gegründeten Paneuropa-Bewegung. 1929 präsentierte er beim Völkerbund einen Zollunionspakt zwischen Frankreich, Deutschland und den Nachbarstaaten, eine sehr weit gehende Vereinbarung, die auch die Sowjetunion einschließen sollte. Sein präzise ausgearbeiteter Vorschlag für eine europäische Konferenz, den er 1930 unterbreitete und der einen gemeinsamen Markt vorschlug, hatte wieder großen Erfolg.

Doch Europa und die Mächte waren noch nicht reif für eine gemeinsame Politik, Briands und damit Coudenhove-Kalergis Ideen scheiterten am Egoismus der Nationalstaaten, an der eklatanten Schwäche des Völkerbundes und an der Unmöglichkeit einer allgemeinen Abrüstung. Das nationale Interesse der einzelnen Staaten war noch immer stärker als die gemeinsamen Ziele, was auch beim Scheitern einer deutsch-österreichischen Zollunion von 1931 offenkundig wurde. Damit war Europa um eine Friedenshoffnung ärmer. Erst die Römischen Verträge von 1957 nahmen Briands Ideen wieder auf.

Nachdem Briand bei den Präsidentschaftswahlen von 1931 gegen Paul Doumer unterlegen war, zog er sich ins Privatleben zurück.

Der »pèlerin de la paix«, der »Wanderprediger des Friedens«, wie Aristide Briand genannt wurde, war zu dieser Zeit durch seine auf Ausgleich gerichtete Politik zwar visionär, aber nicht modern, denn sie entsprach nicht dem Zeitgeist des politischen Diskurses. Vertrauen statt Misstrauen gehörte noch nicht zum Vokabular der europäischen Politik. Wie sein deutscher Amtskollege Stresemann war auch Briand Freimaurer, in Paris gehörte er der Loge »Le Chevalier du Travail« an.

* 26. März 1862 in Nantes

† 7. März 1932 in Paris

1890	Anwalt in Saint-Nazaire
1902	Mitglied der französischen Kammer
1906	erstmals Kultusminister
1931	Rückzug ins Privatleben

Werke

Frankreich und Deutschland

LÁZARAO CÁRDENAS DEL RÍO

Cárdenas, ein Indio aus einem mexikanischen Bauerndorf, wurde von Salesianerpadres erzogen und erhielt nach seiner rudimentären Ausbildung Arbeit in einem lokalen Finanzamt.

1913, nach der Ermordung von Präsident Francisco Madero, der 1911 den Sturz des langjährigen Diktators Porfirio Díaz herbeigeführt hatte, und der nachfolgenden Militärdiktatur, kam es zum Ausbruch eines Bürgerkrieges. Cárdenas schloss sich jenem Teil der revolutionären Armee an, der von Guillermo García Aragón kommandiert wurde. Innerhalb eines Jahres avancierte er zum Hauptmann. In den Kämpfen der folgenden Jahre erwies er sich als höchst loyal und erreichte schließlich 1920 den Rang eines Generals.

1928 wurde er zum Gouverneur seines Geburtsstaates Michoacán gewählt und konnte sich als fähiger Verwalter seiner Heimatprovinz profilieren. Gleichzeitig engagierte er sich beim landesweiten Aufbau der PNR (Partido Nacional Revolucionario), deren Führerschaft er 1930 übernahm. Er einte die in einzelne Provinzparteien zersplitterte Gruppe zu einer nationalen Partei, die ein stabiles Element in Mexiko werden sollte. Unter dem Diktator Plutarco Calles übernahm er zunächst das Amt des Innenministers, dann das Verteidigungs- und Marineministerium. Er trennte sich jedoch bald von Calles und kandidierte selbst für die bevorstehenden Präsidentenwahlen. Ein Jahr lang führte Cárdenas einen großartigen Wahlkampf, bereiste das ganze Land, besuchte jede Stadt und sprach mit hunderten Bürgern. Er stellte allen seine Pläne vor, mit Hauptaugenmerk auf seine Sozial- und Wirtschaftsreformen. Der Erfolg blieb nicht aus: Cárdenas wurde mit einem eindrucksvollen Votum gewählt. Langsam begann er seine Pläne umzusetzen, nachdem er sichergestellt hatte, dass der Einfluss seines Vorgängers ausgeschaltet war. Calles wurde schließlich 1936 in die USA ins Exil geschickt.

Obwohl Cárdenas eine beeindruckende Karriere gemacht hatte, vergaß er nie seine Herkunft und verwirklichte deshalb auch Ideen des Staatssozialismus. Bisher hatten sich die politischen Machthaber auf Kirche, Armee, Großgrundbesitz und Auslandskapital gestützt. Er änderte dies grundlegend. Obwohl sein Landwirtschaftsprogramm unter der schlechten Verwaltung litt, gelang es ihm, das Latifundiensystem zu brechen. Als Präsident unterstützte er die Gewerkschaften, die schon unter seinem Vorgänger Abelardo Rodríguez stark geworden waren, und sorgte für ihren Zusammenschluss unter der Bezeichnung Confederación de Trabajadores de Mexico. Als Verteidiger eines aggressiven mexikanischen Nationalismus konnte er auf eine breite Zustimmung in der Bevölkerung zählen. Er öffnete außerdem die Mexikanische Revolutionspartei für die breite

Masse; bisher gehörten nur Beamte und Politiker der Partei an. Überaus entscheidend für die politische Stabilität des Landes war, dass er den vorherrschenden Einfluss der Militärs egalisieren konnte.

Obwohl die mexikanische Verfassung des Jahres 1917 die Möglichkeit geboten hätte, gegen Großgrundbesitzer einzuschreiten, erhielten die landlosen Bauern erst unter seiner Präsidentschaft im Jahr 1937 in großem Umfang Boden und konnten auch auf günstige Kredite hoffen. Die in ausländischem Besitz befindliche Eisenbahngesellschaft wurde verstaatlicht. Ein Jahr später wurden die britischen und amerikanischen Ölgesellschaften verstaatlicht, was dem Land ein großes Stück wirtschaftlicher Unabhängigkeit schenkte.

Als Cárdenas 1940 sein Amt niederlegte, war er ein hoch geachteter Mann, der auch weiterhin Einfluss auf die Regierungsgeschäfte nahm. Nach Ausbruch des Zweiten Weltkrieges, an dem Mexiko an der Seite der Alliierten teilnahm, übernahm Cárdenas noch einmal für zwei Jahre das Amt des Verteidigungsministers.

Allen seinen Nachfolgern bot er ein Beispiel an linker politischer Verantwortung und Integrität. Immer blieb er ein strikter Gegner amerikanischer politischer Einflussnahme auf die Wirtschaft Mexikos.

Als in Kuba Fidel Castro sein Regime etablierte, erwies er sich als ein verlässlicher Partner. In seinen letzten Lebensjahren verlor er an politischem Einfluss, blieb aber immer ein »elder statesman« für das linke kritische Lager des Landes.

* 21. Mai 1895 in Jiquilpan (Mexiko)
† 19. Oktober 1970 in Mexico City
1928–1932 Provinzgouverneur
1934–1940 Präsident Mexikos
1943–1945 Verteidigungsminister

Robert Stewart Viscount Castlereagh

Viscount Castlereagh führte gemeinsam mit Metternich die große Allianz gegen Napoleon Bonaparte. Wie kaum ein anderer englischer Politiker nahm er Einfluss auf die Gestaltung Europas beim Wiener Kongress der Jahre 1814/1815. Auf seine Initiative geht das Konzept eines ausgewogenen Gleichgewichts der europäischen Großmächte zurück, ein Konzept, das auch wesentlich die gesamte Überseepolitik bestimmte.

Robert Stewart Castlereagh war der Sohn eines anglo-irischen Grundbesitzers, er wurde in Armagh und am St. John's College erzogen. 1790 zog er als unabhängiges Mitglied in das irische Parlament ein. Vier Jahre später heiratete er Emily Anne Hobart, mit der er eine sehr gute, aber kinderlose Ehe führte. 1798 wurde er mit der Aufgabe eines Chefsekretärs von John Jeffreys Pratt Earl of Camden, einem Verwandten, betraut, der Vizekönig von Irland war. In der gleichen Funktion war Castlereagh anschließend bei Lord Charles Cornwallis, dem Nachfolger Earl Camdens, tätig. Castlereagh trug die strengen Maßnahmen, die angesichts der Niederschlagung des irischen Aufstandes von 1798 verhängt wurden, mit, trat aber in der Folge für eine Politik der Milde ein, um weitere Unruhen auf Dauer zu verhindern.

Angesichts der europäischen Probleme – Napoleon bedrohte England mit der Invasion – schien es geraten, im eigenen Lande stabile Verhältnisse zu schaffen. Castlereagh setzte daher – gegen den erbitterten Widerstand der Protestanten – im irischen Parlament den »Act of Union« durch, der ein gemeinsames Parlament für England und Irland vorsah. Seinem Gerechtigkeitssinn entsprechend, forderte er gleichzeitig die politische Emanzipation für die irischen Katholiken. Als dieses Ansinnen am Widerstand von König Georg III. scheiterte, traten Castlereagh und Lord Cornwallis zurück. In der Folge fungierte er aber als Berater für irische Angelegenheiten für Premierminister Henry Addington.

1802 wurde er mit dem Vorsitz der Kontrollbehörde für die indischen Angelegenheiten betraut, wodurch er im britischen Kabinett schnell an Einfluss gewann. 1805 wurde er im Kabinett von William Pitt Staatssekretär für das Kriegswesen. Seine erste Aufgabe war die Entsendung eines britischen Corps nach Hannover, das jedoch durch Napoleons Sieg bei Austerlitz nicht mehr zum Einsatz kam, Castlereagh blieb jedoch von der Wichtigkeit einer starken britischen Armee überzeugt.

Als William Pitt starb, verließ Castlereagh das Kabinett und wurde Sprecher der Opposition für außen- und militärpolitische Fragen. Schon ein Jahr später, als William Henry Duke of Portland die Regierungsgeschäfte übernahm, beteiligte sich Castlereagh als Kriegsminister wieder an den Regierungsgeschäften, fest entschlossen, Großbritannien an der europäischen Auseinandersetzung mit Napoleon teilnehmen zu lassen. Durch eine große Heeresreform sorgte er für eine schlagkräftige Armee, sowohl für die Verteidigung der Insel als auch für den Krieg in Übersee.

Die Revolte Spaniens gegen Napoleon unterstützte Großbritannien durch ein Truppenkontingent. Castlereagh setzte sich dafür ein, dass Arthur Wellesley, der spätere Duke of Wellington, das Kommando erhielt. Als ein britisches Unternehmen gegen die napoleonische Marinebasis in Antwerpen infolge Krankheit der Soldaten scheiterte, brachen Zwiste und Intrigen im britischen Kabinett aus, und Castlereagh wurde für das Desaster verantwortlich gemacht. Als er erfuhr, dass Außenminister George Canning ihn durch Wellington ersetzen wollte, forderte er seinen Widerpart zum Duell, wobei dieser leicht verletzt wurde. Beide Gentlemen legten ihre Kabinettsfunktionen nieder.

1812 kehrte er wieder zur Politik zurück, und zwar als Außenminister im Kabinett Robert Banks Jenkins nach der Ermordung von Premier Spencer Perceval. Für das nächste Jahrzehnt behielt Castlereagh die Führung der britischen Außenpolitik. Erste und wesentliche Aufgabe war es, die europäische Koalition gegen Napoleon zusammenzuschweißen und in weiterer Folge die europäische Neuordnung für die Zeit nach dem Krieg vorzubereiten. 1814 führte er Gespräche in Châtillon, bei denen sich herauskristallisierte, dass die europäische Neuordnung unter der Kontrolle der Großmächte zu stehen habe. Diese Grundsätze wurden im Vertrag von Chaumont im selben Jahr beschlossen und bildeten für zwei Dezennien die Leitlinien der europäischen Politik.

Beim Wiener Kongress 1814/1815 spielte Castlereagh eine wichtige vermittelnde Rolle. Unter allen Umständen wollte er einen Machtzuwachs Russlands vermeiden, wichtig war ihm die Stabilisierung der europäischen Mitte, nämlich Deutschlands und Italiens. Gemeinsam mit dem österreichischen Staatskanzler Klemens Wenzel Metternich dominierte er die Verhandlungen und sorgte dafür, dass Russlands und Preußens Forderungen im Zaum gehalten wurden. Sein Grundsatz, knapp gefasst, lautete: »just equilibrium« (wörtlich: gerechtes Gleichgewicht). In Verfolgung dieser Absicht kam es auch zu regelmäßigen Konsultationen der europäischen Großmächte. Bei der Konferenz von Aix-en-Chapelle 1818 wurde Frankreich wieder in den Kreis der Mächte aufgenommen. Strikt widersetzte Castlereagh sich dem russischen Vorschlag nach Etablierung eines militärischen Sanktionssystems. Deshalb lehnte er auch die Konferenzen von Troppau (1820) und Laibach (1821) ab, die sich mit den liberalen Bewegungen in Deutschland, Spanien und im Königreich beider Sizilien befassten und dementsprechende Sanktionen forderten. In einem Grundsatzpapier von 1820 legte er klar die Unterschiede zwischen den absolutistischen Systemen Mittel- und Osteuropas und den konstitutionellen Strukturen in Frankreich und Großbritannien dar. Danach konnte Großbritannien nur im Rahmen des parlamentarischen Systems tätig werden.

1822 wollte Castlereagh noch an der Konferenz von Verona teilnehmen, da britische Interessen in Griechenland und in den spanischen Kolonien betroffen waren. Strikt hielt er an der Nichtinterventionsthese fest und bekräftigte, dass Großbritannien auch Staaten anerkennen würde, die aus erfolgreichen Revolutionen hervorgingen. Damit distanzierte er sich und die britische Außenpolitik klar von der reaktionären Politik im übrigen Europa, wie sie vor allem nach seinem Tod verfolgt wurde.

In seinem eigenen Land war Castlereagh trotzdem nicht sehr populär, da er zu viel auf Geheimdiplomatie hielt. Angriffe Lord Byrons, der sich in geradezu romantischer Weise für Griechenland engagierte, und weitere Drohungen gegen ihn und das gesamte Kabinett ließen ihn um sein Leben fürchten. Dazu kam als weitere Belastung die königliche Scheidungsaffäre, denn König Georg IV. trennte sich von seiner Gattin Karoline. All dies löste bei Castlereagh eine akute Paranoia aus. Weitere Verdächtigungen, die gegen ihn geäußert wurden, trieben ihn in den Selbstmord – ein tragisches Ende für einen großen Diplomaten.

* 18. Juni 1769 in Dublin
† 12. August 1822 in London

1790	Mitglied des irischen Parlaments
1794	Heirat
1802	Vorsitz der Kontrollbehörde für Indien
1805–1806	Staatssekretär für Heerwesen
1807–1809	Kriegsminister
1812–1822	Außenminister

CAMILLO GRAF BENSO DI CAVOUR

Der Visionär des italienischen Nationalstaates, der unermüdliche Betreiber der italienischen Unabhängigkeit und der Begründer des Königreiches Italien begann seine eigentliche politische Laufbahn bei der in Turin erscheinenden Zeitschrift »Il Risorgimento«. Der Titel dieses Blattes war Programm seines gesamten politischen Wirkens.

Cavour stammte väterlicherseits aus einer adeligen piemontesischen Familie, seine Mutter war eine zum Katholizismus konvertierte Genfer Calvinistin, Taufpatin war Napoleons Schwester Pauline, die mit Prinz Camillo Borghese verheiratet war. Seine früheste Erziehung und schulische Ausbildung erhielt er in der elterlichen Familie, als zweitgeborener Sohn wurde er für die militärische Laufbahn bestimmt, auch wenn ihn die Politik wesentlich mehr interessierte.

1820 wurde er in die Militärschule in Turin eingeschrieben, vier Jahr später zum Pagen von König Karl Albert bestellt. Seine radikal-liberale Gesinnung eckte jedoch an, man übte Druck auf ihn aus, die Armee zu verlassen. Daher quittierte er mit 21 Jahren den Militärdienst. Nun widmete er sich der Verwaltung des elterlichen Besitzes in Grinzane nahe Turin, von 1832 bis 1848 stand er der kleinen Gemeinde als Bürgermeister vor.

In dieser Zeit unternahm Graf Cavour zahlreiche Reisen durch Europa, studierte Politik und Landwirtschaft in Paris und Genf. Er soll ein schlechtes Italienisch gesprochen haben, das

ihn den Italienern als Ausländer erschienen ließ. 1830 wurde er
Zeuge der Julirevolution in Paris, was ihn in seinen liberalen Ansichten bestärkte. Das nachfolgende Regime von Louis Philippe
führte ihm die Effizienz einer konstitutionellen Monarchie vor
Augen. Und so sah er die Zukunft Italiens auf drei Säulen ruhend, nämlich Liberalismus, Nationalismus und technischem
Fortschritt.

Mit der Wahl des liberalen Papstes Pius IX. im Jahr 1846 sah
Cavour seine Stunde gekommen, 1847 gründete er die Zeitschrift »Il Risorgimento«, die ihm in Sardinien-Piemont zu großem Einfluss verhalf. Die europäischen Revolutionen des Jahres
1848, der Aufstand im Königreich beider Sizilien veranlassten
König Karl Albert von Sardinien-Piemont eine Charta der Freiheiten für sein Königreich zu erlassen. Cavour vermochte den
König zu überreden, Österreich den Krieg zu erklären. Mit dem
Ausbruch des Aufstandes in Mailand war die beste Gelegenheit
geboten, sich gegen Österreich zu erheben. Cavour richtete einen Aufruf an Karl Albert, sich der revolutionären Bewegung
anzuschließen. Doch die Schlachten von Custozza und Novarra
wurden zur Niederlage für Sardinien, die revolutionären Bewegungen in der Lombardei und im Veneto wurden niedergeschlagen. Der Geist der Revolution aber lebte weiter. Bei der
Wahl zur sardischen Abgeordnetenkammer gewann Cavour einen Sitz, König Albert dankte zugunsten seines Sohnes Viktor
Emanuel II. ab.

Nun begann Cavours eigentliche Karriere. 1850 übernahm
er in der Regierung Massimo D'Azeglios das Landwirtschafts-
und Handelsressort, 1851 das Finanzressort. Ein Jahr später hatte er den Regierungschef verdrängt und bestimmte fortan die
gesamte Politik des Königreichs Sardinien. Er wurde zwar von
Zeitgenossen als »Despot« und »Kampfhahn« bezeichnet, doch
grundsätzlich vertrat er eine liberale Grundhaltung, die letztlich
zur Basis des geeinten Königreiches Italien wurde. In Piemont
leitete er eine Reform des Rechtswesens, der Wirtschaft, des Militärs und des Außenhandels ein, er organisierte die Verwaltung
neu und trieb die Entwicklung der Wirtschaft durch Eisenbahn-
bauten an.

Cavour sorgte dafür, dass Sardinien 1855 an der Seite Englands und Frankreichs am Krimkrieg teilnahm und sich somit

im Spiel der europäischen Mächte positionierte. Im Interesse Italiens spielte er Österreich und Frankreich gegeneinander aus. Der Pariser Friedenskongress von 1856 war für ihn das geeignete internationale Forum, vor dem er die Besetzung italienischer Gebiete durch Österreich an den Pranger stellen konnte. 1858 kam es zur Begegnung Cavours mit Napoleon III. in Plombières, bei der der Krieg gegen Österreich beschlossen wurde. Als Preis für seine Unterstützung verlangte Napoleon III. Nizza und Savoyen. Im April des nächsten Jahres begann der Feldzug, der in den Schlachten von Magenta und vor allem Solferino entschieden wurde. Infolge des überstürzten und unüberlegten Rückzuges der österreichischen Truppen auf Befehl von Kaiser Franz Joseph schloss Napoleon III. rasch den Waffenstillstand von Villafranca, ohne den piemontesischen Bundesgenossen zu konsultieren. Cavour war empört, da Sardinien nur die Lombardei erhielt und Österreich Venetien behielt, und trat zurück.

Doch schon wenige Monate später kehrte er wieder an die Spitze der Regierung zurück und schloss neuerlich ein Geheimabkommen mit Frankreich, diesmal war Savoyen betroffen. Cavour ermunterte Giuseppe Garibaldi, mit seiner Armee von tausend rot gekleideten Abenteurern von Genua nach Sizilien zu segeln. Nach dem Zusammenbruch des Königreiches Neapel wurden diese Gebiete dem Königreich Italien angeschlossen. Darauf folgte die Okkupation eines großen Teiles des Kirchenstaates. Im März 1861 wurde Viktor Emanuel II. zum König von Italien ausgerufen. Rom sollte die künftige Hauptstadt des geeinten Italien werden, doch konnte Cavour die völlige Einigung Italiens nicht mehr erleben.

Wegen seiner Kirchenpolitik – sein Grundsatz lautete »Freie Kirche im freien Staat« – wurde Cavour wiederholt exkommuniziert, trotzdem fühlte er sich immer der katholischen Kirche zugehörig. Schon Jahre vor seinem Tod sicherte er sich den Beistand eines katholischen Priesters für seine Todesstunde und damit ein kirchliches Begräbnis. Vincenzo Gioberti, Priester, Philosoph und Vordenker eines geeinten Italien, sagte über Cavour, dass ihm die »italienische Geisteshaltung« fehle, er sei vielmehr angelsächsisch in seinen Ideen und gallisch in seiner Sprache. Kein anderer Politiker trieb die Einigung Italiens so konsequent wie Cavour voran, und das unter Einsatz legaler

Mittel. Cavour wollte sein Ziel nicht auf revolutionärem Wege durchsetzen, sondern eine legale Abschaffung des absolutistischen Systems erreichen.

* 10. August 1810 in Turin

† 6. Juni 1861 in Turin

1820	Militärschule in Turin
1831–1848	Verwaltung des Familienbesitzes
1847	Gründung der Zeitung »Il Risorgimento«
1850	Landwirtschafts- und Handelsminister
1852–1859	Regierungschef von Sardinien
1856	Friedenskongress in Paris
1859	Waffenstillstand von Villafranca
1861	Viktor Emanuel II. wird König von Italien

Chiang Kai-shek

Der Staatschef der nationalistischen Regierung Chinas auf Taiwan stammte aus einer in bescheidenem Wohlstand lebenden Händler- und Bauernfamilie. Seine Geburtstadt lag in der Provinz Chekiang nahe der Meeresküste. Mit 19 Jahren trat er in die Paoting-Militärakademie in Nordchina ein. In den Jahren 1907 bis 1911 diente er in der japanischen Armee, deren spartanische Ideale er bewunderte und für sich persönlich übernahm. Auch andere in Tokio lebende chinesische Kameraden übten einen großen Einfluss auf ihn aus. Im Sinne einer nationalen Denkweise setzte er sich das Ziel, China von der als fremd empfundenen Mandschu-Dynastie zu befreien. Um dieses Vorhaben zu erreichen, schien ihm eine republikanische Regierungsform geeignet.

Als 1911 in China Unruhen ausbrachen, kehrte Chiang nach China zurück, schloss sich den revolutionären Truppen an und half, die Mandschu-Dynastie zu stürzen. Zwischen 1913 und 1918 nahm Chiang an sämtlichen revolutionären Kämpfen teil, auch an den Unruhen gegen den Möchtegern-Kaiser Yüan Shih-k'ai. Zwischenzeitlich tauchte er in Shanghai unter, wo er zu der Geheimgesellschaft Green Gang gehörte, die durch Finanzmanipulationen Geld beschaffte.

1918 kehrte er wieder in das öffentliche Leben zurück und schloss sich Sun Yat-sen an, dem Führer der nationalistischen Partei Kuomintang. Chiang Kai-shek nützte seine enge Beziehung zu Sun Yat-sen und baute darauf seine eigene Macht aus. Er wollte ein wiedervereinigtes China, das seit dem Sturz von Yüan in gegeneinander Krieg führende Satrapien zerfallen war.

Großes Vorbild für die Kuomintang war die Sowjetunion, die Chiang 1923 besuchte, vor allem um den Aufbau der Roten Armee zu studieren. Wieder zurück in China wurde er zum Leiter der Militärakademie in Whampoa, nahe Kanton, bestellt, die er nach sowjetischem Vorbild umorganisierte. In dieser pro-sowjetischen Phase lebten auch zahlreiche russische Berater in China, das Verhältnis zu den Kommunisten war ein so enges, dass sie sogar in die Kuomintang aufgenommen wurden und nach dem Tod Sun Yat-sens 1925 zunehmend an Einfluss gewinnen konnten. Daraus resultierten aber auch Differenzen zwischen den konservativeren Mitgliedern der Kuomintang und den Kommunisten. Chiang, der sich als politischer Erbe Sun Yat-sens fühlte, versuchte den Einfluss der Kommunisten zurückzudrängen, ohne jedoch die sowjetische Unterstützung zu verlieren. Bis 1927 konnte Chiang auf die Hilfe aus Moskau rechnen, doch als er in einem blutigen Aufstand mit den Sowjets brach, war es mit der Achse Moskau-China vorbei.

Chiang schloss sich der Nationalpartei an, unterdrückte aber die von ihr gegründeten Gewerkschaften. Seit 1925 Kommandant der nationalen Armee, startete er eine massive Kampagne gegen die Warlords im Norden Chinas und eroberte 1928 Peking. In Nanking kam es zur Gründung einer nationalen Regierung unter Chiangs Führung.

1930 konvertierte Chiang unter dem Einfluss der mächtigen Soong-Familie, deren jüngste Tochter Mei-ling er in zweiter Ehe geheiratet hatte, zum Christentum. Nun konzentrierte sich Chiangs Regierungsprogramm auf soziale Reformen, doch vermochte er das Land nicht unter seine Kontrolle zu bekommen. Vor allem die provinziellen Warlords, die er nicht gänzlich ausschalten hatte können, stellten ihn laufend in Frage.

Die Kommunisten wiederum hatten sich aufs Land zurückgezogen, eine eigene Regierung gebildet – und sie sammelten eine Armee. Eine weitere Front eröffnete sich für Chiang durch den unausweichlichen Konflikt mit dem expandierenden Japan, das 1931 die Mandschurei erobert hatte und nun Anstalten machte, in China, das durch den Bürgerkrieg geschwächt erschien, einzumarschieren. Chiang entschied sich dafür, zuerst die Kommunisten zu bekämpfen und sich dann mit Japan auseinanderzusetzen. Diese Strategie wurde von seinen Anhängern abgelehnt, es kam zu heftigen internen Konflikten, vor allem weil Chiang keinen entscheidenden Sieg über die Kommunisten erringen konnte.

Um der chinesischen Nation einen moralisch engeren Zusammenhalt zu geben, belebte Chiang den Konfuzius-Kult neu. 1934 startete er eine Kampagne, die er »Bewegung Neues Leben« nannte. Das neue Gedankengut sollte die moralischen Vorstellungen des Konfuzius unter das Volk bringen – angesichts der hungernden Millionen ein sinnloses Unterfangen.

1937 brach der Krieg mit Japan aus. Chiang sah sich gezwungen, den Krieg mit den Kommunisten abzubrechen und eventuell mit Hilfe der Kommunisten gegen die Japaner zu kämpfen. Bis zum Kriegseintritt Amerikas 1941 blieb China völlig auf sich allein gestellt, dann erst erklärten die übrigen Alliierten, abgesehen von der Sowjetunion, Japan den Krieg. Dadurch gewann die Kuomintang-Regierung ihren Platz in der Reihe der Siegermächte, die nach 1945 den Ton angaben. Daher rührt auch Taiwans Platz im Sicherheitsrat der Vereinten Nationen.

Doch Chiangs Regime litt zusehends unter einem Imageverlust. Die internationale Gemeinschaft nahm mit Missstimmung auf, dass Chiang nach der Kapitulation Japans wieder den Kampf gegen die Kommunisten aufnahm. Denn damit stürzte er das Land 1946 neuerlich in einen Bürgerkrieg, den er nicht gewinnen konnte. 1949 musste er den Kommunisten weichen und zog sich mit dem Rest seiner Getreuen nach Taiwan zurück, wo er eine gemäßigte Diktatur errichtete. In China selbst wurde die Volksrepublik ausgerufen.

Mit Hilfe der USA wandelte Chiang Kai-shek Taiwan in den nächsten zwei Dezennien zu einem modernen Industriestaat um, der aber stets von China bedroht blieb. 1955 erreichte er noch eine Vereinbarung mit den USA, die die Verteidigung Taiwans garantierte. Doch Anfang der 1970er-Jahre, als es zu einer generellen Annäherung zwischen den Vereinigten Staaten und der Volksrepublik China kam, verlor dieses Abkommen zusehends an Wert. Die Möglichkeiten des riesigen chinesischen Festlandmarkts waren zu verlockend. Auch bot Chiangs Regime zu viele Angriffsflächen – korrupt und versteinert war es den Anforderungen einer sich verändernden internationalen Lage nicht gewachsen. Zuletzt setzte Chiang nur mehr auf persönliche Seilschaften, vor allem aus dem Bereich der Armeeclique.

Nach Chiangs Tod brachen die USA sogar die diplomatischen Beziehungen zu Taiwan ab, um ebensolche mit der Volksrepublik China aufnehmen zu können.

Am meisten hatte Chiang geschadet, dass er seine bestens ausgebildete Armee kaum gegen die Japaner im eigenen Land einsetzte, sondern diese Aufgabe den Amerikanern überließ. Er wollte seine Streitkräfte für den Einsatz gegen die Kommunisten schonen, was ihn die Sympathien der Bevölkerung kostete. Für Chiang stand diese Auseinandersetzung im Zentrum seiner Interessen, während er die desolate wirtschaftliche und soziale Lage vernachlässigte. Und das in einem Land, in dem 90 Prozent der Bevölkerung Agrarwirtschaft betrieben – und dabei hungerten.

* 31. Oktober 1887 in Chekiang
† 5. April 1975 in Taipeh (Taiwan)
1906   Eintritt in die Militärakademie
1907–1911 in Japan
1911   Rückkehr nach China
1923   Besuch der Sowjetunion
1928–1949 nationaler Regierungschef
1930   Konversion zum Katholizismus
1949–1975 Regierungschef in Taiwan

CHOU EN-LAI

Der aus einer bekannten Mandarin-Familie stammende Chou En-lai besuchte zunächst eine amerikanische Missionsschule, dann studierte er in Japan, in Frankreich an der Sorbonne und in Deutschland, unter anderem in Göttingen. Schon 1919 wurde er wegen Teilnahme an einer Studentendemonstration verhaftet. In Paris gehörte er 1921 zu den Mitbegründern einer Jugendgruppe der Kommunistischen Partei Chinas im Ausland.

Nach seiner Rückkehr nach China schloss er sich der Kuomintang-Bewegung unter Sun Yat-sen an, der damals mit den Kommunisten zusammenarbeitete. Ab 1925 leitete er eine Abteilung der Militärakademie in Whampoa, deren Direktor damals Chiang Kai-shek war.

1927 organisierte er in Shanghai einen Generalstreik, durch den die Stadt in die Hände der Nationalisten fiel. Als Chiang Kai-shek mit den Kommunisten brach und tausende Gegner massakrieren ließ, gelang Chou die Flucht. 1928 nahm er am VI. Weltkongress der Kommunistischen Internationale, der unter Stalins Druck einen deutlichen Linkskurs proklamierte, teil. Der VII. Weltkongress fand erst 1935 statt, nachdem sich in Frankreich die Volksfrontregierung gebildet hatte, auf die Stalin seine Hoffnungen setzte.

Schon 1931 war Chou mit Mao Zedong in Kontakt getreten, an dessen Langem Marsch von 1934/35, einer ungeheuren Strapaze, die zehntausende Kämpfer das Leben kostete, er sich beteiligte. 1936 wurde er zum Leiter der »Antijapanischen Einheitsfront« der chinesischen KP bestellt. Er führte auch Verhandlungen mit der Kuomintang-Regierung über die Bildung eines Burgfriedens während des chinesisch-japanischen Krieges.

Nach der Kapitulation der Kuomintang-Regierung unter Chiang Kai-shek 1949 übernahm Chou En-lai das Amt des Ministerpräsidenten der neuen Volksrepublik China, ein Amt, das er bis an sein Lebensende innehatte. Bis 1958 war er auch Außenminister. In den Jahren 1949 bis 1953 führte er diffizile Verhandlungen mit Stalin, im Juli 1953 war er bei den Waffenstillstandsverhandlungen zum Korea-Krieg dabei, da China Nordkorea durch Freiwilligenverbände unterstützt hatte. Immer wieder trat er bei internationalen Verhandlungen als Leiter der chinesischen Delegation auf, so 1954 in Genf, als die Indochina-Frage verhandelt wurde, 1955 bei der Konferenz von Bandung, an der zahlreiche afrikanische und asiatische Staaten teilnahmen und wo man sich auf eine wirtschaftliche Kooperation der afroasiatischen Länder einigte.

1960 brach der schon länger schwelende ideologische

Konflikt mit der Sowjetunion aus, China widersprach Nikita Chruschtschows These von der »friedlichen Koexistenz« mit dem Kapitalismus. Daraufhin zogen die Sowjets ihre Berater aus China zurück, neuer, weniger mächtiger Bundesgenosse Chinas wurde das kleine Albanien. Chou kritisierte weiterhin die sowjetische Außenpolitik, vor allem ihren Rückzug aus Kuba. Mit Mao hatte er eine recht klare Teilung der Einflussbereiche abgemacht – Mao war für die allmächtige Partei zuständig, Chou verwaltete den Staat.

Nach der Kulturrevolution von 1966/67, die den Sozialismus vorrangig vor der Industrialisierung vorantreiben wollte und den letzten Vertretern der Bourgeoisie den Kampf ansagte, wuchs Chous Macht im Politbüro, alle außenpolitischen Verhandlungen führte er von nun an allein. Sein Ziel war es, China aus der politischen Isolation herauszuführen. Der erste Erfolg in diese Richtung war die Aufnahme Chinas in die UNO 1971, im Februar 1972 kam es zum legendären Besuch des amerikanischen Präsidenten Richard Nixon in China, der eine neue Phase der bilateralen Beziehungen einleitete. In der Folge zog Amerika sein Truppenkontingent aus Taiwan ab, die amerikanische Außenpolitik erkannte nur mehr ein China an – die Volksrepublik.

1972 wurde bei Chou Krebs diagnostiziert, gegen den er vier Jahre ankämpfte. Chou war neben Mao Chinas mächtigster Politiker, der die gesamte Außenpolitik dieses riesigen Staates souverän und durchaus auch vom Westen anerkannt lenkte.

* 18. Juli 1898 in Huanyan

† 8. Januar 1976 in Peking

1920–1922 Studium in Paris

1924 Rückkehr nach China

1925 Abteilungsleiter in Whampoa

1928 VI. Weltkongress der Kommunistischen Internationale in Moskau

1934/35 Teilnahme am Langen Marsch

1936 Leiter der »Antijapanischen Einheitsfront«

1949–1976 Ministerpräsident

NIKITA SERGEJEWITSCH CHRUSCHTSCHOW

Der sowjetische Regierungschef Nikita Chruschtschow wird aus der Reihe der Apparatschiks, die an der Spitze der UdSSR standen, immer durch seine eigenwillige Persönlichkeit herausstechen und seinen Platz in der Geschichte als der Überwinder und Kritiker des Stalinismus behalten. Er hat den Kommunismus in Russland nicht beseitigt, doch er hat ihm menschlichere Züge gegeben – durch seine Politik des »Tauwetters« und der »friedlichen Koexistenz«.

Nikita Chruschtschow stammte aus einer einfachen Arbeiterfamilie aus der Ukraine. Er erlernte das Handwerk eines Maschinenschlossers und arbeitete dann in einem Bergwerk im Donez-Becken, in dem auch sein Vater schon beschäftigt gewesen war. Im Ersten Weltkrieg musste er nicht einrücken, weil er in einem Rüstungsbetrieb angestellt war. Er trat zunächst der Gewerkschaft der Bergleute bei, 1918 schloss er sich den Bolschewiki an. Begeistert trat er als Freiwilliger in die Rote Armee ein. 1921 verlor er seine erste Frau Galina, die der Hungerperiode der Nachkriegszeit zum Opfer fiel.

Zwischen 1922 und 1925 besuchte er die Arbeiterfakultät in Charkow, wo er sich natürlich auch politisch betätigte. Hier traf er auch seine zweite Frau Nina Petrowna, eine Lehrerin. 1929 wurde er zum Studium an der Parteihochschule in Moskau zugelassen. Er machte eine stetige Parteikarriere, arrivierte zum Bezirksparteisekretär in der Ukraine, der bereits am XIV. Parteitag teilnehmen durfte. Beim XV. Parteitag wurde er Zeuge, wie die Opposition, personifiziert durch Trotzki und Sinowjew, von Stalin ausgeschaltet wurde. Chruschtschow deklarierte sich als Stalinanhänger und avancierte weiter. Auch an der Industrieakademie in Moskau, wo er Metallurgie studierte, wurde er dank seiner verlässlichen Parteitreue zugelassen. Hier lernte er Nadeschda Allilujewa, Stalins Frau, kennen, die ihn ihrem Mann nachdrücklich empfahl. Chruschtschow verkehrte in der Familie Stalins und genoss sein Vertrauen. So verwundert es nicht, dass er schon 1931 Parteichef in einem der wichtigsten Moskauer Parteibezirke wurde und ein Jahr später Zweiter Sekretär des Stadtparteikomitees. 1934 schließlich erfolgte die vorläufige Krönung seiner Laufbahn mit der Wahl in das Zentralkomitee der KPdSU. Man betraute ihn mit der Stadtplanung von Moskau, unter anderem auch mit dem Bau der Moskauer U-Bahn, wofür er mit dem Leninorden ausgezeichnet wurde. Unangefochten überstand er alle Säuberungsaktionen der nächsten Jahre – eine politische Bilderbuchkarriere à la russe.

Nach dem Hitler-Stalin-Pakt, der Ostpolen den Russen überließ, sorgte er für die »Integration« dieser Gebiete, das heißt er unterdrückte die separatistischen Bestrebungen sowohl in Polen als auch in der Ukraine und installierte die KP als alleinigen Machtfaktor. Mit Ausbruch des Zweiten Weltkrieges ging er zur Armee. Im Rang eines Generalleutnants sorgte er für den Abtransport und damit die Rettung des gesamten industriellen und landwirtschaftlichen Maschinenparks der Ukraine. In der Folge organisierte er den Partisanenkampf in der Ukraine, dann wurde er politischer Berater bzw. Politoffizier während der Schlacht um Stalingrad und der Panzerschlacht um Kursk.

Nach der Befreiung der Ukraine begann Chruschtschow mit dem Aufbau einer zivilen Verwaltung und trachtete danach, für das Überleben der Bevölkerung zu sorgen, denn 1946 machte die Ukraine, einst die Kornkammer Russlands, die schlimmste Hungersnot ihrer Geschichte durch. Ehrlich kämpfte er für mehr Agrarproduktion gegen Stalins Forderungen nach Forcierung der Industrieproduktion. In dieser Phase lernte Chruschtschow hautnah die Problematik der agrarischen Planwirtschaft kennen.

1949 holte ihn Stalin nach Moskau zurück, wo er wieder die Moskauer Stadtpartei übernahm und Sekretär des Zentralkomitees der KPdSU wurde. Bis Stalins Tod (1953) beschäftigte er sich ausschließlich mit agrarischen Fragen, er versuchte riesige staatliche Güter anstelle der normalen Kolchosen aufzubauen. Es war dies sicherlich eine kritische Phase in der sowjetischen Politik, während der hohe Funktionäre wie billige Schachfiguren ständig um ihre Existenz zittern mussten.

Nach dem Tod Stalins und der Hinrichtung Berijas stellte sich Chruschtschow einem Machtkampf mit Georgi Malenkow, dem Quasi-Erben Stalins und Regierungschef. Im September 1953 verdrängte er Malenkow als Ersten Sekretär und brachte damit die gesamte Partei unter seine Kontrolle. Zwei Jahre später gelang es ihm, Malenkow zu entmachten, an seine Stelle trat Nikolai Bulganin als Regierungschef.

Im Sommer 1955 trat Chruschtschow in das Licht der Weltpolitik, als er an der Genfer Gipfelkonferenz, bei der die Deutschland-Frage und die Abrüstung mit den Alliierten verhandelt wurden, teilnahm. Im Anschluss daran reiste er nach Ostberlin und verkündete die Zweistaatentheorie für Deutschland. Zuvor hatte er schon dem seinerzeit von Stalin hart kritisierten Jugoslawien einen Besuch abgestattet und sich für Stalins Ächtung des jugoslawischen Wegs entschuldigt. Chruschtschow vermittelte mit einem Schlag einen völlig anderen Politstil als bisher – etwas grobschlächtig, aber humorvoll, extrovertiert und scharfzüngig.

Die echte politische Sensation fand jedoch am XX. Parteikongress der KPdSU im Februar 1956 statt: Offiziell hatte Chruschtschow eine siebenstündige Rede gehalten, in der nur eine leichte Kritik an der Politik Stalins laut geworden war. Im Anschluss daran rechnete er aber in einer geheimen Konferenz gnadenlos mit dem stalinistischen Terrorregime ab. Minutiös listete Chruschtschow alle Verbrechen dieses Regimes auf: Stalin habe Russland leichtfertig und unvorbereitet in den Krieg gehen lassen, die Liquidierung eines großen Teils des höheren Offizierskorps wäre zu Lasten der Verteidigungsbereitschaft des Landes gegangen. Chruschtschow selbst gab zu, dass er jedes Mal wenn er zu Stalin ging, um sein Leben gezittert habe. Offiziell wurde zunächst der Stalinsche Personenkult für obsolet erklärt, die Gedenkfeiern zu seinem Todestag wurden abgesagt, und nach und nach sickerte die ganze Wahrheit durch. In der Phase des »Tauwetters« wurden Tausende aus den Gulags freigelassen, Tausende der Verfolgten oder Getöteten rehabilitiert.

Die Entstalinisierung blieb nicht ohne Folgen auf die Satellitenstaaten der Sowjetunion: Im Spätherbst 1956 revoltierten sowohl die Polen als auch die Ungarn. Chruschtschow hielt Polen bei der Stange, indem er ihnen mehr Freiheit bot, in Ungarn aber griff er mit aller Brutalität durch, da Imre Nagy angedroht hatte, aus dem Warschauer Pakt auszusteigen. Durch diese Turbulenzen in den osteuropäischen Staaten wäre Chruschtschow 1957 fast gestürzt worden, am Ende blieb jedoch er der Sieger.

Wjatscheslaw Molotow, einst der wichtigste Außenminister Russlands, Mister »Njet«, Malenkow und auch Marschall Schukow wurden aus ihren Ämtern entfernt und politisch völlig kalt gestellt. Ein Jahr später übernahm Chruschtschow von Bulganin auch das Amt des Ministerpräsidenten und vereinte damit in seiner Person die beiden obersten Ämter des Staates.

Dieser Machterhalt und der Machtzuwachs veranlassten ihn, gerade in der Deutschland-Frage eine härtere Gangart einzulegen. Jedes Jahr besuchte er die DDR und forderte bald eine Revision des Potsdamer Abkommens, er wollte Berlin entmilitarisieren und letztlich unter DDR-Verwaltung bringen. Damit löste er die Berlin-Krise aus, doch die Westmächte lehnten jede Änderung des Status von Berlin ab. Eine geringe Entspannung brachte erst das Treffen von Camp David mit dem US-Präsidenten Dwight Eisenhower, der Status quo blieb erhalten.

Auslösendes Moment der nächsten Krise war der Abschuss eines US-Aufklärungsflugzeugs über sowjetischem Territorium. Deswegen platzte ein Gipfel in Paris und bei der UNO-Vollversammlung hämmerte Chruschtschow im Verlauf einer äußerst stürmischen Debatte mit seinem Schuh auf das Rednerpult – ein Bild, das um die Welt ging.

Auch im nächsten Jahr kam es zu keiner Einigung in der Berlin-Frage, das Wiener Gipfeltreffen mit John F. Kennedy verlief zwar in einer höchst freundlichen Atmosphäre, aber ohne Fortschritte in der Sache. Erst die Kuba-Krise und die entschiedene Haltung der Amerikaner, keine Raketenbasen auf Kuba zu dulden, führten zu einem Einlenken Chruschtschows. Als Antwort auf diese Krise wurde der sogenannte »heiße Draht«, eine direkte Leitung zwischen Washington und Moskau, installiert, um im Krisenfall sofort Kontakt aufnehmen zu können. Dem folgte ein Atomteststopp-Abkommen, womit Chruschtschow bewies, dass er geopolitischen Argumentationen gegenüber durchaus ein offenes Ohr hatte. Was er jedoch nicht meistern konnte, das waren die innenpolitische Krise und die Auseinandersetzung mit China. In der Sowjetunion herrschte eine schwere Wirtschaftskrise, allenthalben erhoben sich dissidente Stimmen, die mehr Freiheit verlangten. So wichtige aufklärende Bücher wie Boris Pasternaks »Doktor Schiwago« und Alexander Solschenizyns »Ein Tag im Leben des Iwan Denissowitsch«

erschienen und stellten das stalinistische System an den Pranger. Mit den Militärs konnte Chruschtschow sich über die Abrüstung nicht einigen, und peinlicherweise war die sowjetische Landwirtschaft noch immer nicht in der Lage, die russische Bevölkerung zu ernähren – die UdSSR musste bei den Amerikanern Getreide einkaufen. All dies führte Ende 1964 zum Sturz Chruschtschows. Das Zentralkomitee erklärte ihn aller Ämter enthoben, 1966 verlor er sogar seinen Sitz im Zentralkomitee. In der Folge zog er sich völlig aus der Politik zurück und lebte auf seiner Datscha bei Moskau. Sein Verdienst, den Stalinismus verdammt und einen grundlegenden Wandel in der Gesellschaft der kommunistischen Länder außer China eingeleitet zu haben, bleibt unbestritten.

* 17. April 1894 in Kalinowka (Gouvernement Kursk)

† 11. September 1971 in Moskau

1918	Mitglied der Bolschewiki
1922–1925	Arbeiterfakultät in Charkow
1929	Parteihochschule in Moskau
1931	Parteichef in Moskau
1934	Wahl in das ZK der KPdSU
1949	Rückkehr nach Moskau
1953–1964	Erster Sekretär des Zentralkomitees der KPdSU
1956	XX. Parteitag der KPdSU
1958–1964	Ministerpräsident

Sir Winston Leonhard Spencer Churchill

Winston Churchill, wahrscheinlich der größte Staatsmann, den das Britische Empire im 20. Jahrhundert hervorbrachte, war ein mäßiger und wenig fleißiger Schüler, der nur mit Mühe die Aufnahmsprüfung für die britische Militärschule Sandhurst schaffte – seine schulische Karriere war also keineswegs vielversprechend.

Eine der Ursachen dieser Bildungsverweigerung war sicher auch die Konstellation in seinem Elternhaus. Sein Vater, Randolph Churchill, stammte aus der berühmten britischen Familie der Marlboroughs, sein Vorfahre, der Herzog von Marlborough, war Bundesgenosse Prinz Eugens im Spanischen Erbfolgekrieg gewesen.

Churchills Mutter – geborene Jennie Jerome – kam aus einem reichen liberalen Elternhaus in New York. Ihr Vater war Mitbesitzer der »New York Times« und ein Connaisseur des Pferderennsports. Seine Tochter wuchs in Luxus und wohlbehütet heran. Als sie zwölf Jahre alt war, ging sie mit ihren Eltern nach Frankreich, man verkehrte bei Hofe, und Jennie, die zu einer veritablen Schönheit heranwuchs, lernte Lebensstil, aber auch große Dichter kennen. Sie begegnete Pauline Metternich, der Gattin des damaligen österreichischen Botschafters am französischen Hof, die gemeinsam mit Kaiserin Eugenie den Stil ihrer Zeit bestimmte. 1870 gelang es Jennie, mit ihrer Mutter aus dem besetzten Paris zu entkommen, und die beiden ließen sich in London nieder. Dort begegnete sie Randolph Churchill, der sofort um sie warb. Churchills Familie war von einer Verbindung mit einer Amerikanerin, auch wenn sie reich war, nicht sehr angetan, doch die beiden jungen Leute waren von dieser Ehe überzeugt und kämpften darum. Schließlich heirateten sie und stürzten sich in das gesellschaftliche Leben am Hofe von St. James. Die jungen Churchills gehörten zum engen Freundeskreis von Edward Prince of Wales. Während einer rauschenden Ballnacht auf Schloss Blenheim, dem Stammsitz der Marlboroughs, kam Winston Churchill in einem Garderobenzimmer – »… zwischen Samtmuffs, Pelzmänteln und Federhüten …« – auf die Welt. Für Lady Randolph war die Geburt ihres Sohnes kein Grund, die gesellschaftlichen Freuden für längere Zeit zu unterbrechen, Winston wurde einem Kindermädchen, Mrs. Everest, anvertraut, die er über alles liebte. Seine Mutter sah er nur als ferne Schönheit, zu seinem Vater fand er nie wirklichen Kontakt.

1876 wurde Randolph Churchill Opfer der Affäre Blandford, einer Gesellschaftsintrige gegen den Prinzen von Wales, in die er hineingezogen wurde. Das Ehepaar konnte sich im offiziellen London nicht mehr blicken lassen.

Benjamin Disraeli, damals Ministerpräsident, fand eine elegante Lösung: Er schickte Randolphs Vater für drei Jahre als Vizekönig nach Irland, sein Sohn begleitete ihn als Sekretär. Für Winstons Mutter bedeutete der Aufenthalt in Irland keine Einbuße, sie widmete sich intensiv dem Reitsport, verkehrte zum Entsetzen ihres Schwiegervaters mit irischen Nationalisten und profilierte sich in Hilfsprogrammen.

Inzwischen war Randolphs Bußfrist abgelaufen, er gewann einen Parlamentssitz und erwarb sich als Politiker die Anerkennung seiner Partei und seiner Wähler. Seine Frau Jennie bereiste seinen Wahlkreis und hielt für ihn Wahlreden. Es war sie, die den Ehemann in die politische Laufbahn drängte, sie organisierte seinen Wahlkampf und machte aus ihm einen durchaus respektablen Politiker. Als Randolph 1886 im Kabinett Salisbury das Amt des Schatzkanzlers übernahm, wurden jedoch bald die Grenzen seiner Möglichkeiten offenbar. Die Tories ließen ihn für seine Idee der Erweiterung des Wahlrechts auf ärmere Bevölkerungsgruppen abblitzen. Randolph nutzte einen harmlosen Streit um das Armeebudget und trat zurück: ein politischer Selbstmord ohnegleichen. Gleichzeitig wurde seine bereits länger schwelende Krankheit akut. Randolph litt an einer schweren Syphilis, an der er 1895 starb. Seine Frau versuchte all die Jahre, diese Erkrankung vor der Öffentlichkeit geheim zu halten, bis zu seinem Tod betreute sie den schwierigen Partner geduldig und ging mit ihm häufig auf Reisen, um ihn nicht der Gesellschaft auszusetzen. In all diesen Jahren besuchte ihr Sohn Winston verschiedene Schulen, die er konsequent verweigerte. Das englische Schulsystem, von Prügelstrafen beherrscht, konnte ihm nichts mitgeben, ihn aber auch nicht brechen. In die Militärakademie von Sandhurst wurde er erst beim dritten Versuch aufgenommen, als klar war, dass er sich ein Pferd leisten konnte. Sein Vater hielt ihn für einen totalen Versager. Als Lord Randolph starb, diente Winston in einem Husarenregiment.

Für Winston begann mit dem Tod des Vaters eine neue Lebensphase. Jetzt erst erfuhr er die Zuwendung der Mutter, die nun statt des Ehemannes den Sohn managte. Winston schrieb in seinem Buch »Weltabenteuer im Dienst« über diese Zeit: »Von nun an war ich Herr meiner Geschicke. Meine Mutter … wurde mir bald eine eifrige Verbündete.« Winston Churchill interessierte sich nun für das Weltgeschehen, er wollte als Soldat und als Kriegsberichterstatter überall dort dabei sein, wo »etwas los war«. Dank der guten Kontakte seiner Mutter und ihrer finanziellen Unterstützung wurde er nach Indien geschickt und im

Anschluss in den Sudan – trotz der Proteste Lord Kitcheners, der ihn nicht ausstehen konnte –, nahm er an der letzten Reiterschlacht der britischen Armee bei Omdurman teil. 1899 kehrte er nach England zurück und versuchte, einen Parlamentssitz zu erlangen, fiel aber bei der Wahl durch.

Beim Ausbruch des Burenkrieges in Südafrika war er wieder dabei, sowohl als Soldat als auch als Kriegsberichterstatter. Beim Einsatz von Ladysmith wurde er gefangen genommen und nach Pretoria gebracht. Auf abenteuerlichen Wegen gelang ihm die Flucht – versteckt unter einer Ladung Kohle – in das neutrale Mosambik. Seine Zeitungsberichte bescherten ihm eine große Leserschaft, die mit Begeisterung seine Artikel las. Churchill wurde ungeheuer populär. Er ging sogar auf lukrative Vortragsreisen nach Amerika, wo ihn Mark Twain in New York dem Publikum vorstellte: »Meine Damen und Herren, ich habe die Ehre, Ihnen Winston Churchill vorzustellen; Held von fünf Kriegen, Autor von sechs Büchern und der künftige Premierminister von England.«

Nach seiner Rückkehr nach England bewarb er sich erneut um ein Parlamentsmandat für die Konservativen. Nun musste er nicht mehr um Wählerstimmen bangen, dank seiner Zeitungsberichte war er so bekannt, dass er das Mandat auf Anhieb schaffte. Vier Jahre später verließ er die konservative Partei und wechselte zu den Liberalen – vordergründig wegen Differenzen in Steuerfragen, in Wahrheit wohl weil er nicht länger den Hinterbänkler spielen wollte und ihm klar wurde, dass die Konservativen ausgedient hatten und die Zukunft den Liberalen gehörte.

1906 erhielt Churchill sein erstes Regierungsamt als Unterstaatssekretär für die Kolonien, 1908 wurde er Handelsminister und danach Innenminister. Überraschenderweise gehörte er eher dem linken Flügel der Liberalen an, der von dem walisischen Advokaten David Lloyd George geführt wurde, einem politischen Feuerkopf und brillanten Redner. Er gewann Churchill für seine Sozialreformen, die auch das Proletariat ansprechen sollten. Trotz seiner aristokratischen Herkunft zog Churchill mit Lloyd George mit, auch weil er im Grunde weichherzig und sendungsbewusst war.

1908 hatte er Clementine Hozier, eine kluge und schöne Frau aus bester Familie, geheiratet. Es wurde eine Bilderbuchehe, über die er schrieb: »Im Jahre 1908 heiratete ich und lebte fortan herrlich und in Freuden.« Frühere erotische Abenteuer wurden von ihm nie bekannt, seine Leidenschaft galt offenbar der Politik und seinen Ämtern, nicht den Frauen.

Wirklich gestaltend konnte Churchill erst ab 1911 als Erster Lord der Admiralität eingreifen. In dieser Funktion trug er wesentlich zur Aufrüstung der britischen Flotte bei. Er erreichte eine erhebliche Erhöhung des Marinebudgets und holte sich Admiral John Fisher, der Jahre zuvor eine Reform gefordert hatte, aber gescheitert war, als Berater. Churchill war schon damals klar, dass es zu einer Auseinandersetzung mit Deutschland kommen würde. Systematisch bereitete er die Flotte darauf vor, ließ größere Schiffsgeschütze bauen, stellte bei der gesamten Flotte von Kohle- auf Erdölheizung um und war für jede kluge Idee seiner Marineoffiziere offen.

Als der Erste Weltkrieg begann, stand Churchill am Höhepunkt seiner Macht, gebremst nur vom damaligen Kriegsminister Lord Kitchener. Churchill erkannte früh den deutschen Schlieffen-Plan, also die Sichelschnittoperation unter Missachtung der belgischen Neutralität. Als kritischen Punkt identifizierte er Antwerpen und drängte auf Truppenverstärkungen – doch keiner wollte ihm glauben. So ließ er sein Amt im Stich und wollte gleichsam im Alleingang die Antwerpen-Frage lösen. Mangels militärischer Unterstützung scheiterte er kläglich.

Nach dem Erstarren der Westfront meinte er, durch den Einsatz von »Landschiffen« die Front aufweichen zu können. Niemand wollte auf seine Ideen hören, erst im letzten Kriegsjahr wurden massenhaft Tanks hergestellt, die sich als kriegsentscheidend erwiesen. Ähnlich ging es seinem Plan, auf der weichen Balkanflanke durch eine Offensive Istanbul zu erobern und so diesen deutschen Bundesgenossen aus dem Krieg zu eliminieren. Wieder erhielt er zu spät und zu wenig Unterstützung. Das Gallipoli-Unternehmen wurde eine Pleite – nun forderten die Konservativen seinen Kopf.

Churchill war bestürzt, aus Verzweiflung begann er zu malen, eine Gewohnheit, die er in seinem späteren Leben beibehalten sollte. Zunächst meldete er sich als Offizier für die französische Front, doch ein halbes Jahr später saß er wieder im Unterhaus als »private member«. Seine missglückte Dardanellenexpedition musste er vor einem Untersuchungsausschuss des Parlaments rechtfertigen.

Zur größten Entrüstung der Konservativen berief ihn Lloyd George 1917 wieder als Rüstungsminister ins Kabinett, dort zeichnete er für die Massenproduktion der Tanks verantwortlich. Im Anschluss daran leitete er die Rückführung und Abrüstung der Soldaten und ihre Wiedereingliederung in eine Friedenswirtschaft. Auch an der Pariser Friedenskonferenz nahm er als Experte für die russische Frage teil. Als Kolonialminister kümmerte er sich um eine Klärung der Probleme im Mittleren Osten, auch an der Befriedung Irlands hatte er wesentlichen Anteil. Churchill übte alle diese Ämter hervorragend aus, aber immer im Schatten und unter der Kontrolle von Lloyd George. Das einzige Abenteuer, in das er sich einließ, war sein Privatkrieg gegen die Bolschewiki: Er unterstützte die Weiße Armee der zaristischen Offiziere, doch abermals mit zu wenig Einsatz vor Ort. Dieser für England eher peinliche Feldzug scheiterte allein an den völlig unlösbaren logistischen Voraussetzungen. Mit halbem Herzen und ungenügenden Mitteln geführt, erforderte dieser Krieg eine hohe Opferzahl. Als Lloyd George 1922 stürzte, verließ auch Churchill die Regierung. Dreimal versuchte er in den nächsten Jahren zu kandidieren, dreimal fiel er zwischen 1922 und 1924 bei den Wahlen durch.

Stanley Baldwin, der neue konservative Premier, nahm Churchill, der sich inzwischen wieder zu einem Konservativen gewandelt hatte, in die Partei auf und betraute ihn mit der sehr mächtigen Funktion des Schatzkanzlers. Nun sollte man nicht davon ausgehen, dass Churchill ein sehr rigider Konservativer geworden wäre, es war vielmehr sein Drang, sich zu betätigen und nicht in der Opposition zu verkümmern, der ihn das Lager wechseln ließ. Im Prinzip war er allerdings bei den Konservativen gut aufgehoben, hatte er doch schon seit der russischen Revolution einen antibolschewistischen Komplex, in diesen Jahren nannte er den Bolschewismus ein »Affentheater«. In der britischen Innenpolitik war es die Labour Party, der seine ganze Abneigung galt.

Die Konservativen, die weder erklärte Kommunistenhasser waren noch ein faschistisches Feindbild hegten, wurden vielmehr bequeme Appeasement-Politiker. Sie interessierten sich nicht für die extremen Ideologien, die sich auf dem Kontinent breitmachten. Baldwin wurde es als ein genialer Schachzug angerechnet, Churchill ausgerechnet das Amt des Schatzkanzlers zu übertragen, denn von Finanzen verstand er gar nichts. Er war seinen Beamten ausgeliefert und kümmerte sich kaum um das Ressort – so schrieb er die fünf Bände seiner »Weltkrise«, seine Erinnerungen an den Ersten Weltkrieg.

Höchst unzufrieden mit dem Nachgeben der Briten gegenüber Gandhi verließ Churchill das Kabinett und damit für ein Jahrzehnt die Bühne, auf der er gestalten konnte. Zwischen 1929 und 1939 war er nur Mitglied des Parlaments. Immer wieder nutzte er die Gelegenheit, eindringliche Warnungen vor dem nationalsozialistischen Deutschland zu formulieren und die britische Appeasement-Politik heftig zu kritisieren.

Er widmete sich weiterhin intensiv der Schriftstellerei und verfasste eine vierbändige Biografie seines Vorfahren Marlborough, ein ausuferndes und barockes Werk. Etwas schwächer fiel die vierbändige Geschichte der englischsprachigen Völker aus. Gleichzeitig verfasste er zahllose, glanzvoll formulierte Zeitungskommentare voller Esprit. Eigenhändig baute er seinen kürzlich erworbenen Landsitz Chatwell aus und trat sogar der Bauarbeitergewerkschaft bei, was diese als Camouflage empfand. Churchill züchtete Rosen und kümmerte sich um seine Kinder. Er schien plötzlich der Mann von gestern geworden zu sein, dessen Zeit vorbei war. Unglücklicherweise exponierte er sich noch zu Gunsten des Königs in der Affäre der Mrs. Simpson, als Baldwin dem König ein Ultimatum stellte: König bleiben ohne Mrs. Simpson oder abdanken. Bei dieser Debatte wurde Churchill im Unterhaus ausgezischt.

Nach Ausbruch des Zweiten Weltkrieges wurde er wieder kurzfristig Leiter der Admiralität, nach dem Überfall Deutschlands auf die Niederlande und der englischen Pleite in Norwegen erfolgte seine Wahl zum Premier. Jetzt war er der Mann der Stunde, der alles schon vorher gewusst hatte. Er war der Politiker, der Hitler richtig taxiert hatte, nämlich als nicht kontrollierbar. Zutiefst verabscheuungswürdig war ihm Hitlers Antisemitismus.

Diese Phase wurde die eigentliche Bewährungsprobe des Politikers und Menschen Churchill. Trotz der Niederlage Frankreichs war er nicht bereit aufzugeben und riet zu einer Fortsetzung des Krieges. In der Mobilisierung der nationalen Kräfte zeigte er sich ungeheuer geschickt, er hegte – wie schon im Ersten Weltkrieg – geniale, jedoch nicht immer durchführbare Ideen. Jedenfalls zeigte er keinerlei Schwäche oder Müdigkeit in seinem Entschluss, die Deutschen endgültig zu besiegen. 1940 war er immerhin bereits 66 Jahre alt, doch ungebrochen in seinem Tatendurst und in seiner politischen Kreativität. Er selbst schrieb über diese Phase: »Ich fühlte tiefe Erleichterung. Endlich hatte ich die Macht über das Ganze und konnte Befehle geben. Ich hatte das Gefühl, mit dem Schicksal zu wandeln. Mein ganzes vergangenes Leben schien mir jetzt nichts als eine Vorbereitung gewesen zu sein – eine Vorbereitung auf diese Stunde und auf diesen Test.«

Am 13. Mai 1940 hielt er im Parlament seine berühmte »Blood, Sweat and Tears«-Rede, in der er das Land auf den Kampf bis zur Kapitulation Deutschlands einschwor. Er setzte sich über alle Parteigrenzen hinweg, holte sich z. B. den Labour-Gewerkschafter Ernest Bevin als Arbeitsminister in sein Kabinett. Und er war sich darüber im Klaren, dass ohne die USA der Krieg nicht zu gewinnen war. Zwar gab es den Pacht- und Leih-Vertrag, der Kriegsmateriallieferungen sicherte, aber Churchill wurde nicht müde, in seiner privaten Korrespondenz mit Franklin D. Roosevelt den amerikanischen Kriegseintritt subtil und höchst diplomatisch vorzubereiten. Gleichzeitig berichtete übrigens der damalige amerikanische Botschafter in London, Joseph Patrick Kennedy, der Vater des späteren US-Präsidenten, nach Hause, dass England verloren und ein US-Kriegseintritt möglicherweise vergebliche Liebesmüh wäre. Doch Hitlers Kriegserklärung an Amerika löste Churchills Dilemma.

England wurde rücksichtslos auf Kriegsindustrie umgestellt. Die Appeasement-Politiker wurden aus allen entscheidenden Positionen entfernt, Churchill selbst übernahm die Führung der konservativen Partei und auch das Verteidigungsressort und leitete damit alle strategischen und taktischen Operationen. Seine Härte war nicht immer beliebt, doch seine Leistungen sprachen für sich.

Sein Verhältnis zu den Alliierten gestaltete sich weder leicht noch ausgeglichen. So stieß etwa Churchills Plan einer neuer-

lichen Balkanoffensive auf russische und amerikanische Ablehnung, vor allem die Russen wollten sich in ihrem Hoffnungsge-
biet Balkan nicht dreinreden lassen. Churchill hatte den Russen
schon immer ein gewisses Maß an Misstrauen entgegengebracht,
was letztlich auch der entscheidende Anstoß für die Bildung des
Nordatlantischen Bündnisses (NATO) nach dem Zweiten Weltkrieg werden sollte. Auch die Gründung des Europarates ging
auf eine seiner Anregungen zurück. Auf der Konferenz von Jalta im Februar 1945, als die Teilung Deutschlands in Besatzungs-
und damit Einflusszonen ausgehandelt wurde, konnte er sich
gegen Russen und Amerikaner nicht durchsetzen. Beide gingen
als Großmächte aus dem Krieg hervor, Großbritannien lag dagegen wirtschaftlich darnieder und sein Kolonialreich zerbrach.
Trotzdem hätte es keine Alternative gegeben.

Im Herbst 1943 machte Churchill eine schwere gesundheitliche Krise durch, er erkrankte an einer Lungenentzündung, die
ihn an den Rand des Todes brachte. Doch der weitere Kriegsverlauf brachte die notwendigen Erfolge und große öffentliche
Momente – etwa als er gemeinsam mit Charles de Gaulle nach
der Befreiung von Paris die Champs-Élysées entlangschritt.

Das Jahr 1945 bestand aus Höhen und Tiefen: Es brachte den
Sieg über Hitlerdeutschland, den Tod Roosevelts und damit das
baldige Ausscheren Amerikas aus dem Krieg sowie die Wahlniederlage der Konservativen. Churchill trat zurück und reti-
rierte ins Privatleben. Es schien, als wäre für ihn das Leben in
der Politik zu Ende. Er wurde unmäßig geehrt, litt aber schwer
unter Entzugserscheinungen. Er blieb im House of Commons,
führte einen erbitterten Kampf gegen die Labourregierung,
schrieb sechs Bände Erinnerungen an den Zweiten Weltkrieg
und malte immer wieder.

1951 jedoch gelangen ihm die Wiederwahl und ein politisches Comeback. Doch Churchill war ein Greis, es mangelte
ihm an Arbeitsfähigkeit und Arbeitslust. Spöttisch nannte man
ihn den »Halbtagspremier«. Nur in jener kurzen Phase, als Anthony Eden schwer erkrankte, lief er fast wieder zu seiner ur-
sprünglichen Form auf. Auch ein Schlaganfall konnte ihn nicht
brechen, schließlich wurde er 1955 zum Rücktritt gedrängt. Mit
80 Jahren nahm er sehr nobel und elegant Abschied von der Politik.

Das weitere ihm noch vergönnte Jahrzehnt verlief ereignislos, er reiste, malte und las – und wurde immer gebrechlicher. Als er im Alter von 91 Jahren starb, zelebrierte England für ihn eine ungeheure Totenfeier. Mit ihm wurde ein großes Stück englischer Geschichte zu Grabe getragen.

Charles de Gaulle, Partner und oftmals Kontrahent Churchills, meinte über den britischen Premier: »Winston Churchill blieb für mich vom Anfang bis zum Ende des Dramas der große Meister eines großen Werks und der große Künstler einer großen Geschichte.«

1953 hatte Churchill für sein opulentes und brillant geschriebenes Werk zum Zweiten Weltkrieg den Nobelpreis für Literatur erhalten. 1963 verliehen ihm die Vereinigten Staaten die Ehrenbürgerschaft. Churchill war eine dynamische und künstlerische Persönlichkeit, ein großartiger Schriftsteller und ein ebenso brillanter Redner.

Der deutsche Bühnenautor Rudolf Hochhuth behauptete in seinem 1967 uraufgeführten Bühnenstück »Soldaten«, dass Churchill die Ermordung des Chefs der polnischen Exilregierung Wladislaw Sikorski im Juli 1943 in Gibraltar angeordnet hätte, weil Sikorski von ihm die Untersuchung der Affäre von Katyn verlangt habe. Churchill habe dies angeblich abgelehnt, weil er Stalins Gefolgschaft nicht verlieren wollte. Später berichtete Djilas, dass Stalin das auch ihm gegenüber behauptet hätte, was nicht wundert, denn die Ermordung der polnischen Offizierselite bei Katyn geht eindeutig, wie inzwischen nachgewiesen, auf das Konto der Russen. Der argentinische Schriftsteller und Schauspieler Carlos Thompson schrieb dazu ein sehr detailreiches und gut recherchiertes Buch, das sehr schlüssig die Kette an Missverständnissen, Fehlinformationen und Fehleinschätzungen Hochhuths nachvollzieht – so stützte sich der Dramatiker etwa auf Informationen des höchst umstrittenen britischen Historikers David Irving – und Churchill voll rehabilitierte. Auch Außenminister Anthony Eden wurde als Zeuge befragt, und er erklärte, dass Sikorskis Tod für Großbritannien ein großer Verlust war.

* 30. November 1874 in Blenheim Palace, Oxfordshire
† 24. Januar 1965 in London

1900	Parlamentssitz für die Konservative Partei
1906	Unterstaatssekretär für die Kolonien
1908	Handelsminister und Innenminister
ab 1911	Erster Lord der Admiralität
1917–1918	Rüstungsminister
1919–1921	Kriegsminister
1921–1922	Chef des Colonial Office
1924–1929	Schatzkanzler
1940–1945 und 1951–1955 britischer Premier

Werke (Auswahl)

Lord Randolph Churchill (2 Bände, 1905)

The World Crisis (6 Bände, 1923–1929)

The History of the English Speaking Peoples (1956–1958)

Der Zweite Weltkrieg (6 Bände, 1948–1954)

GEORGES CLEMENCEAU

Der Journalist und Politiker Georges Clemenceau war die dominierende Figur der III. französischen Republik. Sein Diktat formulierte die Pariser Vorortverträge.

Clemenceau wurde in einem Bauerndorf der Vendée im Westen Frankreichs geboren, wo er auch seine Jugend verbrachte. Sein Vater, Benjamin Clemenceau, ein Anhänger Voltaires, Positivist und ein glühender Bewunderer der Französischen Revolution von 1789, nahm großen Einfluss auf die intellektuelle Entwicklung seines Sohnes. Durch seinen Vater fand er Eingang in Kreise, die an einem Sturz Napoleons III. arbeiteten. Er lernte auch den Historiker Jules Michelet kennen, der von der kaiserlichen Polizei verfolgt wurde.

1858 kam Clemenceau nach Paris, um Medizin zu studieren. Im Quartier Latin freundete er sich mit jungen Republikanern an, die eine Gruppe mit der Bezeichnung »Agis comme tu pense« (Handle, wie du denkst) gebildet hatten. Mit diesen Freunden gründete er eine Zeitschrift mit dem Titel »Travail« (Arbeit), die aber schnell von der Polizei beschlagnahmt wurde. Clemenceau wurde sogar für 73 Tage eingesperrt, denn er hatte die Arbeiter aufgerufen, des Jahrestages der Revolution von 1848 zu gedenken. Unverdrossen startete er sofort eine neue Zeitschrift, diesmal mit dem Titel »Le Matin«, die ebenso eingestellt werden musste.

Nach Beendigung seines Studiums reiste er nach Amerika, wo er sich fast vier Jahre aufhielt. Er kam nach New York, als der amerikanische Bürgerkrieg gerade auf seinem Höhepunkt war. Trotzdem wurden hier alle Fragen völlig offen diskutiert – es war die gelebte Demokratie, die Clemenceau tief beeindruckte.

Als ihm sein Vater kein Geld mehr zukommen ließ, unterrichtete er an einer Mädchenschule in Connecticut, wo er seine künftige Frau kennenlernte. 1869 heiratete er Mary Plummer und hatte mit ihr drei Kinder, doch nach sieben Jahre ging die Ehe auseinander. Wenige Tage nach seiner Hochzeit kehrte er nach Frankreich zurück und ließ sich als Arzt in der Vendée nieder.

1870 brach der Deutsch-Französische Krieg aus, in wenigen Wochen war das französische Heer völlig besiegt, die Katastrophe von Sedan bedeutete auch das Ende von Napoleons Herrschaft. Clemenceau hielt nichts mehr in seinem Arztberuf, er ging nach Paris, war am 4. September beim Sturm auf das Palais Bourbon dabei und jubelte mit der Menge für Léon Gambetta, als dieser die Republik ausrief. Clemenceau erhielt sofort ein politisches Amt, er wurde Bürgermeister des 18. Pariser Arrondissements, von Montmartre. Ein Jahr später wurde er für das Departement Seine als Radikalrepublikaner in die französische Nationalversammlung gewählt. Er nahm an jener legendären Tagung der Nationalversammlung in Bordeaux teil, in der er heftig gegen die dem Land diktierten Friedensbedingungen mit ihren schweren territorialen Verlusten polemisierte.

Nach seiner Rückkehr nach Paris schloss er sich kurz der Commune an und versuchte zwischen den Positionen zu vermitteln, blieb aber erfolglos und trat daher sowohl als Bürgermeister als auch als Deputierter zurück.

1876 wurde er wieder in die Nationalversammlung gewählt und wurde wegen seiner feurigen Reden bald zum Führer der Linken. Ein Jahr später nahm er in der Krise »le seize mai« (der 16. Mai) entschieden Stellung gegen MacMahon und seinen versuchten monarchistischen Putsch.

In den folgenden Jahren gründete er wieder eine Zeitung,

und zwar »La Justice«, als Sprachrohr für seine Kritik an allen, er griff auch die Republikaner an und trat vehement gegen französische Kolonialansprüche auf. Er saß wieder in der Nationalversammlung, zunächst noch als Parteigänger von Georges Boulanger, doch als er erkannte, dass dieser ein Nationalist und schlimmer Demagoge war, schlug er sich auf die Seite seiner Gegner. Clemenceau wurde immer wieder aufgefordert, ein Ministeramt oder auch das Amt des Ministerpräsidenten zu übernehmen, doch stets er lehnte ab. Diese seine destruktive Politik vermehrte die Zahl seiner Feinde erheblich. 1892 sahen sie den Tag der Rache gekommen, als sich eine Beziehung zwischen Georges Clemenceau und dem Finanzier Cornelius Herz, der tief in den Panama-Skandal verwickelt war, herausstellte. Man warf Clemenceau sogar vor, im Dienste des britischen Foreign Office zu stehen. In der Zeitung »Le Petit Journal« wurde eine wilde Attacke gegen ihn geritten, worauf er den Autor dieses Artikels, Paul Déroulède, zum Duell forderte. Clemenceau ging aber noch weiter, er verklagte alle seine Verleumder, von denen einige ihre politischen Ämter verloren, doch auch er selbst kam nicht ungeschoren davon – 1893 verlor er die Wahlen.

Keineswegs entmutigt, startete er eine neue Karriere, und zwar als Journalist. Schon bald wurde er einer der besten und einflussreichsten seines Faches, eine »Edelfeder« seiner Zeit. So verwendete er sich mit aller ihm zur Verfügung stehenden Leidenschaft für die französischen Impressionisten, vor allem für Monet, mit dem er persönlich befreundet war, für den er übrigens in späteren Jahren einige wichtige Ausstellungen arrangierte und dem er auch eine Monografie widmete. Er verfasste auch Bücher und schrieb zahllose Artikel zur Affäre Dreyfus. Anfangs noch unentschieden, ob Dreyfus nicht doch schuldig wäre, wurde er dann ein glühender Verteidiger dieses zu Unrecht beschuldigten jüdischen Offiziers. Diese Kampagne brachte ihn wieder an die Seite seiner alten Parteigänger, der Republikaner. So wurde er 1902 als Senator für Var gewählt, eine Funktion, in der er sich von seiner besten Seite zeigte.

1906 übernahm er das Amt des Innenministers, und wenige Monate später wurde er Ministerpräsident: Gleich zu Beginn musste er das 1905 beschlossene Gesetz der Trennung von Staat und Kirche exekutieren, außerdem gab es arbeitsrechtliche Konflikte, die Bergarbeiter im Pas-de-Calais streikten. Clemenceau setzte das Militär ein, was ihn in Diskrepanz zu den Sozialisten brachte. In seine Amtszeit fiel aber auch die Festigung der mit Großbritannien geschlossenen Entente cordiale. 1909 trat er überraschend wegen eines Konflikts mit Théophile Delcassé zurück.

In den nächsten beiden Jahren reiste er viel in Lateinamerika, um bei zahlreichen öffentlichen Auftritten für die Vorzüge der Demokratie zu werben. Nach Frankreich zurückgekehrt, wurde er Mitglied der Senatskommission für Außenpolitik und Heeresfragen. Da er überzeugt war, dass Deutschland fest zum Krieg entschlossen sei, plädierte er für die Aufrüstung Frankreichs, damit dem Land eine zweite Demütigung à la Sedan erspart bliebe. Um seine Ideen öffentlich verbreiten zu können, gründete er die Zeitung »L´Homme Libre« (Der freie Mensch), deren Artikel bei Kriegsausbruch so stark zensiert wurden, dass nichts mehr davon übrig blieb. Darauf änderte er den Zeitungsnamen kurzfristig in »L'Homme Enchaîné« (Der gefesselte Mensch).

Im Senat argumentierte Clemenceau ständig für mehr Rüstungsanstrengungen und für eine bessere medizinische Versorgung der Soldaten. An Amerika richtete er flammende Appelle, an die Seite Frankreichs in den Krieg einzutreten, und brach in Jubel aus, als dies 1917 tatsächlich der Fall war. In Frankreich war allerdings inzwischen die Kriegsmüdigkeit gewachsen, deshalb wurde er 1917 – immerhin schon 76 Jahre alt – auch wieder in das Amt des Ministerpräsidenten berufen, um den Krieg endgültig zu gewinnen. Er nahm das Amt ohne Zögern an und machte sich mit Feuereifer an die Sache. Rasch setzte er ein vereinigtes alliiertes Oberkommando unter General Ferdinand Foch durch. Ohne Erbarmen ging er gegen Verräter und Defätisten vor, im November 1918 musste Deutschland um Waffenstillstand ersuchen. Dieser November brachte ihm endlich die Revanche für den schmählichen Frieden von 1870 und seine Niederlage in der Nationalversammlung in Bordeaux 1871.

Bei der Pariser Friedenskonferenz, die er dominierte, koordinierte er die französischen Interessen mit denen Amerikas und Großbritanniens. Es entsprach seinem Gefühl für politische Symbolik, dass der Friedensvertrag mit Deutschland, der Elsass-Lothringen wieder an Frankreich zurückgeben musste, im Spiegelsaal von Versailles unterzeichnet wurde, wo seinerzeit das Deutsche Kaiserreich ausgerufen worden war. Nun wurde dort sein Ende besiegelt.

Mit den Friedensverträgen war auch Clemenceaus politische Laufbahn zu Ende: 1919 wurde er nicht mehr in die Nationalversammlung gewählt, 1920 scheiterte er bei den Präsidentschaftswahlen. Daraufhin zog er sich völlig resigniert aus der Politik zurück. Er zog wieder in die Vendée, unternahm eine Reise nach Indien, fuhr nach Singapur, wo er, dem man den Beinamen der »Tiger« gegeben hatte, noch in seinem Alter auf Tigerjagd ging. Er hielt Vorträge und begeisterte sein Publikum durch seinen lebhaften Witz und seinen wachen Geist.

Bereits 1918 war Clemenceau zum Mitglied der Académie Française gewählt worden, er wurde aber auch durch die Benennung eines Berges in den kanadischen Rocky Mountains und durch die Taufe eines französischen Flugzeugträgers auf seinen Namen geehrt.

Clemenceau, der persönlich einen sehr bescheidenen Lebensstil pflegte, war berühmt und berüchtigt für seine Bonmots, etwa: »Ah l'Angleterre, cette colonie française qui a mal tourné« (Ach England, diese französische Kolonie, die sich schlecht entwickelt hat), oder: »La guerre! C'est une chose trop grave pour la confier à des militaires« (Der Krieg ist eine viel zu ernste Sache, um sie den Militärs zu überlassen).

* 28. September 1841 in Mouilleron-en-Pareds (Vendée)

† 24. November 1929 in Paris

1858	nach Paris zum Studium
1865–1869	in den Vereinigten Staaten
1869	Heirat mit Mary Plummer
1876	Wahl in die Nationalversammlung
1892	Panamakanal-Affäre, Duell
1893	Wahl verloren
1902	Wahl in den Senat
1906	Innenminister und Ministerpräsident
1909	Rücktritt
1917–1920	Ministerpräsident
1918	Mitglied der Académie Française

Werke

La Leçon de la Russie (1915)

La melée sociale (1919)

Au Pied du Sinai (o. J.)

Demosthène (1926)

Au soir de la Pensée (1927)

Claude Monet (1928)

Grandeurs et misères d`une victoire (1930)

Alcide de Gasperi

Der Aktivist für den Anschluss des Etschlandes an Italien hatte in Wien Philosophie, Literatur und Geschichte studiert, ab 1905 war er journalistisch tätig. Wegen einer Beteiligung an einer anti-österreichischen Demonstration wurde er sogar zu 21 Tagen Haft verurteilt. De Gaspari gründete die Zeitschrift »Il Trentino«, die sich für die Italienisierung des Etschlandes engagierte, und er betätigte sich in der Kommunalpolitik seiner Region, 1909 wurde er Stadtverordneter von Trient. 1911 wurde er in den österreichischen Reichsrat gewählt, ab 1914 gehörte er auch dem Tiroler Landtag an.

Nach dem Ersten Weltkrieg trat er der italienischen Volkspartei (Popolari) bei und wurde wichtigster Mitarbeiter von Don Luigi Sturzo, ab 1921 war er Mitglied der italienischen Kammer. De Gasperi trat zunächst für eine Zusammenarbeit bzw. eine Regierungsbeteiligung der Popolari mit Benito Mussolini ein, um im Land Ruhe und Ordnung zu schaffen und eine Lösung der drängenden sozialen Frage zu erreichen. 1923 wurde er als Nachfolger Don Sturzos zum Generalsekretär der Popolari bestellt. Nach der Ermordung des sozialistischen Abgeordneten Giacomo Matteotti durch die italienischen Faschisten avancierte de Gasperi zum wichtigsten Sprecher der Opposition in der Kammer. Schnell kam es zu Angriffen und auch Überfällen der Faschisten auf de Gasperi, 1927 wurde er wegen angeblicher Landflucht zu vier Jahren Gefängnis verurteilt und erst nach 16 Monaten wieder freigelassen. Danach fand de Gasperi Zuflucht und eine Anstellung in der Vatikanischen Bibliothek.

Nach dem Sturz Mussolinis im Jahr 1943 bemühte er sich

um die Neugründung einer katholischen Rechtspartei: Das Programm der Democrazia Cristiana knüpfte an den katholischen
Liberalismus des 19. Jahrhunderts und an den Neoguelfismus
eines Vincenzo Gioberti an. (Der Begriff Neoguelfismus spielt auf
die italienische Parteienpolitik des 13. Jahrhunderts an; später
bezeichnete Guelfen auch Anhänger von nationaler Eigenständigkeit, gegen den habsburgischen Imperialismus gerichtet.)

1944, im Kabinett von Ivanoe Bonomi, war de Gasperi noch
Minister ohne Portefeuille, im selben Jahr übernahm er jedoch
das auswärtige Ressort. Im Dezember 1945 wurde er Regierungschef und blieb dies in mehreren veränderten Kabinetten
bis Juli 1953. 1951 bis 1953 übte er auch gleichzeitig das Amt
des Außenministers aus. Weiterhin war er bis 1954 Chef der Democrazia Cristiana. Eine seiner ersten Initiativen war die Organisation einer Volksabstimmung im Jahr 1946 über die künftige
Staatsform Italiens – die Italiener entschieden sich mehrheitlich
für die Republik.

De Gasperi führte die Partei so überzeugend, dass die DC bei
den Wahlen von 1948 fast 49 Prozent der Stimmen erreichte und
eigentlich allein hätte regieren können. Angesichts der überaus
schwierigen Wiederaufbausituation des Landes nach dem Fa-
schismus und dem verlorenen Krieg entschied er sich jedoch für
eine Koalitionsregierung.

Als Außenminister unterzeichnete de Gasperi im September
1946 mit dem österreichischen Außenminister Karl Gruber ein
Abkommen über Südtirol, das eine gewisse nationale Autonomie für die deutschsprachige Bevölkerung Südtirols bringen
sollte. Kurz darauf stimmte die Pariser Außenministerkonferenz diesem Abkommen zu. Die italienische Öffentlichkeit kritisierte de Gasperi für dieses Nachgeben gegenüber Österreich.
Tatsächlich brachte diese Vereinbarung für die Südtiroler nicht
viel, die Sache wurde erst im Verhandlungsweg über die UNO
entschieden.

De Gasperi bemühte sich auch um eine klare Positionierung Italiens an der Seite der Alliierten, er suchte einen engen
Kontakt zu den USA, nicht zuletzt weil er hoffte, dass Italien
in den Genuss des Marshallplanes käme. Er setzte auch einen
Beitritt Italiens zur NATO durch. Im Mai 1954 wurde er noch
zum Präsidenten der Montanunion gewählt. Es war de Gasperi,

der gemeinsam mit Konrad Adenauer und Robert Schuman die Grundlagen der europäischen Integration schuf. Mit Adenauer war de Gasperi befreundet, die beiden kannten sich bereits seit 1921, als de Gasperi an einer Deutschlandreise der Popolari teilgenommen hatte. Ebenso waren Robert Schuman und der belgische Europapolitiker Paul-Henri Spaak seine persönlichen Freunde. Ein wichtiger politischer Wunsch blieb de Gasperi unerfüllt: die Schaffung einer europäischen Verteidigungsgemeinschaft. Im September 1952 wurde de Gasperi mit dem Karlspreis der Stadt Aachen »in Anerkennung seiner steten Förderung der europäischen Einigung« ausgezeichnet.

* 3. April 1881 in Pieve Tesino, Provinz Trient (Italien)

† 18. August 1954 in Sella di Valsugana

1905	Promotion
1909	Stadtverordneter in Trient
1911–1918	Mitglied des österreichischen Reichsrates
1921–1927	Mitglied der italienischen Kammer
1927–1929	Haft
1929–1943	Beamter der Vatikanischen Bibliothek
1944–1946	und 1951–1953 Außenminister
1945–1953	Ministerpräsident
1952	Karlspreis der Stadt Aachen

CHARLES DE GAULLE

Der mehrfach als »Retter des Vaterlands« bezeichnete französische Minister- und Staatspräsident Charles de Gaulle war von seiner Ausbildung her Berufsoffizier. Sein Leben lang konnte er Methode und Problemerfassung dieses Berufsstandes in seiner politischen Arbeit nicht leugnen, dazu kam seine äußere Erscheinung, die den 1,90 Meter großen Mann immer zu einer seine Umgebung klein erscheinen lassenden kerzengeraden Haltung verpflichtete.

Das familiäre Umfeld de Gaulles war katholisch-konservativ, strengen moralischen Normen verpflichtet und sozial äußerst fortschrittlich. Die Atmosphäre des Elternhauses war eine durchaus intellektuelle, der Vater war Gymnasiallehrer, bevor er eine

Privatschule eröffnete. De Gaulles Großvater war Historiker, die Großmutter Schriftstellerin. Im Elternhaus machte er sich mit der zeitgenössischen Philosophie und Literatur vertraut, wobei das Schwergewicht auf nationalistischen und katholischen Autoren lag. In der Dreyfus-Affäre allerdings distanzierten sich seine Eltern von der gängigen konservativen Meinung und verteidigten den aus antisemitischen Gründen fälschlich beschuldigten Offizier.

Nach seinem Abitur schlug de Gaulle die militärische Laufbahn ein und absolvierte die Militärschule von Saint-Cyr, die er im Rang eines Leutnants verließ. Er trat in die Armee ein und wurde einem Infanterieregiment in Arras zugeteilt, dessen Kommandant der spätere General Henri Philippe Pétain war. Im Ersten Weltkrieg rückte de Gaulle als Hauptmann ein und wurde zweimal verwundet. Er zeichnete sich durch hervorragende Intelligenz und Tapferkeit aus. 1916 wurde er in der Nähe von Verdun schwer verwundet und geriet in deutsche Kriegsgefangenschaft, wollte flüchten und wurde danach in die Festung Ingolstadt gebracht, die als ausbruchssicher galt. De Gaulle unternahm noch weitere vier Fluchtversuche, die alle scheiterten, nicht zuletzt wegen seiner auffälligen Körpergröße. In der Kriegsgefangenschaft lernte er Michail Tuchatschewski kennen, den späteren Sowjetmarschall und ein Opfer der stalinistischen Säuberungen.

Zurückgekehrt in seine Heimat, meldete er sich freiwillig für die französische Militärmission in Polen, die unter dem Kommando von General Maxime Weygand stand, wo er als Infanterieausbildner wertvolle Erfahrungen sammelte. Er publizierte auch militärwissenschaftliche Arbeiten zum mobilen und raschen Einsatz von Panzerverbänden, die ihn in Gegensatz zu Marschall Pétain brachten, der noch immer an der These des Stellungskriegs festhielt. Im deutschen Offizierskorps wurden seine Arbeiten hingegen mit großem Interesse verfolgt und auch in die Ausbildung eingebaut. Frankreich musste dieses Ignorieren der Vorschläge de Gaulles im Blitzkrieg des Jahres 1940 schwer büßen.

In der Folge war de Gaulle als Vortragender in Saint-Cyr tätig und wurde schließlich in den persönlichen Stab von Marschall Pétain berufen. Er absolvierte den Generalstabskurs,

erhielt Kommandos im Stab der Rheinarmee und als Batail-
lonskommandeur bei den französischen Besatzungstruppen in
Trier. Zwischen 1929 und 1931 diente er bei der Levantearmee in
Beirut, damals französisches Mandatsgebiet. Die nächsten fünf
Jahre verbrachte er als Generalsekretär des Nationalen Verteidigungsrates, bevor er 1937 Kommandeur eines Panzerregiments
und zwei Jahre später einer Panzerdivision im Rang eines Generals wurde. In 20 Jahren militärischer Karriere hatte er eine
erhebliche Vielfalt an Einsatzmöglichkeiten kennengelernt und
so seinen Horizont wesentlich erweitert.

Kurz nach Ausbruch des Zweiten Weltkrieges übernahm de
Gaulle im Kabinett von Paul Reynaud den Posten eines Staats-
sekretärs für Nationale Verteidigung, doch als er erfuhr, dass
sich die Befürworter eines Waffenstillstandsersuchens durchge-
setzt hatten, verließ er am 15. Juni 1940 fluchtartig Frankreich
und setzte sich nach London ab. Von dort aus richtete er, unterstützt von Winston Churchill, Aufrufe an die Franzosen, an der
Seite der Alliierten weiterzukämpfen. Er gründete das »Komitee freies Frankreich«, wurde Chef der »Freien Französischen
Streitkräfte« und des »Nationalen Verteidigungskomitees«.
Daraufhin wurde er von der Vichy-Regierung in Abwesenheit
zum Tode verurteilt.

Die französische Exilregierung wurde nur von Großbritannien anerkannt, während die übrige Staatenwelt das Vichy-Regime von Marschall Pétain als legitime französische Regierung
betrachtete. Einige französische Kolonialgebiete wie Kamerun
und Tschad unterstellten sich de Gaulle. Dieser förderte auch,
soweit er konnte, die Résistance in Frankreich selbst. Mit Churchill hatte er vereinbart, alle Kriegsgerätlieferungen an französische Einheiten nur als Darlehen zu betrachten, die zurückge-
zahlt werden müssten, was auch sehr rasch geschah.

Im Mai 1944 konstituierte sich in Algier das »Comité Français
de Libération nationale«, im August desselben Jahres war de
Gaulle nach der geglückten Invasion der alliierten Streitkräfte in
Frankreich wieder als Sieger in Paris. Für die Alliierten war der
General immer ein schwieriger Partner, beharrte er doch stets
auf der Wahrung der französischen Interessen. Mit Roosevelt
kam er überhaupt nicht zu Rande, der amerikanische Präsident
misstraute ihm. De Gaulle hingegen verabscheute die amerika-

nische Überlegenheit und Überheblichkeit. Churchill gegenüber äußerte er einmal:»Ich bin zu arm, um mich zu beugen.«

In Paris wurde de Gaulle Chef der Provisorischen Regierung, von den Franzosen wurde er als Befreier und Retter gefeiert, wiewohl er an militärischen Operationen überhaupt nicht beteiligt gewesen war. Es gelang ihm in kurzer Zeit, eine Verwaltung für ganz Frankreich wiederzubeleben, wodurch eine alliierte Besatzung von Teilen Frankreichs unterbleiben konnte, was das Selbstwertgefühl der Franzosen erheblich beeinträchtigt hätte. Das Vichy-Regime wurde für illegal erklärt, und im Februar 1945 erreichte de Gaulle, dass die Konferenz von Jalta beschloss, dass Frankreich eine der zukünftigen Besatzungsmächte in Deutschland sein werde. De Gaulle war entschlossen, für Frankreich alle jene Positionen national und international wiederzugewinnen, die es durch die deutsche Besetzung verloren hatte. Im Mai 1945 wurde Frankreich in den Sicherheitsrat der UNO aufgenommen. Obwohl er im November von der Konstituierenden Nationalversammlung zum Ministerpräsidenten gewählt worden war, trat de Gaulle schon nach zwei Monaten zurück, weil er sich nicht mit der neu ausgearbeiteten Verfassung der IV. Republik, auf die Sozialdemokraten und Kommunisten einen bestimmenden Einfluss genommen hatten, abfinden konnte. Er gründete noch 1947 eine neue Partei, die RPF (Rassemblement du Peuple Français), es gelang ihm aber nicht, damit die Verfassung auszuhebeln. Auch sein Kampf gegen die »Parteienwirtschaft« blieb erfolglos. Daraufhin zog er sich 1953 auf seinen Landsitz Colombey-les-deux-Églises zurück.

Misserfolge und beschämende Niederlagen in Indochina, Unruhen und ein Offiziersputsch in Algerien führten dazu, dass Staatspräsident René Coty de Gaulle 1958 wieder als Ministerpräsidenten nominierte und ihn für sechs Monate mit außerordentlichen Befugnissen zur Behebung der Krise ausstattete. De Gaulle nutzte diese Gelegenheit, um eine neue Verfassung beschließen und sie mit einem Referendum durch das Volk bestätigen zu lassen. 83 Prozent der Franzosen, wobei auch die Kolonien wahlberechtigt waren, stimmten für die neue Verfassung und damit für die V. Republik.

Nach den Parlamentswahlen wurde de Gaulle mit 78 Prozent der Stimmen neuer Staatspräsident. Mit dieser Verfassung, die die Rechte der Kammern zugunsten des Staatspräsidenten schmälerte, gewann Frankreich nach eineinhalb Jahrzehnten innenpolitischer Krisen wieder Stabilität. De Gaulle gelang es, die Inflation einzudämmen und der französischen Wirtschaft neue Impulse zu geben.

Außenpolitisch setzte er im Grunde auf ein altmodisches Konzept, nämlich Frankreich wieder seine Größe (Grandeur) zu geben und seine Unabhängigkeit zu stärken. Zweifellos spielten bei de Gaulle stets seine traumatisierenden Erlebnisse im Zweiten Weltkrieg eine große Rolle, als er als Bittsteller bei den Alliierten um Frankreich und seine Unabhängigkeit kämpfen musste.

Er befreite Frankreich zunächst von seinen kolonialen Verpflichtungen und entließ eine Reihe von Staaten in Afrika in die Unabhängigkeit, allen voran Algerien. In Afrika entstand die Communauté Française (Französische Gemeinschaft), jene nun unabhängigen ehemaligen französischen Kolonien, die sich aber durch die Sprache noch immer eng mit dem Mutterland verbunden fühlten. Ein wichtiges Anliegen war ihm, Frankreich neben den Supermächten USA und Sowjetunion im Konzert der Großmächte mitspielen zu lassen. Er löste daher so manche Verbindung zu supranationalen Organisationen, stellte etwa die NATO-Mitgliedschaft ruhend, ging auf Distanz zum europäischen Projekt und lehnte eine Einbeziehung Großbritanniens in die EWG strikt ab. Demgegenüber stellte er das Konzept eines Europas der Vaterländer. Der Fouchet-Plan aus 1961 konzipierte Europa vom Atlantik bis zum Ural, also unter Einschluss von zumindest einigen Teilen der Sowjetunion. Aus diesem Grund forcierte de Gaulle auch die diplomatischen Kontakte zu den Ländern Osteuropas, auch zur UdSSR, die er 1966 besuchte. Um der militärischen Übermacht der USA Paroli bieten zu können, baute er eine eigene französische Atommacht, die »force de frappe«, auf.

Ein sehr enges Verhältnis verband ihn mit der Bundesrepublik Deutschland, personifiziert in der Person seines Freundes Konrad Adenauer. Daraus entstand auch der deutsch-französische Freundschaftsvertrag von 1963. Sein Konzept lautete, dass Deutschland und Frankreich gemeinsam den Kern eines Europa der Staaten bilden sollten. Er wollte diesen Kern etwa

gleichrangig neben den Großmächten USA und UdSSR zu einer dritten Weltmacht machen, was vielleicht doch ein wenig zu
hoch gegriffen war.

De Gaulle kritisierte die amerikanische Politik, die sich immer
mehr in die Konflikte in Ostasien hineinziehen ließ. Er forderte
vielmehr eine Neutralisierung dieses Raumes. Wie gefährlich
ein kriegerisches Engagement in Ostasien sein würde, wusste er
nur zu gut – die USA mussten es noch lernen. Er verfolgte diese
traditionelle Kabinettspolitik zielstrebig und konsequent. Die
Franzosen, die ihn 1965 für eine zweite Amtsperiode wählten,
honorierten seine Politik durch Zustimmung. Für sie wurde de
Gaulle ein Mythos, ein nationaler Heros, der Frankreichs Ehre
im Zweiten Weltkrieg gerettet hatte. Ein weiteres Mal hatte er
Frankreich trotz der peinlichen Niederlage in Vietnam wieder
zu einem gleichberechtigten Mitspieler der Weltpolitik gemacht.
Seine wirkliche Größe steckte in der Erkenntnis, dass das Zeitalter der Kolonialmächte vorbei war und dass man dieses mit
Eleganz und Würde beenden müsse.

Als im Frühsommer des Jahres 1968 in Paris Studentenunruhen ausbrachen, löste er das Parlament auf und drohte mit
Notverordnungen. Sein Fehler war, dass er eine Volksabstimmung über die Regionalreform mit der Vertrauensfrage in seine
Amtsführung koppelte. Diese Abstimmung brachte ihm eine
Niederlage ein, am 27. April 1969 trat der 79-jährige Staatspräsident zurück. Er mischte sich bis zu seinem Tod nicht mehr in
die Politik ein.

* 2. November 1890 in Lille

† 9. November 1970 in Colombey-les-deux-Églises

1908–1912 Militärakademie von Saint-Cyr

1912   Eintritt in die Armee

1914–1916 Offizier im Ersten Weltkrieg

1916–1918 in deutscher Kriegsgefangenschaft

1920   französische Militärmission in Polen

1929–1931 Levantearmee in Beirut

1932–1937 Generalsekretär des Nationalen Verteidigungsrates

1937   Kommandeur eines Panzerregiments

1940   Staatssekretär für Nationale Verteidigung, Flucht nach
            England

1944   Comité Français de Libération nationale, Rückkehr nach Paris
1945–1946 Ministerpräsident
1947   Gründung der RPF
1958   Ministerpräsident
1959–1969 Staatspräsident
1963   deutsch-französischer Freundschaftsvertrag

Werke (Auswahl)

La discorde chez l´ennemi (1924, Zwietracht beim Feind)
Histoire des troupes du Levante (1931, Geschichte der Levante-
    Truppen)
Le fil de l´epée (1932, Die Schneide des Schwerts)
Vers l´armée de métier (19343, Zu einer Berufsarmee)
La France et son Armée (1938, Frankreich und seine Armee)
Mémoires de Guerre (3 Bände, 1954–1959, Kriegserinnerungen)
Mémoires des Espoires (1970, Erinnerungen der Hoffnung)
Discours et Messages (5 Bände, 1970, Gespräche und Aufzeichnungen)

John Foster Dulles

John Foster Dulles, der Architekt der US-Außenpolitik am Höhepunkt des Kalten Krieges, war das Kind einer politischen Familie. Seine Eltern, Allen Macy und Edith Dulles, hatten fünf weitere Kinder, sein Großvater mütterlicherseits war John Watson Foster, Außenminister unter Präsident Benjamin Harrison; Robert Lansing, Außenminister unter Woodrow Wilson, war ein angeheirateter Onkel. Einer von John Fosters Brüdern, Allen Welsh Dulles, wurde später unter Eisenhower Chef der CIA.

Dulles' Vater war ein presbyterianischer Pfarrer, John Foster besuchte die Public School in Waterton, N. Y., wo der Vater als Geistlicher wirkte. Der glänzende Schüler absolvierte der Familientradition entsprechend Princeton. Mit einem »Chancellor Green Fellowship in Mental Science« ging er für ein Jahr an die Sorbonne in Paris. In Princeton war er ein Schüler Woodrow Wilsons, der zu dieser Zeit dort unterrichtete und Dulles tief beeindruckte. Ab 1909 studierte er an der George Washington University, wo er sein Jurastudium abschloss.

1911 trat er in die bedeutende Rechtsanwaltskanzlei Sullivan und Cromwell ein, die Unternehmer sowie Regierungen vertrat. Dort spezialisierte er sich auf internationales Recht. Ein Jahr später heiratete er Janet Avery, mit der er drei Kinder hatte, sein jüngster Sohn wurde katholischer Priester und Amerikas jüngster Kardinal.

Infolge seiner schwachen Sehkraft nahm er am Ersten Weltkrieg nicht aktiv teil, arbeitete aber im War Trade Board, wo er sich um die Versorgungsrouten der Schiffe kümmerte und seine Vorgesetzten durch seine qualitätsvolle Arbeit beeindruckte.

Schon mit 19 Jahren hatte er seinen Großvater John W. Foster zur internationalen Friedenskonferenz nach Den Haag begleitet, die Außenpolitik war ihm daher ein vertrautes Parkett. Dulles war kaum 30 Jahre alt, als ihn Präsident Woodrow Wilson – auf Intervention seines Onkels Robert Lansing – als Berater für die Versailler Friedenskonferenz nominierte, anschließend gehörte er der Reparationskommission an. Bei der Friedenskonferenz lernte er John M. Keynes und Jean Monnet kennen, beide einflussreiche Ökonomen, welche die Zwischenkriegszeit mit ihren Ideen beeinflussten. Mit Monnet, dem späteren Schöpfer des Schuman-Plans, verband ihn eine lebenslange Freundschaft. Keynes' Ansichten dagegen teilte er nicht. Dulles trat für eine maßvolle Reparationslast für Deutschland ein, die dem Land eine wirtschaftliche Erholung ermöglicht hätte.

Nach seiner Rückkehr in die Rechtsanwaltskanzlei, die auch in die Abwicklung des Dawes- und Young-Planes eingebunden war, wurde er 1926 Seniorpartner des Unternehmens. Er fungierte als Rechtsbeistand internationaler Konzerne, was ihm später zum Vorwurf gemacht und als positive Einstellung zum Nationalsozialismus interpretiert wurde. So hatte er in den 1930er-Jahren für die deutsche Regierung Heinrich Brüning einen 500 Millionen Dollar schweren Kredit abgewickelt, auch für die IG-Farben war er als Rechtsbeistand tätig gewesen. Doch fanden diese Geschäfte mit der Machtergreifung Hitlers ein Ende. Dulles war überzeugt, dass die maßlosen Forderungen der Sieger nach dem Ersten Weltkrieg die Deutschen in die Arme des Nationalsozialismus getrieben hätten. 1939 veröffentlichte er ein philosophisches Buch mit dem Titel »War, Peace and Change«.

In den späten 1930er-Jahren vertrat er entschieden die Meinung, dass sich die USA aus einer europäischen Auseinandersetzung heraushalten sollten, denn diese wäre nur das Ergebnis des missglückten Friedensvertrages von 1919. Er äußerte diese Thesen nicht in politischen Gremien oder im Rahmen politischer Parteien, sondern auf Kirchenkonferenzen und vor kirchennahen Organisationen. So leitete er ab 1940 die »Kommission zum Studium der Basis eines gerechten und haltbaren Friedens«, die auch »Dulles-Kommission« genannt wurde.

Im Zweiten Weltkrieg wurde der bekannte Anwalt zu den Vorarbeiten für die Charta der Vereinten Nationen, die in Dumbarton Oaks ausgearbeitet wurde, beratend hinzugezogen und nahm daher auch an der Gründungskonferenz der Vereinten Nationen, bei der 52 Staaten die Charta unterzeichneten, in San Francisco teil. Auch an den weiteren Generalversammlungen der UN nahm er als amerikanisches Mitglied teil. Bei der Moskauer Konferenz 1947 trat er als Unterstützer des Marshallplans auf und zeigte sich schockiert, als Stalin den Satellitenstaaten untersagte, an der Marshallplan-Hilfe teilzunehmen. So wuchs in diesen Jahren auch sein Misstrauen gegen die Sowjets.

Als sich nach dem amerikanischen Sieg über Japan herausstellte, dass eine Friedenskonferenz unter sowjetischer Beteiligung, die auch für die Vereinigten Staaten akzeptabel sein würde, nicht zustande kam, sagten Präsident Truman und sein Außenminister Dean Acheson eine Konferenz ab. Stattdessen beauftragten sie Dulles, die Angelegenheit in persönlichen bilateralen Verhandlungen zum Abschluss zu bringen. Dulles bereiste alle betroffenen Länder, und schließlich lag 1951 ein Vertrag zwischen Japan und 48 Nationen vor, der in San Francisco unterzeichnet wurde. Mit Unterzeichnung dieses Vertrages ging auch die US-amerikanische Besetzung Japans zu Ende.

Als der neue US-Präsident, Dwight D. Eisenhower, am 20. Januar 1953 sein Amt antrat, wurde Dulles sein Außenminister. Zu diesem Zeitpunkt war Dulles bereits äußerst versiert, er kannte alle Möglichkeiten und Chancen der US-Außenpolitik bis ins kleinste Detail. Seine Administration war dank seiner kenntnisreichen und sorgfältigen Planung auch eine der erfolgreichsten außenpolitischen Phasen der US-Nachkriegsgeschichte.

Klar erkannte Dulles, dass mit der 1949 gegründeten NATO nur ein Schutz für Westeuropa gegeben war, dass aber der gesamte Mittlere und Ferne Osten in ein neues System eingebunden werden müssten. So initiierte er im September 1954 die Konferenz von Manila, bei der die SEATO (South East Asia Treaty Organization) gegründet wurde. Acht am ostasiatischen Raum vital interessierte Staaten, nämlich Australien, Frankreich, Großbritannien, Neuseeland, Pakistan, die Philippinen, Thailand und die USA, schlossen nach der Niederlage Frankreichs im Vietnamkrieg ein antikommunistisches Abkommen, das die Vertragspartner zu wirtschaftlicher und technischer Zusammenarbeit, zur Kooperation im Fall von durch Drittstaaten gelenkten Umsturzversuchen gegen einen der Vertragspartner und zu Konsultationen im Falle der Bedrohung eines Mitgliedstaates verpflichtete. Die Abwehr eines bewaffneten Angriffs auf einen Mitgliedstaat sollte gemeinsam erfolgen. Auf Drängen der USA wurde dieses Abkommen auch auf Kambodscha, Laos und Vietnam ausgedehnt, von den beiden Ersteren aber abgelehnt. Ein Jahr später kam der Bagdad-Pakt, später CENTO (Central Treaty Organization) genannt, hinzu, der die Nahostländer Türkei, Iran, Irak und Pakistan in einer Verteidigungsorganisation einte.

1954 war Dulles erfolgreich beim Abschluss der Triest-Vereinbarung zwischen Großbritannien, Jugoslawien und den USA über den de facto-Status der Stadt. Es wurde ein Optionsrecht für die Bevölkerung sowie ein Sonderstatut zum Schutz der jeweiligen Minderheit vorgesehen. Im selben Jahr setzte er die Teilnahme der Bundesrepublik Deutschland an der NATO durch. Auch bei der Unterzeichnung des österreichischen Staatsvertrages 1955 erwies sich Dulles als kenntnisreicher Außenpolitiker.

Vergeblich insistierte er auf einer europäischen Verteidigungsunion, die letztlich am Widerstand der Franzosen scheiterte. Trotzdem erklärte er unmissverständlich, dass die USA im Falle einer sowjetischen Aggression mit massiver nuklearer Strategie (»Gleichgewicht des Schreckens«) antworten würden. Einer der schweren Fehler Dulles' war die brüske Verweigerung amerikanischer Hilfe für Nassers Projekt des Assuan-Staudammes. Zwar hatte Amerika zugunsten des ägyptischen Standpunkts in der Suez-Krise argumentiert, das heißt die Zurückdrängung der alten Kolonialmächte England und Frankreich aus Ägypten unterstützt, doch nach der Absage an Nasser traten die Sowjets an die Stelle Amerikas. Ihr Einfluss in Ägypten wuchs, die Amerikaner verloren an Prestige. Als Antwort auf diese Situation formulierte Dulles 1957 die sogenannte Eisenhower-Doktrin, die besagte, dass die USA für die Staaten des Nahen und Mittleren Ostens eine Schutzgarantie im Falle einer kommunistisch gesteuerten Aggression übernehmen und zu ihrer wirtschaftlichen Stärkung beitragen wollten.

Völlig fehl ging seine Interpretation von Nikita Chruschtschows These von der »friedlichen Koexistenz«, denn er meinte, die Russen hätten ihr Interesse, den Kommunismus zu exportieren, verloren bzw. gedrosselt. In der Tat verlagerten sie jedoch ihr Interessengebiet, nämlich in die Dritte Welt, die Dulles ihnen im Grunde kampflos überließ.

Als im November 1958 die Berlin-Krise ausbrach, war Dulles bereits ein kranker Mann, der wenige Monate später zurücktrat. Im November 1958 forderten die Sowjets ultimativ die Umwandlung Westberlins in eine entmilitarisierte freie Stadt und die Aufhebung des Berliner Vier-Mächte-Statuts. Die Westmächte beharrten auf ihren Verträgen, doch die Sowjets ließen nicht locker. Bei mehrmaligen Verhandlungen wurden keine Fortschritte erzielt, auch die Pariser Gipfelkonferenz 1960 scheiterte. Zu diesem Zeitpunkt gehörte Dulles nicht mehr zu den Akteuren der Weltpolitik, denn binnen weniger Monate war er seiner Krebserkrankung zum Opfer gefallen.

Dulles gilt kaum als großer konzeptioneller Architekt der Außenpolitik, doch man sollte ihn keinesfalls für prinzipienlos halten. Prinzipiell war er ein strikter Antikommunist, allein schon aufgrund seiner tiefen Gläubigkeit. Die Maxime »pacta sunt servanda« (Verträge sind zu halten) war ihm wichtig, und dementsprechend setzte er großes Vertrauen in geschlossene Verträge. Konsequent nahm er die Verantwortung seines Amtes wahr, er gab Richtlinien vor und gehörte insofern zu den »opinion leaders«. Seinen Mitarbeitern empfahl er, sich auch mit der Denkweise des politischen Gegners auseinanderzusetzen. So forderte er von ihnen, sie sollten Stalins »Probleme des Leninismus« studieren – so wie man vor dem Zweiten Weltkrieg Hitlers »Mein Kampf« gelesen haben müsse, um zu wissen, was einen erwartete.

Seine Gegner hielten ihn für unflexibel und zu strikt, für Eisenhower, der ihm größtes Vertrauen entgegenbrachte, war er einer »… der wirklich großen Männer unserer Zeit«.

* 25. Februar 1888 in Washington, D. C.

† 24. Mai 1959 in Washington, D. C.

1911	Eintritt in die Rechtsanwaltskanzlei
	Abschluss des Jurastudiums
1919	Teilnahme an der Versailler Friedenskonferenz
1926	Seniorpartner der Rechtsanwaltskanzlei
1945	bei der Gründungskonferenz der UNO
1951	Friedensvertrag von San Francisco mit Japan
1953–1959	US-Außenminister
1954	Konferenz von Manila, Gründung der SEATO
1955	Österreichischer Staatsvertrag
1956	Suez-Krise
1958	Berlin-Krise

Werke

War, Peace and Chance (1939)

Krieg oder Frieden (1950)

Robert Anthony Eden Earl of Avon

Edens Familie lebte seit Generationen in Durham als Grundbesitzer, seine Mutter war eine geborene Grey aus Northumberland. Nach dem Militärdienst im Ersten Weltkrieg studierte Eden orientalische Sprachen, vor allem Arabisch und Persisch, am Christchurch College in Oxford. 1923 wurde er für die Konservativen in das House of Commons gewählt. Zwischen 1926 und 1929 arbeitete er als parlamentarischer Privatsekretär für Austen Chamberlain, 1931 wurde er Unterstaatssekretär für Außenpolitik, 1934 bis 1935 bewies er als Lordsiegelbewahrer eine feste Haltung gegenüber Hitler und Mussolini, was zu Zwisten mit Neville Chamberlain führte. Im Dezember 1935 wurde Eden nach dem Rücktritt von Samuel Hoare, dessen Laval-Hoare-Pakt gescheitert war, erstmals mit der Leitung der britischen

Außenpolitik betraut. Anfangs unterstützte er Chamberlains Politik der Nichteinmischung in den Spanischen Bürgerkrieg bzw. seine Bemühungen, den Frieden in Europa durch vertretbare Zugeständnisse, wie die Besetzung des Rheinlands durch NS-Deutschland, zu erhalten. Im Februar 1938 trat er aber aus Protest gegen Neville Chamberlains Appeasement-Politik gegenüber dem nationalsozialistischen Deutschland und dem faschistischen Italien zurück. Damit wurde er im Unterhaus einer der wichtigsten Partner Churchills, der Chamberlains Politik ebenfalls heftig bekämpfte.

Bereits im September 1939 saß Eden wieder im britischen Kabinett – als Dominionminister, ein halbes Jahr später leitete er kurzfristig das Heeresressort.

1940, nach dem Rücktritt Chamberlains infolge der Invasion Frankreichs durch deutsche Truppen, übernahm er in der Regierung Churchills wieder das Außenamt. Er meisterte die schwierigen Kriegsjahre, in denen es meist um komplizierte Verhandlungen mit den Bündnispartnern ging, mit großem Anstand. Die wichtigsten Gespräche mit Stalin und Roosevelt führte Churchill allerdings persönlich. 1942 wurde Eden noch die Funktion eines Sprechers des Unterhauses übertragen.

Als die Konservativen 1945 die Wahlen verloren, schied er aus der Regierung aus, kehrte aber 1951 bei der Rückkehr Churchills als Premier wieder als Außenminister zurück. In dieser Phase nahm er größten Einfluss auf die britische Politik, vor allem da Churchill infolge seines hohen Alters fast nur mehr als Aushängeschild der britischen Konservativen wirkte.

In der Nachkriegszeit bestand seine Aufgabe vorrangig in Verhandlungen zu Streitschlichtungen, etwa im Konflikt mit dem Iran um die Anteile an den Ölgesellschaften. Im Streit um Triest fungierte Eden als Mediator zwischen Italien und Jugoslawien, ebenso war er 1954 bei den Genfer Verhandlungen zur Beendigung des Indochinakrieges dabei.

Auch das Gründungsdokument der SEATO, der südostasiatischen Kooperationsgruppe, trägt seine Handschrift.

1953 erkrankte Eden schwer und musste sich einer Reihe von Operationen unterziehen, wovon er sich nie wieder völlig erholte. Als er 1955 als Nachfolger Churchills das schwere Amt des britischen Premierministers antrat, versuchte er durch vorsichtiges Agieren zur Entspannung zwischen West und Ost beizutragen. Eine sehr enge Zusammenarbeit bestand mit dem amerikanischen Präsidenten Eisenhower. Eine der Initiativen zur Entspannung war die Einladung Chruschtschows und Bulganins nach London. In der Zypernpolitik vertrat er hingegen eine harte Linie.

Der Ausbruch der Suez-Krise läutete das Ende seiner Laufbahn ein. Dass es Nasser 1956 wagte, den Suezkanal, an dem die Briten seit 1875 die Mehrheit der Aktien hielten, zu verstaatlichen, war ein Schlag ins Gesicht der britischen Politik. Es kam zu einem gemeinsamen britisch-französischen Angriff auf Ägypten im November 1956, nachdem Israel bereits eine Woche vorher die Kampfhandlungen begonnen hatte. Die Vereinigten Staaten, die sich vehement für eine Entkolonialisierung einsetzten, protestierten scharf gegen diese Invasion. Es gelang den vereinten Truppen nicht, Port Said, Suez und Ismailia zu besetzen. Dank der Intervention der UNO wurden die Briten und Franzosen durch eine UN-Truppe ersetzt, der Kanal blieb im Besitz der Ägypter. Damit war vor aller Welt bewiesen, dass das britische Empire seine Position als Weltmacht verloren hatte. Daraufhin trat Eden im Januar 1957 zurück, selbst schwer gesundheitlich beeinträchtigt. Sein Nachfolger wurde der bisherige Außenminister Harold Macmillan.

Nach seiner Nobilitierung zum Earl of Avon wurde Eden Mitglied des britischen Oberhauses. Eden war in erster Ehe mit Beatrice Beckett verheiratet, aus dieser Ehe stammten zwei Söhne – Simon starb in den letzten Kriegstagen, Nicolas ging auch in die Politik und war Minister im Kabinett von Margaret Thatcher; er starb 1985. Edens Ehe zerbrach Anfang der 1950er-Jahre an den Belastungen, die seine politische Karriere mit sich brachte. Zwei Jahre nach seiner Scheidung heiratete er Clarissa Spencer-Churchill, eine Nichte von Sir Winston.

* 12. Juni 1897 in Windlestone, Durham (England)

† 14. Januar 1977 in Alvediston, Wiltshire

1923   Wahl ins Parlament

1926–1929 Privatsekretär bei Austen Chamberlain

1935–1938, 1940–1945 und 1951–1955 Außenminister

1955–1957 Premierminister

Werke

Days for Decision (1949)
Full Circle (1960)
Facing the Dictators (1962)
Another World (Memoiren 1960–1964)
The Reckoning (1965)
Towards Peace in Indo-China (1969)

LUDWIG ERHARD

Erhards Vater, aus Rannungen in der Rhön stammend, besaß in Fürth einen Kurzwarenladen, sein Großvater war noch ein armer Kleinbauer gewesen. Er war katholisch und Mitglied der Freisinnigen Partei und ein großer Bewunderer Otto von Bismarcks. Die aus Rothenburg ob der Tauber stammende Mutter war evangelisch, und so wurde auch das fünfte Kind, Ludwig, nach der Religion der Mutter erzogen. Für Erhard blieb der Schoß der evangelischen Religion immer eine persönliche Heimat. Auch seine Herkunft aus dem biederen Bürgertum leugnete er nie, wiewohl er sich in späteren Jahren ein ultramodernes Haus am Tegernsee von einem Pionier der modernen Architektur erbauen ließ.

Im Alter von zwei Jahren war Erhard schwer an Kinderlähmung erkrankt und behielt davon sein Leben lang eine schlechte Haltung. Er absolvierte die Realschule bis zur Mittleren Reife und begann eine kaufmännische Lehre in einem Nürnberger Textilgeschäft. 1916 musste er als Soldat einrücken und trug 1918 bei Ypern eine schwere Verwundung davon, die ihn fast ein Jahr ans Krankenbett fesselte.

Nach den Erlebnissen des Weltkrieges erkannte Erhard klar, dass es in der neuen Weimarer Republik auch zu einer neuen Sozialordnung kommen müsse. Da er wegen der Behinderung durch seine Kriegsverletzung das väterliche Geschäft nicht übernehmen konnte, entschloss er sich für ein Studium. Zunächst begann er als Gasthörer an der Nürnberger Hochschule für Wirtschafts- und Sozialwissenschaften, wo er 1922 als Diplomkaufmann abschloss. Im selben Jahr ehelichte er die Kriegswitwe Luise Schuster, eine Nachbarstochter aus Fürth.

Im Anschluss ging Erhard nach Frankfurt zum Studium der Volkswirtschaft und Soziologie. Sein Frankfurter Doktorvater, der »liberale Sozialist« Franz Oppenheimer, war ihm eine wichtige Bezugsperson, dem er auch menschlich sehr nahestand. Seine Dissertation schrieb er über »Wesen und Inhalt der Werteinheit«. Er fand eine interessante Aufgabe am Institut für Wirtschaftsbeobachtung der deutschen Fertigwaren in Nürnberg. Der Chef dieses Institutes, Wilhelm Vershofen, nannte Erhard später ein »geniales Organisationstalent«. Er schätzte ihn als einen ausgleichenden, Gegensätze glättenden Charakter. 1933 avancierte Erhard in die Geschäftsführung des Institutes.

In der Zeit des Nationalsozialismus versuchte er unauffällig zu bleiben, was ihm jedoch nicht völlig gelang. 1942 übte man gegen ihn politischen Druck aus – er hatte sich geweigert, der »Deutschen Arbeitsfront« beizutreten –, worauf er vom Institut gekündigt wurde. Dank guter familiärer Kontakte – sein Schwager war Hauptgeschäftsführer der »Reichsgruppe Industrie« – gründete er nun in Bayreuth mit Hilfe von Industriekreisen ein kleineres Privatinstitut, das sich schon ab 1944 mit den Fragen des Abbaus der Kriegsindustrie und des Aufbaus der Friedenswirtschaft auseinandersetzte. Dazu wurde eine Arbeit mit dem Titel »Kriegsfinanzierung und Schuldenkonsolidierung« erstellt. Schon in dieser Studie wurde die auf Leistung beruhende Marktwirtschaft von Erhard angedacht.

Nach Kriegsende holten ihn die Amerikaner als Berater, von Oktober 1945 bis Dezember 1946 war er auch als bayerischer Wirtschaftsminister im Kabinett des SPD-Regierungschefs Wilhelm Hoegner tätig, betrachtete sich aber nur als Mangelverwalter, was ihn keineswegs befriedigte.

Schon nach zwei Jahren erhielt Erhard eine Honorarprofessur in München und leitete gleichzeitig in Bad Homburg die »Sonderstelle Geld und Kredit«, in der die Vorarbeiten für die Währungsreform geleistet wurden. Ein Jahr später wurde er auf den Direktorsposten der Verwaltung für Wirtschaft in Frankfurt berufen. Seine Aufgabe war die Durchführung der Währungsreform und die Aufhebung der damit verbundenen Zwangsbewirtschaftung.

Der CDU-Kanzler Konrad Adenauer holte ihn 1949 in die erste Bundesregierung als Wirtschaftsminister. Mit seinem Pro-

gramm der »sozialen Marktwirtschaft« wurde er zum Vater des
deutschen Wirtschaftswunders. Als ein Mann des Erfolgs wur-
de er von der Opposition heftig bekämpft, doch er setzte das
Schlagwort »Wohlstand für alle« in die Tat um. Seine soziale
Marktwirtschaft beruhte auf der Verbindung von klassischem
Liberalismus und sozialer Verpflichtung, einer Sozialpolitik mit
Marktverträglichkeit.

So gelang es ihm schnell, die Arbeitslosigkeit zu beseitigen,
die Heimatvertriebenen zu integrieren und auch das von den
westlichen Siegermächten anfangs geforderte Reparationspro-
gramm zu revidieren.

Gemeinsam mit Konrad Adenauer bildete er in diesen Jahren
ein ideales Gespann. Erhard führte einen hartnäckigen Kampf
gegen den konservativen Bundesverband der deutschen Industrie, vor allem stellte er sich strikt gegen Kartelle. Einerseits
setzte er ein Verbotsgesetz für Wettbewerbsbeschränkungen
durch, andererseits warnte er immer wieder mit Maßhalteap-
pellen vor überzogenen sozialen Ansprüchen. 1957 gelang ihm
die Einführung der dynamischen Rente.

Mit Adenauer gab es allerdings auch Differenzen, der Kanzler versäumte nicht, immer wieder darauf hinzuweisen, dass
Erhard, wenn auch höchst erfolgreicher Wirtschaftsminister, für
das Bundeskanzleramt nicht geeignet wäre. Wie wenig solida-
risch und loyal diese öffentlich geäußerte Einschätzung auch
war, Adenauer sollte schließlich doch Recht behalten.

Erhards Ära als Kanzler, Jahre der Sättigung und der Wirtschaftskrise, waren seine schwierigsten Jahre. Im Grunde war
er ohne ein eigentliches Programm als Kanzler angetreten, stets
blieb er Verbänden und Parteien gegenüber misstrauisch. Er
war der Typ von Politiker, der eher reagierte als agierte. Die
Industriegesellschaft war die Ebene, in der er sich auskannte,
die Institutionen des Staates waren ihm nicht vertraut, und er
ließ sie links liegen. Für Erhard bestand ein klares Primat der
Wirtschaft vor der Politik, was sich in den Aufbaujahren als erfolgreich erwiesen hatte, in Zeiten des intensiveren politischen
Diskurses und in Fragen der Außenpolitik aber versagen musste. Sein Denken war weniger national als von globalen Wirt-
schaftsinterdependenzen bestimmt.

Mitte der 1960er-Jahre trat neben einer abflachenden Konjunktur der Wunsch der Bevölkerung nach mehr politischen Inhalten an die Oberfläche. Gleichzeitig entwickelten sich Sumpfblüten des Wohlstands unter Vernachlässigung erhöhter Vernunft für den Staat als Ganzes. Es war vor allem das Feld der Außenpolitik, auf dem Erhard scheiterte, obgleich die Aufnahme der diplomatischen Beziehungen mit Israel in seine Ära fiel. Mit de Gaulle begegnete ihm ein fast natürlicher Widerpart. Während Erhard für eine internationale Freihandelsgesellschaft eintrat, forcierte der Franzose wirtschaftlich eine nationale Linie.

Es sind die heute selbstverständlichen zivilen Freiheiten, die Deutschland Erhard verdankt, die Freiheit der Berufswahl wie des Konsums, die Freizügigkeit im Staate – all dies waren wichtige Schritte in die Moderne und in ein gemeinsames Europa.

Adenauer blieb während Erhards Kanzlerschaft noch Parteivorsitzender der CDU, dieses Amt übernahm Erhard erst nach seinem Ausscheiden aus dem Kanzleramt. Im Frühjahr 1966 zog die FDP ihre Minister aus der Regierung ab, Erhard versuchte eine Minderheitsregierung zu führen, musste aber nach wenigen Monaten aufgeben.

Als nach den Wahlen dieses Jahres eine große Koalition gebildet werden musste, resignierte Erhard. Auch von eigenen Parteifreunden wurde er oft als »Gummilöwe« diffamiert, weil er sich weigerte, Adenauer herauszufordern. Sein Anstand und sein wenig ausgeprägtes Machtgefühl ließen es nicht zu, dass er gegen einen greisen und verdienten Politiker auftrat. Nach 1966 nahm er nur noch parlamentarische Aufgaben im Bundestag wahr.

* 4. Februar 1897 in Fürth bei Nürnberg
† 5. Mai 1977 in Bonn
1922   Diplomkaufmann
1945   amerikanischer Berater
1945–1946 bayerischer Wirtschaftsminister
1947   Professor in München
1948   Direktor der Verwaltung für Wirtschaft in Frankfurt
1949–1963 Wirtschaftsminister
1957   Vizekanzler
1963–1966 Bundeskanzler
1966–1977 Abgeordneter und Alterspräsident des Bundestages

Werke (Auswahl)

Zur Technikgeschichte des Reichsprotektorats (1940)

Wohlstand für alle (1957)

Deutsche Wirtschaftspolitik. Der Weg der sozialen Marktwirtschaft
(1962)

Gedanken aus fünf Jahrzehnten (1988)

LEOPOLD FIGL

Mit keinem anderen Politiker ist Österreichs Nachkriegszeit, diese schwierige und sowohl politisch als auch wirtschaftlich kaum zu bewältigende Phase der staatlichen Existenz, so verbunden wie mit Leopold Figl.

Figl wurde am 2. Oktober 1902 im niederösterreichischen Tullnerfeld als drittes Kind einer alteingesessenen Bauernfamilie geboren. Nach dem frühen Tod des Vaters musste er seiner Mutter sowohl bei der landwirtschaftlichen Arbeit als auch bei der Erziehung der jüngeren Geschwister zur Hand gehen. So waren das Übernehmen von Verantwortung, der Verzicht auf ein eigenes Leben für die Geschwister und harte Arbeit ihm wohl vertraute Verpflichtungen.

Nach dem Besuch des Gymnasiums in St. Pölten begann er das Studium der Agrarwissenschaften und trat der Studentenverbindung Norica bei, dies wurde für sein ganzes Leben prägend. Dem frischgebackenen Agraringenieur bot der niederösterreichische Bauernbund, eine Kernorganisation der Christlichsozialen Partei, eine Anstellung als Verbandssekretär an. Figl avancierte rasch zum stellvertretenden Direktor des niederösterreichischen Bauernbundes. In diesen Jahren heiratete er Hilde Hemala, die Tochter eines christlichsozialen Funktionärs, der in den späten 1920er-Jahren aus Protest gegen die Gelben Gewerkschaften der Heimwehrbewegung den »Freiheitsbund«, eine katholische paramilitärische Organisation, mitgegründet hatte.

Trotzdem trat wenige Jahre später der niederösterreichische Bauernbund geschlossen zur Heimwehrbewegung über, weil damals Julius Raab, aus St. Pölten stammender Politiker und Freund Figls seit dem Gymnasium, in der Heimwehr eine große

Rolle spielte. Figl selbst war nicht Mitglied des niederösterreichischen Heimatschutzes, sondern schloss sich in späteren Jahren den von Kurt Schuschnigg gegründeten »Ostmärkischen Sturmscharen« an. Diese waren neben der deutlichen katholischen Prägung auch von einem sehr starken Österreichbewusstsein getragen.

Bundeskanzler war seit 1932 Engelbert Dollfuß, ein Amtsvorgänger Figls im niederösterreichischen Bauernbund, der durch Ausschaltung des Parlaments und der politischen Parteien einen autoritären Regierungskurs einschlug. Figl war mit Dollfuß persönlich sehr verbunden und folgte ihm daher auf diesem Kurs, auch im Glauben, dass – trotz des blutigen Bürgerkriegs – dies alles der Abwehr der Nationalsozialisten dienen könne. Nach der Etablierung der ständestaatlichen Verfassung gehörte Figl dem Bundeswirtschaftsrat an. Sein hauptsächliches Anliegen in diesen Jahren galt der Immunisierung der Bauernschaft gegen den Nationalsozialismus, da viele Bauern infolge ihrer exorbitanten Verschuldung dem Nationalsozialismus zuneigten.

Nach der Machtergreifung der Nationalsozialisten wurde Figl am 12. März 1938 verhaftet und mit dem sogenannten »Prominententransport« nach Dachau gebracht. Von dort wurde er nach Isolierhaft, Quälereien und Prügeleien ins Konzentrationslager Flossenbürg überstellt, von dort wurde er erst 1943 schwer gezeichnet entlassen. Eine Existenzgrundlage für seine Familie fand er durch Vermittlung seines Freundes Raab, der ihm eine Anstellung bei einer kleinen Baufirma verschaffte. Dieser Posten machte es Figl möglich, sich in Niederösterreich frei zu bewegen und die alten Kontakte aus dem Bauernbund zu reaktivieren.

Figl sah die zukünftige politische Vorgangsweise, geprägt durch seine Erlebnisse im Konzentrationslager, nur im Gespräch mit dem einstigen politischen Gegner, das heißt den Sozialdemokraten. Einigen von ihnen war er in Dachau persönlich nahegekommen und hatte sie als aufrechte Menschen schätzengelernt. Mit dem einen oder anderen blieb er ein Leben lang befreundet, etwa mit dem späteren sozialistischen Innenminister Franz Olah.

Nach dem Attentat auf Hitler vom 20. Juli 1944 wurde Figl erneut verhaftet und ins Konzentrationslager Mauthausen eingeliefert. Im Januar 1945 wurde er nach Wien gebracht, wo ihm Prozess und Hinrichtung wegen Hochverrats drohten. Nur der rasche Vormarsch der Roten Armee verhinderte, dass Figl mit einigen anderen österreichischen Widerstandskämpfern wie Felix Hurdes oder Lois Weinberger in den ersten Apriltagen hingerichtet wurde.

Unmittelbar nach seiner Entlassung wurde Figl vom sowjetischen Marschall Tolbuchin beauftragt, in einer provisorischen österreichischen Regierung mitzuarbeiten. Sowohl der ehemalige Staatskanzler Karl Renner als auch der christlichsoziale Arbeiterführer Leopold Kunschak hatten ihn den Sowjets namhaft gemacht.

Mitte April 1945 war Figl dabei, als eine Gruppe ehemaliger Christlichsozialer im Wiener Schottenstift eine neue christliche Partei, die Österreichische Volkspartei, gründete. Bauernbund und Arbeiter- und Angestelltenbund waren schon vorher gegründet worden. Die neue Partei war erklärt demokratisch, antinationalsozialistisch und pro-österreichisch.

Die wichtigste Aufgabe der provisorischen Regierung war die Versorgung der Bevölkerung mit Nahrungsmitteln, vor allem die Großstadt Wien stand vor unlösbaren Problemen. Weiterhin mussten die Verbindungen zu den anderen Bundesländern aufgebaut werden. Durch die Besatzungszonen war Österreich ja unter den Truppen der vier Alliierten aufgeteilt, Ostösterreich durch die Sowjets hermetisch von den anderen Bundesländern abgeriegelt.

Ein weiteres Ziel der provisorischen Regierung war es, möglichst schnell Wahlen vorzubereiten, um eine demokratische Legitimierung zu erhalten. Zunächst waren ja die einzelnen Ressorts drittelparitätisch zwischen den drei akzeptierten Parteien, der Volkspartei, den Sozialisten und den Kommunisten, aufgeteilt worden. In den Wahlen vom November 1945 erlitten die Kommunisten eine vernichtende Niederlage, die ÖVP erreichte die absolute Mehrheit der Stimmen und wurde daher mit der Regierungsbildung beauftragt. Da Figl seit September 1945 Parteiobmann war, wurde ihm die Regierungsbildung übertragen. Angesichts der schwierigen, ja fast aussichtslosen Situation des Landes entschied er sich für eine Koalitionsregierung aller drei im Parlament vertretenen Parteien.

Neben der Ernährung der Bevölkerung und dem Wiederaufbau der darniederliegenden Wirtschaft sah die Regierung unter Bundeskanzler Figl ihre hauptsächliche Aufgabe in der Wiedergewinnung der österreichischen Souveränität.

Immer wieder wurde mit den vier Alliierten über einen Staatsvertrag verhandelt, und immer wieder waren es die Sowjets, die eine Einigung verzögerten bzw. verhinderten. Von der Londoner Außenministerkonferenz 1947 bis zur Berliner Außenministerkonferenz 1954 waren alle österreichischen Bemühungen vergeblich. Zweifellos war Österreich ein Spielstein in der Auseinandersetzung des Kalten Krieges zwischen den Westmächten und der Sowjetunion. Der wirtschaftliche Aufbau des Landes ging inzwischen dank der Teilnahme an der Marshallplan-Hilfe und den ERP-Krediten zügig voran.

Bei den Wahlen 1953 hatte die ÖVP die Mehrheit verloren, anstelle Figls, der sich bei der Bevölkerung durch sein umgängliches Wesen und seine pragmatische Politik höchster Beliebtheit erfreute, übernahm Julius Raab die Kanzlerschaft. Figl kehrte vorübergehend in die niederösterreichische Landespolitik zurück.

Im November 1953 wurde er nach dem Ausscheiden Karl Grubers an die Spitze des Außenministeriums berufen. Ihm war es vergönnt, im Mai 1955 in Wien den österreichischen Staatsvertrag zu unterzeichnen. Die entscheidenden politischen Weichenstellungen dazu waren allerdings durch Julius Raab erfolgt, der in einer glücklichen weltpolitischen Situation den Sowjets das Angebot einer österreichischen Neutralität unterbreitet hatte. Damit war für die Sowjets die Gefahr, dass Österreich sich den Westmächten bzw. der NATO anschließen würde, gebannt, der Weg für den Staatsvertrag frei.

Die Unterzeichnung des Vertrages war der Höhepunkt in Figls Leben. Bis 1959 blieb er noch Außenminister, unter seiner Ägide wurde Österreich in die Vereinten Nationen und in den Europarat aufgenommen, und die österreichische Neutralität bestand ihre erste Bewährungsprobe anlässlich des Ungarnaufstandes 1956.

Nach 1959 wurde Figl Erster Präsident des Nationalrates, 1962 trat er die Nachfolge des verstorbenen niederösterreichischen Landeshauptmannes Johann Steinböck an, eine Funktion, die eine Heimkehr in ein angestammtes Arbeitsgebiet bedeutete. Schon 1964 wurden erste Anzeichen einer schweren Krebserkrankung sichtbar, der Figl 1965 mit 63 Jahren erlag.

Figl war kein politischer Theoretiker, sondern ein Mann der Praxis, der bereit war, aus Erfahrungen zu lernen. Auf der grundsoliden Basis seiner katholischen Weltanschauung stehend, war es ihm möglich, mit Partnern und Gegnern in der Politik ein Auskommen zu finden. Seine konsensbereite Haltung, sein Respekt für eine andere politische Meinung ließen ihn zum »Mann der Stunde« in den schwierigen Jahren des Wiederaufbaus in Österreich werden.

* 2. Oktober 1902 in Rust im Tullnerfeld
† 9. Mai 1965 in Wien
1934–1938 Bundeswirtschaftsrat
1938–1943 Konzentrationslager
1944–1945 Konzentrationslager
1945–1953 Bundeskanzler
1953–1959 Außenminister
1959–1962 Erster Präsident des Nationalrates
1962–1965 Landeshauptmann von Niederösterreich

LÉON MICHEL GAMBETTA

Der französische Premierminister der Jahre 1881/82 war ein überzeugter Republikaner, ein überaus intelligenter und begeisterungsfähiger Mann, der über eine brillante Rednergabe verfügte. Im Grunde war er eine Mischung aus Volkstribun und Bohemien.

Gegen den Willen des Vaters, einem aus Genua nach Frankreich eingewanderten Kaufmann, der seinen Sohn lieber als Nachfolger im Lebensmittelgeschäft gesehen hätte, studierte Léon Jura. Schon in seiner Studentenzeit erfreute er sich wegen seines Rednertalents großer Popularität. 1859 ließ er sich als Advokat in Paris nieder. Er arbeitete bei den berühmten Anwälten Charles Lachaud und Adolphe Crémieux, dem späteren Mitglied des Kassationsgerichtshofes. Gambettas Anwaltslaufbahn verlief bis zur Affäre Baudin wenig spektakulär. Doch mit diesem politischen Sensationsprozess wurde er – wegen seiner schweren Angriffe auf das Regime von Napoleon III. – schlagartig berühmt und damit automatisch zum Sprecher der Republikaner. Bei den nächsten Wahlen wurde er sofort in die französische Kammer gewählt und profilierte sich weiterhin mit glänzenden Reden im linken Spektrum. Für die Wahl von 1869 formulierte er das Programm von Belleville, das unter anderem die Forderung nach einem allgemeinen Wahlrecht, nach uneingeschränkter Presse-, Versammlungs- und Vereinsfreiheit, der Trennung von Staat und Kirche sowie kostenlosem laizistischem Schulunterricht beinhaltete. Diese Forderungen wurden zum klassischen Wahlprogramm der Radikalsozialisten nach der desaströsen Niederlage Napoleons III. 1870 gegen die Deutschen bei Sedan.

Am 4. September 1870, als Mitglied einer Ein-Tages-Regierung, der auch Crémieux angehörte, proklamierte Gambetta gemeinsam mit Jules Favre die Dritte Republik. Er selbst übernahm das Innenressort in der »Provisorischen Regierung der nationalen Verteidigung«. War er ursprünglich grundsätzlich gegen die leichtfertige Art gewesen, mit der Napoleon III. die Auseinandersetzung mit Preußen vom Zaun gebrochen hatte, trat er nun dafür ein, diesen Krieg so erfolgreich wie möglich zu beenden. Eingeschlossen im von den Deutschen belagerten Paris, verließ Gambetta am 6. Oktober 1870 die Stadt in einem Heißluftballon, um in anderen Teilen des Landes neue Truppen zu rekrutieren und den Deutschen gegenüberzustellen.

Von der Provinz aus organisierte er die Fortführung des Kampfes auch für die Ideen der Commune. Nach der Kapitulation von Paris musste er im Februar 1871 aufgeben. Die Friedenspartei um Adolphe Thiers war zu stark, Thiers nannte ihn damals einen »fou furieux« (zornigen Verrückten). Die französische Bevölkerung erinnerte sich noch lange an seine Appelle zum Widerstand gegen die Deutschen, hatte er damit doch zumindest die nationale Ehre gerettet. Obwohl Gambetta prinzipielle Vorbehalte gegen eine Wahl artikulierte, trat er zur nächsten Wahl an und eroberte als Held des Widerstandes gleich in neun Departements einen Sitz. Als Frankreich nach der Niederlage gegen das Wilhelminische Deutschland den Frankfurter Vertrag mit dem Verzicht auf Elsass-Lothringen schloss, legte er aus Protest sein Mandat nieder.

Als er im Herbst 1871 wiedergewählt wurde, war die Mehrheit in der Kammer monarchistisch-reaktionär, Gambetta wurde Sprecher der republikanischen Opposition.

Nach der Machtübernahme durch den Monarchisten Mac Mahon schlug er eine subtilere Taktik ein. Er näherte sich dem Zentrum und ermöglichte mit seiner Fraktion das Zustandekommen des Verfassungsgesetzes von 1875, das endgültig die Republik für Frankreich brachte. Diese Verfassung behielt immerhin bis 1940 ihre Gültigkeit.

Nach der Einschätzung seiner Zeitgenossen legte Gambetta nun das Kleid des Radikalen ab und wurde – ihrer Meinung nach – Opportunist. Als gewählter Präsident der Kammer übte er fortan einen großen Einfluss auf die nachfolgenden Kabinette aus.

Nach dem überwältigenden Wahlsieg von 1881 bildete er selbst eine Regierung, die allerdings nur bis Januar 1882 im Amt blieb, als sie von einer Koalition der radikalen Linken und Rechten gestürzt wurde. Auslösendes Moment war Gambettas Versuch, das Listenwahlsystem, das klare Mehrheiten gesichert hätte, in der Kammer durchzusetzen. Kurz danach starb er an einer akuten Blinddarmentzündung.

Gambetta konnte mit seinen Ideen und Vorstellungen die Dritte Republik entscheidend prägen. Er war einer der wenigen Politiker, die den Revanchegedanken für die Niederlage von 1870 ablehnten und verurteilten, dass Frankreich mit einem Krieg die verlorenen Gebiete zurückgewinnen könnte. Vielmehr setzte er auf ein internationales Vorgehen, um Frankreichs Recht zu verteidigen. Diese Maxime blieb für die französische Außenpolitik bis zum Beginn des Ersten Weltkrieges gültig. Gambetta war ein ungestümer und glühender Streiter für die Werte einer modernen Demokratie, wegen seiner offenen Liberalität im Lande höchst beliebt. Heute ist fast in jeder französischen Stadt eine Straße nach ihm benannt.

* 2. April 1838 in Cahors
† 31. Dezember 1882 in Ville d'Avray bei Paris
1859   Advokat in Paris
1869   Programm von Belleville
1870   Flucht aus Paris im Heißluftballon

1871   Wahl in die französische Kammer
1875   Beschluss der Verfassung
1881   Premier

Werke

Joseph Reinach, franz. Deputierter, gab Gambettas »Discours et plai-
doyers politiques« (Paris, 1881–1886) in zehn Bänden und »Dépêches,
circulaires, décrets, proclamations« (Paris, 1886–1891)
in 2 Bänden heraus.

Mohandas Karamchand Gandhi
genannt Mahatma

Der Pazifist und Menschenrechtler Gandhi war schon in seiner Jugend eine zur Askese neigende charismatische Persönlichkeit, in der indisches und europäisches Gedankengut
verschmolzen. Er stammte aus einem religiösen Elternhaus,
in dem die Lehren der Bhagavadgita (eine Textsammlung aus
vorchristlicher Zeit, basierend auf den Veden und den Upani-
schaden), des indischen Nationalepos, die christliche Bergpre-
digt und die friedlichen Ansichten Leo Tolstois in gleicher Weise
geachtet wurden. Auf der Basis dieses Denkgebäudes entwickelte Gandhi das Prinzip des gewaltlosen Widerstandes, der
Satyagraha, dem Festhalten an der Wahrheit, mit dem er Indien
aus der Kolonialherrschaft der Briten in die Selbstständigkeit
führte. Sein Ehrenname Mahatma (Große Seele) geht auf den
indischen Philosophen und Schriftsteller Rabindranath Tagore
zurück, der ihn schon im Jahr 1915 so begrüßte.

Gandhi war das jüngste von fünf Kindern des Kaufmannes
Karamchand Gandhi, der im lokalen Fürstentum Porbandar ein
Ministeramt bekleidete. Seine Eltern lebten verwurzelt in den
Traditionen ihres Landes, sie waren Vishnu-Verehrer und be-
suchten auch den Shiva-Tempel. Wie es die Lehren ihrer Religion verlangten, nahmen sie Kranke in ihr Haus auf und pflegten
sie. Schon als Kind wurde Gandhi Zeuge der Zwiste seines
Vaters mit englischen Kolonialoffizieren. Die tolerante religiöse Atmosphäre seines Umfelds – in seiner Umgebung lebten

114

Hindus, Muslime, Parsis und Anhänger des Jainismus friedlich nebeneinander – hinterließ einen tiefen Eindruck auf den jungen Menschen, und gerade der Jainismus war eine Religion der strikten Gewaltlosigkeit, deren Gesinnung sein philosophisches Weltbild formte.

Den Familientraditionen entsprechend, wurde er mit 13 Jahren mit der gleichaltrigen Kasturba vermählt. Nach fünf Jahren kam der erste Sohn zur Welt, drei weitere Kinder folgten. Doch ab 1906 entschloss sich Gandhi für ein Leben im Zölibat, seine Frau wurde zu einer Mitstreiterin in seinem politischen Kampf. Das Ehepaar war insgesamt 62 Jahre miteinander verheiratet.

Zwischen 1888 und 1891 studierte Gandhi in London Jura, nachdem er die anfänglichen Bedenken seiner Eltern zerstreut hatte. Nach seiner Rückkehr aus Großbritannien ließ er sich in Bombay als Anwalt nieder, konnte sich aber kaum etablieren, da er wegen seines Auslandsstudiums aus seiner Kaste ausgeschlossen worden war. So nahm er gern das Angebot eines Geschäftsmannes an, ihn in Südafrika zu vertreten, einem Land, in dem die Inder allerdings unterdrückt und rechtlos waren. Sie durften keine öffentlichen Verkehrsmittel benutzen, beim Friseur wurden sie nicht bedient, und nach 21 Uhr war ihnen das Verlassen des Hauses ohne Genehmigung des Arbeitsgebers verboten. Gandhi setzte bereits hier bei einigen Gelegenheiten das Prinzip des gewaltlosen Widerstandes ein und konnte für seine Landsleute so manche Verbesserung erkämpfen. Schon 1894 hatte er den »Natal Indian Congress«, eine indische Vereinigung in Südafrika, gegründet. Im Burenkrieg und während des Zulu-Aufstandes von 1906 rief Gandhi seine Landsleute auf, sich auf die Seite der Briten zu schlagen und sie zu unterstützen, wohl weil er sich dafür eine Verbesserung der Lage der Inder erhoffte. Er selbst half in beiden Kriegen als Sanitäter.

Mit dem Prinzip des gewaltlosen Widerstandes konnte er vor dem Ersten Weltkrieg entscheidende Fortschritte für seine indischen Landsleute in Südafrika erreichen. Er forderte die Regierung mit friedlich durchgeführten Gesetzesübertretungen heraus, dadurch konnte man ihn weder mit dem Gefängnis noch mit anderen Strafen bedrohen. So wurde nach einem Protestmarsch nach Transvaal 1913 der »Indians Relief Act« erlassen, der für die Inder große Erleichterungen brachte. Da man auf die Inder als Arbeitskräfte angewiesen war, hatte die Regierung eingelenkt, gab unsinnige Registrierungsmaßnahmen auf und erkannte auch traditionell geschlossene indische Ehen an. Für die schwarze Bevölkerung Südafrikas dagegen hat sich Gandhi nie interessiert.

1915 kehrte er mit seiner Familie nach Indien zurück, wo er den Kampf um die Unabhängigkeit des Landes von der britischen Kolonialherrschaft begann. Ab 1920 stand er an der Spitze der Kongress-Partei, die die Menschen zum zivilen Ungehorsam aufrief. Das bedeutete, dass die Inder die Zusammenarbeit mit der britischen Verwaltung verweigerten und dass sie britische Waren boykottierten.

1925 begann Gandhi ganz Indien zu bereisen und unternahm einen Feldzug des guten Willens zur Abschaffung der Diskriminierung der Kaste der Unberührbaren. Er selbst identifizierte sich mit diesen Parias der Gesellschaft, denen die schlechtesten Arbeiten vorbehalten waren. Zu seiner Zeit lebten etwa 70 Millionen Unberührbare in Indien, das waren 70 Millionen Menschen, die allein durch ihre Geburt zu immerwährender Armut verurteilt waren. Um den Armen vor Ort Arbeit zu beschaffen, aktivierte er die Handspinnerei von Baumwolle. Gandhi ging mit gutem Beispiel voran und arbeitete selbst als Baumwollspinner.

1930 organisierte er den »Marsch zum Meer«, um durch Salzgewinnung das Monopol der Regierung zu brechen. Bei diesem Anlass äußerte er erstmals die Drohung, bis zum Tode zu fasten, um seine Forderung für die Unabhängigkeit des Landes durchzusetzen. Auch ermahnte er die Hindus und Moslems, die traditionellen religiösen Zwiste beiseite zu lassen und sich zu einigen. Gandhi wurde insgesamt achtmal inhaftiert – doch dies konnte seine Entschlossenheit nicht brechen. Er hielt an seinen Grundsätzen fest: »Mein Glaube an die Gewaltlosigkeit verpflichtet mich zu äußerster Entschlossenheit. Da bleibt kein Raum für Feigheit oder Schwäche.«

Im August 1947 stimmte die Labour-Regierung in London unter Clement Attlee endlich der Unabhängigkeit für den indischen Subkontinent zu. Ein Wermutstropfen war allerdings die Abtrennung des islamischen Landesteiles Pakistan, wo es zu blutigen Unruhen gekommen war.

Am 30. Januar 1948 wurde Gandhi von einem fanatischen

Hindu ermordet, Indien und die ganze Welt trauerten um eine beispielgebende Persönlichkeit. Er wurde zum Vorbild für andere Bürgerrechtskämpfer, unter anderen für Martin Luther King. Gandhi hatte Indien zwar die Unabhängigkeit erstritten, er konnte aber weder das Schicksal der Unberührbaren ändern, noch gelang es ihm, die Konflikte zwischen Hindus und Moslems zu glätten.

* 2. Oktober 1869 in Porbandar (Gujarat)

† 30. Januar 1948 in Neu-Delhi (ermordet)

1888–1891	Jurastudium
1882	Heirat
1893	Reise nach Südafrika
1894	Gründung des Natal Indian Congress
1915	Rückkehr nach Indien
1925	Kampagne für die Unberührbaren
1930	»Marsch zum Meer«
1947	Unabhängigkeit Indiens

Werke

An Autobiography or The Story of my Experiments with Truth
(1927–1929)

All men are brothers (1958)

GIUSEPPE GARIBALDI

Giuseppe Garibaldi, Sohn eines Kapitäns, wurde in Nizza geboren. Wie sein Vater fuhr er zur See, 1832 erwarb er das Patent als Handelsschiffskapitän. Als Offizier der piemontesischen Armee schloss er sich der italienischen Freiheitsbewegung Giuseppe Mazzinis an. Da er sich 1834 am grausam unterdrückten Aufstand gegen den sardinischen König Karl Albert beteiligte hatte, wurde Garibaldi »in contumaciam« (in Abwesenheit) verurteilt, doch hatte er flüchten können. Er gelangte nach Südamerika, wo er an den Kämpfen und Unruhen zwischen Brasilien, Argentinien und Uruguay teilnahm. Dabei eignete er sich praktische Kenntnisse in der Guerillataktik an. In Brasilien lernte er seine langjährige Partnerin und Frau Anna

Maria Ribeiro da Silva kennen. Sie starb später beim legendären
Rückzugsmarsch über den Apennin.

1848 kehrte er wieder nach Sardinien-Piemont zurück. Mit
Freischaren kämpfte er in den Alpen gegen die Österreicher,
ebenso war er bei den Kämpfen um die neu gegründete Römische Republik dabei. Wieder musste er sein Heil in der Flucht
suchen – zuerst in die Schweiz, dann nach Frankreich. Er hielt
sich auch in den Vereinigten Staaten auf, soll auf Staten Island
gearbeitet haben und reiste nach Peru. 1854 durfte er wieder
nach Italien zurückkehren.

Der Waffenstillstand von Villafranca und die Friedensverhandlungen von Zürich nach dem Krieg gegen Österreich 1859
empörten Garibaldi, weil den Franzosen für ihre Hilfe im Krieg
gegen die Österreicher Nizza, Garibaldis Heimatstadt, ausgeliefert wurde.

Bis 1860 lebte er in Genua, von dort bereitete er eine Invasion zur Eroberung des Königreiches beider Sizilien mit einer
Truppe von Freiwilligen, dem »Zug der Tausend«, vor. Mit diesem Unternehmen begann die entscheidende Phase in der Eroberung und Einigung des Königreiches Italien. Inoffiziell von
Camillo Cavour unterstützt, segelte er mit zwei Schiffen nach
Sizilien, eroberte, getragen von einem Volksaufstand, Palermo
und wandte sich anschließend gegen Neapel, das am 1. Oktober
1860 in seine Hände fiel. Er übergab die eroberten Landesteile an
König Viktor Emanuel II. und griff wieder seine alte Idee der Eroberung Roms auf. Doch da Sardinien-Piemont den Franzosen
die Schutzrolle für Rom vertraglich eingeräumt hatte, befand
es sich in einer Zwickmühle. Cavour konnte Garibaldi offiziell
nicht unterstützen, ja er musste sich sogar gegen ihn wenden.
Garibaldi war aber nicht bereit, seine Truppe im Stich zu lassen.
In einem abenteuerlichen Rückzug über San Marino führte er
seine Leute quer durch Italien bis nach Genua. Zweimal noch, in
den Jahren 1862 und 1867, versuchte er Rom zu erobern, zweimal scheiterte er. 1862 wurde er schwer verwundet – es blieb
eine dauernde Lähmung zurück. 1866 führte er eine italienische
Einheit gegen die Österreicher in Tirol. Dies hinderte ihn nicht,
1870/71 an der Seite der republikanischen Kräfte in Frankreich
zu stehen. Garibaldis letzter Lebensabschnitt war von Schmerzen geprägt, die er aufgrund seiner zahlreichen Verwundungen

erleiden musste. Was seine Ansichten betrifft, war Garibaldi in vielem seiner Zeit voraus. Er war ein Gegner der Todesstrafe, setzte sich für die Frauenemanzipation ein, war Freidenker und lehnte jeden Rassismus ab.

Alle diese bravourösen Unternehmungen machten ihn zum vergötterten Freiheitshelden des Risorgimento. Wegen seiner Teilnahme an den Freiheitskämpfen in Südamerika wurde er auch »Held zweier Welten« genannt. Es war seine Tollkühnheit und auch seine Unbekümmertheit, die ihn an die Spitze der Truppen führte. Ein strategischer Kopf war er nicht, eher ein Draufgänger, ein Mann, der Menschen motivieren konnte, der durch sein Vorbild zahlreiche Gefolgsleute für seine Ideen fand. Garibaldi hatte nie eine offizielle Funktion bekleidet, er war der idealtypische Vertreter des italienischen Nationalismus, welcher in Mazzini seinen Theoretiker, in Cavour seinen Taktiker und in Garibaldi seinen Praktiker fand. Garibaldi war eine Symbolfigur für den Freiheitskampf Italiens, ein »edler« Kämpfer für das Vaterland. Sein Leben wurde von Legenden umwoben, seine Tapferkeit, sein Charme und seine Unbestechlichkeit machten ihn zum Mythos. Das offizielle Italien, das Königshaus Savoyen-Carignan, hielt Garibaldi gegenüber immer Distanz, nur im Falle des Erfolgs wurden seine Feldzüge oder Kommandounternehmungen von der offiziellen Politik adoptiert. Scheiterte er, wollte man nichts von ihm wissen. Sein Ruhm drang aber weit über Europa hinaus, der US-Präsident Abraham Lincoln soll Garibaldi sogar ein Kommando im amerikanischen Bürgerkrieg angetragen haben, das dieser aber ablehnte.

* 4. Juli 1807 in Nizza

† 2. Juni 1882 auf der Insel Caprera

1832	Kapitänspatent
1834	Beteiligung am Aufstand gegen König Karl Albert
1836–1848	Exil in Südamerika, vorwiegend in Uruguay
1848	Beteiligung an der Revolution
1849–1854	neuerliches Exil, u. a. in den USA und Peru
1854	Rückkehr nach Italien
1860	»Zug der Tausend« zur Eroberung Siziliens
1866	Teilnahme am österreichisch-sardinischen Krieg
1870/71	Kampf für die französische Republik

Michail Sergejewitsch Gorbatschow

Michail Gorbatschow hat durch seine Politik das Antlitz Europas total verändert, mit den Schlagworten von Glasnost (Öffentlichkeit) und Perestroika (Umgestaltung), die für ein völlig verändertes russisches System standen, hat er die Nachkriegsordnung Europas neu gestaltet.

Gorbatschow wurde in einem Bauerndorf im Südkaukasus geboren, seine ersten Berufserfahrungen machte er mit einem Mähdrescher. 1950 ging er zum Jurastudium nach Moskau, zwei Jahre später trat er in die KPdSU ein. Nach Beendigung des Studiums kehrte er in seinen Heimatort zurück und begann eine Karriere als Parteifunktionär. Er avancierte stetig, vom Ersten Sekretär des Stadtkomitees zum Ersten Sekretär des Gebietskomitees, zum Abteilungsleiter im Regierungskomitee, und schließlich wurde er 1970 Mitglied des Obersten Sowjet. Im gleichen Jahr wurde er zum Ersten Sekretär für Landwirtschaft berufen, da er in den Jahren zuvor noch einen Abschluss als Agrarbetriebswirt gemacht hatte. Noch war nichts an dieser Karriere vielversprechend oder außergewöhnlich.

Doch 1971 zog er als Vollmitglied in das ZK der KPdSU ein, ein Jahr später wurde er bereits auf eine Auslandsmission nach Belgien geschickt: Er hatte in Juri Andropow, der ebenfalls aus der Region Stawropol kam und seinerzeit Botschafter in Budapest und dann Chef des KGB war, einen Förderer gefunden. 1975 stattete Gorbatschow der Bundesrepublik Deutschland einen ersten Besuch ab, langsam wurde er auch international bemerkt. Als nächste Stufe in seiner Parteikarriere erfolgte die Berufung zum ZK-Sekretär, wenig später war er Kandidat des Politbüros, 1980 nahm ihn das Politbüro als Vollmitglied auf. Nun unternahm er öfter Auslandsreisen, er besuchte Kanada und verhandelte mit Pierre Trudeau, er stattete Großbritannien einen Besuch ab, wo er Margaret Thatcher kennenlernte. Sie war die erste Politikerin im Westen, die in ihm den kommenden Mann sah, vor allem erkannte sie, dass er einen anderen Stil in die Politik einbrachte.

Zweifellos war Gorbatschow höchst kenntnisreich, was die

innere Struktur von Staat und Partei in der Sowjetunion betraf. Einen wichtigen Einfluss auf sein gesamtes politisches Weltbild hatte die Rede von Nikita Chruschtschow am XX. Parteitag der KPdSU, als dieser mit den Verbrechen Stalins abrechnete. Ohne Chruschtschow hätte es keine Reformpolitik Gorbatschows gegeben.

Nach dem Tod von Tschernenko wurde Gorbatschow 1985 der zweitjüngste – nur Stalin war bei Übernahme dieses Amtes jünger – Generalsekretär der KPdSU. Damit war er der mächtigste Mann der Sowjetunion, einer Weltmacht, deren Strukturschwächen nicht mehr zu verheimlichen waren. Er leitete noch im selben Jahr die Politik von Glasnost und Perestroika ein, um den Verfall des Staates aufzuhalten. Gorbatschow bekannte sich zur schrecklichen Vergangenheit dieses Staates, er gab zu, dass es ein Zusatzprotokoll zum Hitler-Stalin-Pakt gegeben habe und dass die Ermordung der polnischen Heereselite in Katyn nicht von Deutschen, sondern von den Sowjets begangen wurde.

Er kündigte an, dass sich die Sowjetunion von der Breschnew-Doktrin verabschieden würde – damit erhielten die Satellitenstaaten wesentlich mehr Bewegungsfreiheit, was schließlich zum Zerfall des Ostblocks führte. 1987 wurde das Abkommen über die »Nulllösung«, den Abbau aller Mittelstreckenraketen in Europa, unterzeichnet. Ein Jahr später befahl er den auch innenpolitisch ungeheuer wichtigen Abzug der sowjetischen Truppen aus Afghanistan, aus einem Krieg, in dem die Sowjets nur Verluste an Menschenleben, aber keine tatsächlichen Gewinne verzeichnen konnten.

Um die Beziehungen zu China zu normalisieren, stattete Gorbatschow der Volksrepublik einen Staatsbesuch ab. Schon 1985 hatte er den US-Präsidenten Ronald Reagan zu einem Gipfelgespräch in Genf getroffen, ein Jahr später kam es zu einem weiteren Treffen in Reykjavík – all dies waren vertrauensbildende Schritte, die auf die gesamte Weltlage entspannend wirkten.

Von größter Bedeutung für Europa aber war seine Haltung in der Deutschland-Frage, denn als 1989 die Berliner Mauer fiel und das DDR-Regime zu bröckeln begann, war er es, der mit Helmut Kohl und in Absprache mit den europäischen Politikern die deutsche Wiedervereinigung ermöglichte, indem er 1990 der Unterzeichnung des Zwei-Plus-Vier-Vertrages (Deutschland, DDR und die vier Alliierten) zustimmte. Damit löste sich der sozialistische Staatenblock auf, in den einzelnen Ländern etablierten sich unabhängige, nationale, fast durchwegs demokratische Systeme. Für diesen seinen Beitrag zum europäischen Friedenswerk wurde Gorbatschow 1990 in Oslo mit dem Friedensnobelpreis ausgezeichnet.

Der Demokratisierungsprozess machte auch vor der Sowjetunion nicht Halt, diese zerfiel in eine Reihe von Teilrepubliken, die in teils engem, teils völlig distanziertem Verhältnis zum alten Staat standen. Was Gorbatschow nicht gelang, war eine merkbare Besserung der wirtschaftlichen Situation. So geriet er innerstaatlich immer mehr ins Kreuzfeuer der Kritik, er stand zwischen den konservativen Kommunisten, die ihm die Zerschlagung der Weltmacht Sowjetunion nicht verzeihen konnten, und zwischen den Radikalreformern à la Boris Jelzin. Schließlich kam es im Sommer 1991 zu einem Putsch konservativer Kreise, in dessen Verlauf Gorbatschow kurzfristig als Geisel genommen wurde. Dieser Putsch wurde allerdings von Jelzin niedergeschlagen, was den Machtverlust Gorbatschows einleitete. In der zweiten Jahreshälfte 1991 trat Gorbatschow als Generalsekretär der KPdSU zurück, wenige Monate später legte er auch das Amt des Präsidenten nieder, in das er ein Jahr zuvor vom Kongress der Volksdeputierten gewählt worden war.

Gorbatschow hat in der Sowjetunion kein politisches Amt mehr übernommen, wurde 1992 sogar aus der Partei ausgeschlossen. Im Westen wurde er für seine Beendigung des Kalten Krieges und für seinen Anteil an der Wiedervereinigung Deutschlands hoch geehrt, in Russland ist sein Ruf bemerkenswert schlecht, er wird für alle Auswirkungen des Umstellungsprozesses verantwortlich gemacht. Als er 1996 versuchte, gegen Jelzin zu kandidieren, erhielt er nicht einmal ein Prozent der Stimmen.

1992 gründete Gorbatschow eine Stiftung für wissenschaftliche Forschung, 1993 die Umweltschutzorganisation Internationales Grünes Kreuz; er wurde auch Mitglied des Club of Rome.

* 2. März 1931 in Priwolnoje (Stawropol)
1950–1955 Jurastudium in Moskau

1952	Beitritt zur KPdSU
1953	Heirat mit Raissa Gorbatschowa
1970	Mitglied des Obersten Sowjet
1971	Vollmitglied im ZK
1978	ZK-Sekretär
1979	Kandidat des Politbüros
1980	Mitglied des Politbüros
1985	Generalsekretär der KPdSU
1987	Abkommen über die »Nulllösung«
1988	Abzug aus Afghanistan
1990	Unterzeichnung des Zwei-Plus-Vier-Abkommens
	Verleihung des Friedensnobelpreises

Werke

Perestroika, die zweite russische Revolution (1987)

Das gemeinsame Haus Europa und die Zukunft der Perestroika (1989)

Erinnerungen 1996

Wie es war. Die deutsche Wiedervereinigung (1999)

Dag Hjalmar Agne Carl Hammarskjöld

Hammarskjölds Vater war während des Ersten Weltkrieges schwedischer Ministerpräsident gewesen, in den Jahren 1929 bis 1947 war er Vorsitzender der Nobelpreis-Stiftung. Sein jüngster Sohn Dag studierte Jura und Wirtschaftswissenschaften in Uppsala und Stockholm, wo er sich habilitierte. Zwischen 1933 und 1936 unterrichtete er politische Ökonomie an der Universität in Stockholm. Anschließend trat er bis 1945 als Staatssekretär in das schwedische Finanzministerium ein. Von 1941 bis 1948 war er auch Präsident des schwedischen Reichsbankdirektoriums.

1949 wurde er als parteiloser Unterstaatssekretär im Außenministerium in das Kabinett des Sozialdemokraten Tage Erlander berufen, von 1951 bis 1953 war er stellvertretender Außenminister.

1951 wurde Hammarskjöld stellvertretender Vorsitzender der schwedischen Delegation bei der UNO, ein Jahr später Vorsitzender. Am 7. April 1953 wurde er nach dem Ausscheiden

123

von Trygve Lie als Vertreter eines neutralen Landes zum UN-Generalsekretär gewählt, 1957 wurde seine Amtszeit um fünf Jahre verlängert.

Anfangs hielt man Hammarskjöld für einen Kompromisskandidaten, der nicht das nötige Durchsetzungsvermögen für dieses Amt aufbringen würde, vor allem nicht in militärischen Auseinandersetzungen. Doch Hammarskjöld profilierte sich als zäher Verhandler, dem es etwa 1954 in langen Gesprächen in Peking gelang, die Freilassung amerikanischer Gefangener des Koreakrieges durchzusetzen. Nun war Hammarskjöld ein von allen Seiten anerkannter Vermittler in internationalen Konflikten, durch seine Tätigkeit gelang es ihm sogar, das Ansehen der UNO zu steigern. Vor allem im Bereich der friedenserhaltenden Missionen wurde die Position der Vereinten Nationen durch die Effektivität seiner Arbeit wesentlich gestärkt.

Zu Beginn galten seine Bemühungen dem labilen Zustand der Beziehungen zwischen Israel und seinen arabischen Nachbarn. Die erste Bewährungsprobe legte er 1956, dem Jahr der Suez-Krise und des Ungarnaufstands, ab. Hammarskjöld organisierte binnen 48 Stunden die erste UN-Polizeitruppe, die in einer Stärke von 6000 Mann aus allen Kontinenten im Nahen Osten eingesetzt wurde. In die Vorgänge in Ungarn einzugreifen war ihm jedoch durch das Einschreiten der sowjetischen Streitkräfte unmöglich. 1958 spielte er eine wichtige Rolle in der Vermittlung während des Bürgerkriegs im Libanon.

Als der Kongo 1960 eine unabhängige Republik wurde, brach kurz darauf ein Bürgerkrieg aus, Hammarskjöld setzte eine UN-Truppe ein. Daraufhin forderte die Sowjetunion seine Ablösung und die Ersetzung des Generalsekretärs durch eine Troika, bestehend aus einem Vertreter des Westens, einem Neutralen und einem Vertreter der kommunistischen Welt. 1961 befand er sich auf einem Flug nach Katanga, um mit Moise Tschombé Waffenstillstandsverhandlungen zu führen, als sein Flugzeug abstürzte. Die Ursache des Absturzes ist bis heute ungeklärt. Da im Absturzgebiet verschiedene Söldnereinheiten operierten, wollten die Gerüchte, dass seine Maschine abgeschossen worden sei, nicht verstummen. Durch 1998 veröffentlichte südafrikanische Dokumente wurde die These erhärtet, dass Hammarskjöld einem Komplott internationaler Geheimdienste, welche die wirtschaftlichen Interessen ihrer Regierungen im Kongo wahren wollten, zum Opfer fiel.

1961 wurde ihm posthum der Friedensnobelpreis verliehen.

Grundsätzlich gewann die UNO, deren Mitgliederzahl sich in den 1950er-Jahren fast verdoppelt hatte, in der Ära Hammarskjöld großes Ansehen. Längst ging es nicht mehr ausschließlich um die Balance im Kalten Krieg zwischen Ost und West – die akuten Fragen der Entkolonialisierung Afrikas und der Beginn des Nord-Süd-Konflikts gewannen an Bedeutung.

Hammarskjöld hinterließ persönliche Aufzeichnungen, die eine ganz andere Facette des zu Lebzeiten sehr distanzierten und disziplinierten Politikers offenbarten, eines Menschen, der um Werte rang und von tiefen religiösen Überzeugungen durchdrungen war. Zu seinen persönlichen Freunden und Ratgebern zählten Albert Schweitzer, Martin Buber und St. John Perse.

* 29. Juli 1905 in Jönköping

† 18. September 1961 bei Ndola (Nordrhodesien, heute Sambia) abgestürzt

1933–1936	Universität Stockholm
1936	Finanzministerium
1941	Präsident der schwedischen Staatsbank
1949	Unterstaatssekretär
1951–1953	Staatsminister ohne Portefeuille
1953	Wahl zum UN-Generalsekretär
1957	Amtszeit verlängert

Werke

Zeichen am Weg (1965)

Édouard Herriot

Édouard Herriot, Sohn eines Offiziers, startete eine ganz bürgerliche Karriere, er wurde Gymnasialprofessor für Philosophie in Lyon. Doch wie bei vielen anderen veränderte die Affäre Dreyfus sein Leben, er entschied sich, in die Politik zu gehen, und schloss sich den Radikalsozialisten an. 1905 wurde er zum Bürgermeister von Lyon gewählt und übte dieses Amt über einen Zeitraum von 30 Jahren aus. Es waren vor allem seine großartigen kommunalpolitischen Leistungen, die ihm zu einer ungeahnten Popularität verhalfen. Seine Gefolgschaft und seine Wähler waren kleine Leute, Lehrer und Aufsteiger. Nachdrücklich trat er für einen laizistischen Staat ein. 1912 wurde er in den Senat gewählt, 1919 wechselte er als Abgeordneter des Departements Rhône in die Kammer. Während des Ersten Weltkrieges gehörte er dem Kabinett von Aristide Briand als Versorgungsminister an. In seiner langen Arbeitszeit in der Kammer war er mehrfach ihr Präsident, auch noch nach dem Zweiten Weltkrieg.

Als 1924 das Cartel des Gauches (Verband der Linken) unter Herriots Führung im Wahlkampf über die nationalistische Rechte einen Wahlsieg errang, bildete Herriot eine Regierung, die von den Sozialisten unterstützt wurde. Er selbst übernahm auch das auswärtige Ressort und drehte das Ruder der französischen Außenpolitik völlig herum. Der neue Grundsatz der Politik hieß kollektive Sicherheit: Alle hätten das Bedürfnis nach Sicherheit, daher müsse eine europaweite Offensive der Abrüstung erfolgen und zuvor Gesten des Vertrauens stattfinden, wie die Räumung des Ruhrgebiets von französischen Truppen oder die diplomatische Anerkennung der Sowjetunion, um sie in ein Vertragssystem hereinholen zu können. Insgesamt sollten internationale Schiedsgerichtsverfahren Konflikte bereinigen. Diese Politik hätte auch eine Aufwertung des Völkerbundes bringen können.

Doch Herriot scheiterte an den innenpolitischen Problemen: Frankreich befand sich trotz Reparationszahlungen in einer Währungskrise, für die er keine Strategien finden konnte und damit auch Hauptangriffspunkt des Großkapitals wurde: Er musste zurücktreten.

1926 scheiterte er als Regierungschef schon nach drei Tagen. Das nachfolgende Kabinett Raymond Poincarés sah ihn als Erziehungsminister, wobei er durch seine Teilnahme an dieser Regierung die eher konservative Währungsstabilisierung unterstützte. 1928 ging er wieder in Opposition, um 1932 abermals einen Wahlsieg zu erringen. Er bildete ein Kabinett, wurde aber wegen seiner deflationistischen Politik von den Sozialisten gestürzt.

In dieser Phase näherte sich Herriot der Rechten an und gehörte auch bis 1936, bis zum Sieg der Volksfront, allen konservativen Kabinetten als Minister ohne Geschäftsbereich an. Der Volksfrontregierung wollte er nicht angehören und verweigerte für seine Partei die Gefolgschaft. Sein Misstrauen war zu groß.

Seine Politik des Pendelns zwischen Rechts und Links wurde ihm vielfach zum Vorwurf gemacht, dafür gehörte er aber auch immer wieder den verschiedenen Kabinetten an. Letztlich führte seine Politik aber nicht aus der Krise, sie leitete eher eine Demobilisierung des politischen Bewusstseins ein, vor allem die Finanz- und Wirtschaftspolitik geriet in einen Zustand der zunehmenden Versteinerung.

Als die Vichy-Regierung an die Macht kam, wurde Herriot vor Gericht gestellt und 1944 nach Deutschland deportiert. Er überlebte diese schrecklichen Jahre, 1945 wurde er von sowjetischen Truppen befreit. Nach seiner Rückkehr nach Frankreich übernahm er wieder seine Funktion als Bürgermeister von Lyon, knüpfte wieder an seine Politik der 1930er-Jahre an. So gehörte er ab 1948 dem Europarat an, eine europäische Verteidigungsgemeinschaft lehnte er aber ab, weil er keine Wiederbewaffnung Deutschlands wollte. In Würdigung seiner zahlreichen literarischen Arbeiten wurde er 1946 zum Mitglied der Académie Française gewählt.

* 5. Juli 1872 in Troyes

† 26. März 1957 in Lyon

1905	Bürgermeister von Lyon
1912	Senat
1919	Abgeordneter der Kammer
1916–1917	Minister für Versorgung
1924–1925	Ministerpräsident
1926	Ministerpräsident für drei Tage
1926–1928	Unterrichtsminister
1932	Ministerpräsident
1936–1940	Präsident der Kammer
1947–1954	Präsident der Kammer
1948	Wahl in den Europarat

Werke (Auswahl)

Madame Récamier et ses amis (1904, Madame Récamier und ihre Freunde)

Précis de l'histoire des lettres françaises (1905, Eine kurze Geschichte
    der französischen Literatur)
Beethoven (1930)
Vereinigte Staaten von Europa (1930)
La France dans le monde (1933, Frankreich in der Welt)
Jacobins et moderés (1937, Jakobiner und Gemäßigte)
Sanctuaires (1938, Heiligtümer)
Aux source de la liberté (1939, Am Ursprung der Freiheit)
Études Françaises (1950, Französische Übungen)
Épisodes 1940–1944 (1950)

Theodor Heuss

Der sehr populäre deutsche Bundespräsident Theodor
Heuss bleibt im Gedächtnis der Menschen seines Landes
als väterliches Staatsoberhaupt verankert. Seine grundsätzliche
Bescheidenheit und die klare Erkenntnis der eigenen Grenzen
machten ihn zu einer Leitfigur in seinem Amte. Immun gegen
jeden Geniekult legte er Maßstäbe für seine Nachfolger. Zweifellos wird die Historiografie ihn als einen Großen bezeichnen,
wie skeptisch er sich auch als Mitherausgeber der Dokumenta-
tion »Die großen Deutschen« über den Begriff »Größe« geäußert
hat. Sein Leben umfasst eine Epoche der deutschen Geschichte
von großer Spannweite. Heuss war eine in sich gefestigte Na-
tur, er umschrieb sein Verhältnis zu seinen Zeitläuften mit »tätig wirkend und trotzig leidend«, jedenfalls war er keiner, der
abseits stand.

Im Landstädtchen Brackenheim nahe Heilbronn geboren,
wuchs Heuss in Heilbronn in einem Elternhaus typischer Bildungsbürger auf. Großen Einfluss übte auf ihn der Vater aus,
der seinen Sohn in den Traditionen der 1848er-Revolution, an
der der Urgroßonkel aktiv teilgenommen hatte, unterwies. Im
Heuss'schen Elternhaus waren Demokratie und Freiheit nicht
bloße Bezeichnungen, sondern Werte, nach denen man lebte.
Der Schüler Heuss, der sich schon in sehr jungen Jahren journalistisch versuchte, fand in diesem Wertesystem einen lebens-
langen Halt, blieb aber auch immer aufgeschlossen für Neues in
Kunst, Literatur und Wissenschaft.

Nach dem Abitur studierte er in München und Berlin Nationalökonomie, ein Studienzweig, von dem er meinte, dass er den Fragen der Zeit entspräche. Aufmerksam für seine Umwelt suchte auch Heuss nach Lösungen der »sozialen Frage«, wie sie sich in den Zeiten der progressiven Industrialisierung darstellte. Von seinen akademischen Lehrern übte zweifellos der »Kathedersozialist« Lujo Brentano, Ordinarius in München vor dem Ersten Weltkrieg, den größten Einfluss auf ihn aus.

Nach dem Studium ging Heuss in den Journalismus und damit eigentlich auch in die Politik. Ab 1905 schrieb er bereits für Friedrich Naumanns Wochenschrift »Hilfe«. Naumann wurde der prägende Mensch seiner weiteren Laufbahn, der Pfarrer und nationalsoziale Politiker wurde für ihn die Begegnung seines Lebens. Er sagte später über Naumann, dass er ohne ihn »nicht wäre, was ich bin«. Die Verbindung von nüchternem Realismus und ethischer Haltung, die Entsprechung von Person und Sache faszinierten den jungen Heuss, der übrigens auch im Hause Naumann seine spätere Ehefrau Elly Knapp kennenlernte.

Nach wenigen Jahren, 1912, war Heuss Chefredakteur der »Neckar-Zeitung« in Heilbronn. In diesen Jahren präzisierte sich seine journalistische Arbeitsweise, aber auch sein weltanschauliches Denken. Heuss stand etwas links von der Mitte, war grundsätzlich kritisch eingestellt gegenüber dem preußischen Obrigkeitsstaat und seinem Drei-Klassen-Wahlrecht. Der Sozialdemokratie stand er durchaus mit Sympathie gegenüber. Seit 1907 engagierte er sich auch im »Deutschen Werkbund«.

Der Erste Weltkrieg und seine Folgen bedeuteten für ihn einen tiefen Einschnitt, er bezeichnete das Jahr 1918 als einen Zusammenbruch, eine Einschätzung, an der er ein Leben lang festhielt. Seine Begeisterung für die Weimarer Republik hielt sich in Grenzen, doch verteidigte er prinzipiell die Republik und versuchte diese – schreibend – zu festigen. Zeittypisch tat er dies mit großdeutschem Pathos, wie es uns heute völlig unverständlich erscheint. Das Heuss'sche Paradigmensystem beruhte auf den beiden Säulen von Demokratie und Nationalismus, die er sinnvoll verknüpfen wollte. Allein der Trend der Zeit lief anders, denn die beiden Begriffe entwickelten sich zu Gegensätzen.

Heuss hatte inzwischen einen guten Ruf als Publizist, er lehrte an der »Deutschen Hochschule für Politik« in Berlin und

hielt auch zahlreiche politische Reden. Er engagierte sich für die
Demokratische Partei und zog 1924 in den Reichstag ein. Vier
Jahre später verlor er sein Mandat. 1930 neuerlich in den Reichstag gewählt, wurde er Augenzeuge des rapiden Niederganges.
Schon zuvor hatte Heuss eine kluge und äußerst hellsichtige
Streitschrift mit dem Titel »Hitlers Weg« veröffentlicht, von der
er sich in späteren Jahren etwas distanzierte. Diese Schrift beweist aber auch, dass ein Mensch wie Heuss – und wahrscheinlich viele seiner Zeitgenossen – sich nicht vorstellen konnte, wie
weit Hitler gehen würde. So gab er noch 1933 seine Zustimmung zum Ermächtigungsgesetz und damit aber auch zu seiner
eigenen Beseitigung aus dem politischen Leben. Er verlor alle
seine politischen Ämter und Funktionen und konnte sich nur
mit Mühe als Journalist, ständig vom Schreibverbot bedroht,
über Wasser halten. Zu dieser Zeit verdiente seine Ehefrau als
Werbetexterin mehr als der renommierte Publizist.

Doch Heuss arbeitete unverdrossen weiter, er schrieb vor
allem Biografien und Porträts für die »Frankfurter Zeitung«.
Größere Arbeiten veröffentlichte er über Friedrich Naumann,
den Architekten Hans Poelzig, den Zoologen Anton Dohrn und
den Industriellen Robert Bosch. Seine Porträts erschienen nach
dem Zweiten Weltkrieg gesammelt unter dem Titel »Deutsche
Gestalten« und »Schattenbeschwörungen«.

Nach dem Ende des Zweiten Weltkrieges ging Heuss wieder
den Weg in die Politik und die Publizistik. Es entsprach wohl
kaum seinen Erwartungen, dass das Ziel die Präsidentenvilla
sein würde; er hoffte eher auf eine historisch-wissenschaftliche
Tätigkeit. Doch seine Lebenserfahrungen, sein hervorragender
Ruf als politischer Publizist machten ihn zum Mann der Stunde.
Zunächst wurde er Vorsitzender der Liberalen in Süddeutsch-
land, schließlich ab 1948 Parteichef der gesamten FDP.

In der unmittelbaren Nachkriegszeit, nämlich von September
1945 bis November 1946, wirkte er als Kultusminister in Baden-
Württemberg.

Neben einer Honorarprofessur an der Technischen Hochschule in Stuttgart fungierte er auch als Landtagsabgeordneter
und wurde schließlich in den Parlamentarischen Rat berufen,
der das Grundgesetz, die künftige Verfassungsordnung der
Bundesrepublik Deutschland, beriet. In diesem Gremium er-

warb er sich größten Respekt, er nahm auf fast alle Bereiche der Beratungen Einfluss: Klare politische Begriffe, Namensgebungen, ja einzelne Textpassagen verdanken ihre Ausformulierung dem Denken und auch dem Verhandlungsgeschick von Theodor Heuss. Neben dem Sozialdemokraten Carlo Schmid war es Heuss, der die Latte des politischen Diskurses angesichts der generellen Situation Deutschlands besonders hoch legte.

Daher schien es im Hinblick auf seine Respektabilität nur logisch, dass er 1949 bei den ersten Präsidentenwahlen von CDU, FDP und DP gemeinsam aufgestellt wurde, auch dank einer massiven Einflussnahme Konrad Adenauers, der mit Heuss eine sozialdemokratische Kandidatur verhindern wollte. Sein Wahlerfolg war nicht überwältigend, mit einer Mehrheit von nur 13 Stimmen konnte man von keinem großen Wahlsieg sprechen. Und doch wurde Heuss in kürzester Zeit der Präsident aller Deutschen, so dass seine Wiederwahl 1954 fast per Akklamation erfolgte. Heuss ließ sich nicht vom Amt formen, sondern er gestaltete das Amt – mit seiner klaren und gefestigten Art. Er behielt immer seine private Linie und gab dieser Funktion so einen sehr menschlichen statt einen abgehobenen Touch. Durch sein Beispiel lernten die Deutschen ein neues Verhältnis zu Politik und Demokratie. Von der Tagespolitik hielt sich Heuss grundsätzlich fern, nie ließ er sich auf eine Kraftprobe etwa mit Adenauer ein. Es war geradezu sein und des Staates Glück, dass er nicht besonders ehrgeizig, eher distanziert war und damit an der Staatsspitze für Ausgeglichenheit sorgte. Als Historiker dachte er in Zeitläuften, er respektierte das Kontinuum der Geschichte und verlor sich nicht in doktrinären Auseinandersetzungen. Er war sich darüber im Klaren und formulierte es auch immer wieder, dass sich Deutschland nach dem Zweiten Weltkrieg auf dem »schweren Weg der Selbstreinigung« befand, den das Land gehen müsste. Sein liberales Politikverständnis definierte er völlig eindeutig: »Die äußere Freiheit der vielen lebt aus der inneren Freiheit des Einzelnen.« Das Amt des Bundespräsidenten übte er bis 1959 aus.

* 31. Januar 1884 in Brackenheim bei Heilbronn

† 13. Dezember 1963 in Stuttgart

1912   Chefredakteur »Neckar-Zeitung«

1924–1928 Reichstag
1930–1933 Reichstag
1945–1946 Kultusminister in Baden-Württemberg
1949–1959 deutscher Bundespräsident

Werke (Auswahl)
Friedrich Naumann. Der Mann, das Werk, die Zeit (1937)
Anton Dohrn in Neapel (1940)
Justus von Liebig. Vom Genius der Forschung (1942)
Aufzeichnungen 1945–1947
Schattenbeschwörung. Randfiguren der Geschichte (1947)
Bilder meines Lebens. Nach den Erinnerungen 1905–1933
1848. Werk und Erbe (1948)
Robert Bosch. Leben und Leistung (1948)
Hans Poelzig. Das Leben eines deutschen Baumeisters (1948)
An die Jugend von Berlin (1949)
Deutsche Gestalten. Studien zum 19. Jahrhundert (1949)
Vorspiele des Lebens (Jugenderinnerungen, 1945 verfasst, 1953)
Friedrich Naumanns Erbe (1959)
Friedrich Naumann und die deutsche Demokratie (1960)
An und über Juden (1964)
Geist der Politik. Reden (1964)

BENITO GARCÍA JUÁREZ

Benito Juárez, Präsident und Diktator Mexikos, war vollblü-
tiger Indianer, ein wegen seiner Integrität höchst geachteter
Mann mit äußerst bescheidenem Lebensstil. Wegen seines Res-
pekts und der Sorge für den sogenannten kleinen Mann wurde
er oft mit seinem viel mächtigeren amerikanischen Amtskollegen Abraham Lincoln verglichen.

Juárez, der ursprünglich Priester werden sollte, studierte am
Oaxaca Institute of Arts and Sciences Jura und ergriff den Beruf
eines Rechtsanwaltes. Schon 1831 hatte er einen Sitz im Stadtrat von Oaxaca, 1841 wurde er Richter. Zwischen 1847 und 1852
verwaltete er als Gouverneur seinen Heimatstaat Oaxaca. Er
verschaffte sich einen bleibenden Ruf durch den Aufbau einer
hervorragenden Verwaltung.

1853 wurde er von Präsident Antonio López de Santa Ana verbannt, nach dessen Sturz bekleidete er die Posten des Justiz- und Erziehungsministers im liberalen Kabinett von Juan Alvarez. In dieser Phase kämpfte er gegen die Privilegien, die Kirche und Armee im Staate genossen. Als Justizminister konnte er die Sondergerichte, die für Kirche und Armee bestanden, eliminieren. Unter der Präsidentschaft von Ignacio Comonfort übte er das Amt des Vizepräsidenten und – wie in der Verfassung vorgesehen – des Obersten Richters aus. Er veranlasste die Kirche, große Teile ihres Grundbesitzes zu verkaufen. Damit wollte Juárez einen Mittelstand schaffen. 1857 wurde ein Verfassungskompromiss geschlossen, der jedoch sowohl bei Kirche und Armee als auch bei den Liberalen auf Widerstand stieß.

1858 übernahm Juárez nach dem Sturz von Comonfort automatisch die Präsidentschaft, sah sich aber einer großen Koalition seiner Gegner gegenüber, auch Konservative und Großgrundbesitzer verweigerten ihm die Gefolgschaft. Die Kassen des Staates waren leer. Eine seiner ersten Maßnahmen war die Erlassung eines zweijährigen Moratoriums für die Abdeckung von Auslandsschulden. Das Land stürzte für die nächsten drei Jahre in einen Bürgerkrieg, die Hauptstadt Mexiko wurde von den Konservativen gehalten, die Liberalen unter der Führung von Juárez residierten in Vera Cruz. In der Folge enteignete er den restlichen Grundbesitz der Kirche und verstaatlichte auch die Friedhöfe; Geburts- und Trauungsregister wurden staatlichen Behörden übertragen. Ziel war die gänzliche Trennung von Staat und Kirche. 1859 erreichte Juárez mit der Anerkennung seiner Regierung durch die Vereinigten Staaten einen großen politischen Erfolg. Ein Jahr später gelang es ihm, die Hauptstadt zu erobern und seine Gegner zu vertreiben. 1861 fanden im ganzen Land erstmals Präsidentenwahlen statt, bei denen Juárez im Amt bestätigt wurde.

Als sich das Ausland in die mexikanische Politik einmischte, brach der Bürgerkrieg jedoch erneut aus. Auslösendes Moment war, dass sich die Royalisten an den Kaiser der Franzosen, Napoleon III., gewandt hatten, der im Verein mit englischen und spanischen Truppen die Kandidatur des Habsburgers Maximilian von Österreich als Kaiser von Mexiko unterstützte. Nicht zuletzt war es auch die Furcht vor weiteren finanziellen Maßnahmen, die die ausländischen Mächte zum Eingreifen veranlasste.

Der legale Präsident Juárez wurde durch die fremden Truppen fast an die Nordgrenze seines Staates zurückgedrängt, es kostete viele Blutopfer, das Land wieder zurückzuerobern. Maximilian wurde gefangen genommen und im Juni 1867 in Querétaro standrechtlich erschossen. Schon zuvor hatten die Amerikaner die Franzosen gezwungen, das Land zu verlassen. Mit dem Tod Maximilians brach der Widerstand der Royalisten zusammen.

Für Juárez blieb für die nächsten Jahre die Aufgabe, ein von Krieg und bitterster Armut schwer gezeichnetes Land wiederaufzubauen. Um einige Fortschritte, vor allem auf wirtschaftlichem Gebiet, zu erzielen, musste er im Gegensatz zu seinen Idealen, nämlich einer demokratischen föderalistischen Republik, wieder zu diktatorischen Maßnahmen greifen. Ein wesentlicher Schritt im Geist des Liberalismus gelang ihm mit der rechtlichen Trennung von Staat und Kirche. Juárez war ein ehrlicher, aufrechter Mensch, der von vielen seiner Zeitgenossen sehr geschätzt wurde, für die Mexikaner wurde er zu einem nationalen Heros. Zweifellos litt er ein Leben lang unter den Vorurteilen, die man gegen ihn als Indio hegte. 1872 starb Juárez an einer Herzattacke.

* 21. März 1806 in San Pablo Guelatao (Oaxaca)
† 18. Juli 1872 in Ciudad de México
1831   Abschluss des Jurastudiums
1847–1852   Gouverneur von Oaxaca
1853–1855   Exil in New Orleans (USA)
1864–1867   Kampf gegen den Thronprätendenten Maximilian von Österreich

Wenzel Anton Dominik Graf Kaunitz-Rietberg

Der »große« Staatskanzler – so wurde er schon zu seinen Lebzeiten eingeschätzt – der maria-theresianischen Zeit war ein Sohn des mährischen Landeshauptmannes Maximilian Ulrich Graf Kaunitz und der Maria von Rietberg, die aus ostfriesischem Adel stammte. 1731 begab er sich zum Studium nach Leipzig und anschließend auf die in seiner Zeit übliche »grand Tour« für Menschen seines Standes. Diese Kavalierstour führte ihn durch Europa, er besuchte eine Reihe von deutschen Städten wie Berlin, Frankfurt und Köln, reiste nach Frankreich und Italien, wo er die Städte Rom, Florenz, Mailand, Neapel und Turin aufsuchte. Auf diesen Reisen lernte ein junger Mann die Welt kennen, musste sich bewähren, wurde vom europäischen Adel in Augenschein genommen und knüpfte erste Verbindungen, die für sein späteres Leben wichtig sein konnten. Schon früh entschied sich Kaunitz, nicht – wie für den zweitgeborenen Sohn vorgesehen – die geistliche Laufbahn einzuschlagen, und verzichtete auf die für ihn vorgesehene Domherrenstelle in Münster.

Er trat dafür 1735 in den Dienst des Reichshofrates und heiratete ein Jahr später Marie Ernestine Gräfin Starhemberg, mit der er in 13-jähriger Ehe sieben Kinder hatte, sechs Söhne und eine Tochter. 1741 entsandte ihn Kaiser Franz I. Stephan von Lothringen zu einer Mission nach Italien, 1744 bis 1748 war er Majordomus der Erzherzogin Maria Anna in den Niederlanden. 1748 wirkte er bereits federführend bei den Friedensverhandlungen in Aachen, nach dem Ende des Österreichischen Erbfolgekrieges. Österreich verlor Schlesien an Preußen, ein Verlust, den weder Maria Theresia noch Kaunitz je wirklich verschmerzten. Im Gegensatz zum Kaiser und auch zu Minister Friedrich August Harrach war er nicht bereit, diesen Verlust einfach hinzunehmen, auch weil er Preußen für gefährlich und unversöhnlich hielt. Schon damals plädierte Kaunitz dafür, das Bündnis Österreichs mit den Seemächten, also vor allem mit England, aufzugeben und vielmehr eine Annäherung an Frankreich zu versuchen, mit dem die Habsburger allerdings fast traditionell verfeindet waren. Er wollte dieses Bündnis, um offensiv gegen Preußen vorgehen zu können. Anfänglich konnte Maria Theresia dieser Idee nicht viel abgewinnen, auch war in Frankreich dafür noch keine Zustimmung zu erwarten.

So ging Kaunitz 1749 als Gesandter nach Paris, um vor Ort das »rapprochement« (Annäherung) an Frankreich weiter voranzutreiben. Doch noch blieb er erfolglos. Als er 1753 zurückkehrte, machte ihn Maria Theresia zum Staatskanzler und damit zum Chef der Außenpolitik. Der neue Mann am Ballhausplatz – damals hieß das heutige Bundeskanzleramt nach dem Amtsinhaber Palais Kaunitz – gewann das uneingeschränkte Vertrauen der Herrscherin und war nicht nur für die Außenpolitik verantwortlich, sondern auch für zahlreiche innere Reformen. Kaunitz, ein aufgeklärter Mann mit scharfem Intellekt, der seiner Herrscherin loyal diente, gab dem auswärtigen Dienst auch eine klar umrissene Struktur, das gesamte Ressort wurde verwaltungstechnisch neu gegliedert.

1756 endlich erreichte er sein Ziel, am 1. Mai dieses Jahres wurde eine Allianz mit Frankreich geschlossen, die eine völlige Veränderung der europäischen Bündnislage zur Folge hatte. Dieses »Renversement des alliances« hatte sich schon zuvor abgezeichnet. England und Frankreich standen in einem Kolonialkrieg in Nordamerika. Um seinen Rücken in Europa freizubekommen, hatte Großbritannien zum Schutze Hannovers – Großbritannien wurde vom Haus Hannover regiert – mit Preußen die Konvention von Westminster geschlossen. Das machte Frankreich geneigter, mit Österreich ein Bündnis einzugehen, besonders da die Marquise de Pompadour, die Mätresse König Ludwigs XV., österreichfreundlich war und einem solchen Bündnis mit Wohlwollen gegenüberstand. Russland und die Zarin Elisabeth schlossen sich dieser Koalition an, der Beitritt Sachsens wurde erwartet. Dem kam Preußens König Friedrich II. zuvor, indem er im August 1756 ohne Kriegserklärung Sachsen überfiel und damit den Siebenjährigen Krieg auslöste. Der Regensburger Reichstag beschloss sofort die Reichsbewaffnung und die Reichsexekution gegen Preußen, einer Ächtung entging Preußen, da die evangelischen Fürsten (corpus evangelicorum) dagegen stimmten. Auch Schweden schloss sich nun der antipreußischen Koalition an. Österreich hoffte auf eine Revision des Aachener Friedens, der Kriegsverlauf und siegreiche Schlachten ließen durchaus begründete Hoffnungen aufkommen, noch dazu als Großbritannien 1761 seine Subsidienzahlungen an Preußen einstellte, da es im Krieg gegen Frankreich in Nordamerika siegreich geblieben war. Doch der Tod von Zarin Elisabeth 1762 und der Seitenwechsel ihres Sohnes Peter, der Friedrich von Preußen bewunderte, veränderten die Kriegslage mit einem Schlag. Russland schloss mit Preußen Frieden, den auch seine Nachfolgerin – Peter wurde ermordet – Katharina, später die Große genannt, einhielt. So sah sich Österreich gezwungen, den Frieden von Hubertusburg zu schließen, der keinerlei Veränderung des Status quo brachte – Preußen behielt Schlesien. In dieser Situation erwies sich Kaunitz als Realpolitiker, der zum Frieden riet, und als Taktiker, da er kalkulierte, mit Preußen eine konzertierte Russlandpolitik führen und dadurch Konzessionen in der Schlesienfrage erreichen zu können. Preußen war aber nicht zur Kooperation bereit, daher kam es zu einer Annäherung an Russland, eine Politik, die Kaiser Joseph II., Maria Theresias Sohn, sehr favorisierte. Nach dem Tod Maria Theresias 1780 blieb Kaunitz unter Kaiser Joseph II. noch im Amt, und auch unter Kaiser Leopold II. versah er seine Ämter. Als jedoch Kaiser Franz II. diesem nachfolgte, quittierte Kaunitz, immerhin im Alter von 81 Jahren stehend, 1792 den Dienst.

Kaunitz' Persönlichkeit wird gerne in einer etwas eigenartigen Schizophrenie dargestellt – auf der einen Seite als der große Machtpolitiker, auf der anderen als der mimosenhafte, stets kränkelnde und auch etwas hypochonderhaft wirkende Adelige. Kaunitz war ein aufgeklärter Absolutist, der eine große Vorliebe für die französische Kultur hegte. Er schwärmte geradezu für Voltaire, liebte Molière, war ein bedeutender Kunstsammler, er förderte den jungen Mozart, las aber auch Adam Smith. Papst Pius VI. nannte ihn wohl einen Ketzer, aber er war kein Radikaler, er war wahrscheinlich nicht einmal Freimaurer. Das beste Verhältnis verband ihn sicherlich mit Maria Theresia, an ihrem Sohn störte ihn dessen Bewunderung für den Preußenkönig Friedrich II.

* 2. Februar 1711 in Wien
† 27. Juni 1794 in Wien
1731   Studium in Leipzig
1735   Reichshofrat
1741   Mission in Italien
1744–1748   in den Niederlanden
1748   Chefunterhändler des Friedens von Aachen
1749   Gesandter in Paris
1753   Ernennung zum Staatskanzler
1756   Bündnis mit Frankreich
1756–1763   Siebenjähriger Krieg
1792   Demission

MUSTAFA KEMAL
genannt ATATÜRK

Mustafa Kemal und die Jungtürkische Bewegung schufen die Türkei des 20. Jahrhunderts. Das Osmanenreich, im 19. Jahrhundert nur noch der »kranke Mann« Europas, war nach höchst erfolgreichen Eroberungszügen vom 15. bis zum 17. Jahrhundert auf ein gewaltiges Imperium angewachsen, das infolge seiner Größe und seiner Kulturunterschiede unregierbar geworden war. Bereits im 19. Jahrhundert begannen am Balkan – auf Kosten des Osmanenreiches – Nationalstaaten zu entstehen. Die regierende Dynastie war jedoch nicht in der Lage, diese Entwicklung zu stoppen – im Lande wuchs die Unzufriedenheit, vor allem in den Kreisen der Armee.

Mustafa Kemal, ein junger Offizier, der 1902 an der Kriegsakademie seine Ausbildung beendet hatte, gehörte wie viele junge aufstrebende Männer zu jener Gruppe, die mit dem verfassungsfeindlichen Regime von Sultan Abdul Hamid II. haderte. 1905 gründete er in Damaskus einen militärischen Geheimbund, der später mit der in Saloniki entstandenen Jungtürkischen Bewegung fusionierte. 1908 beteiligte sich Kemal an einem Aufstand, der im April zur Absetzung des Sultans führte. An seine Stelle trat Mustafa V. Reschid, der Reformen versprach.

Kemal kämpfte in der Folge in Nordafrika gegen die Italiener, im Ersten Weltkrieg kommandierte er zuletzt eine Heeresgruppe. Nach dem Ende des Krieges schied er aus der Armee, weil er die panislamischen Ziele eines Enver Pascha ablehnte. Deshalb galt er den Engländern, die weite Territorien des Osmanischen Reiches besetzt hielten, als unverdächtig und wurde nicht – so wie viele andere – in Malta interniert. 1919 wurde er zum Generalinspekteur eines Truppenkontingents ernannt, das Unruhen niederschlagen sollte. Dabei drang Kemal auch ins Innere Anatoliens vor und lernte dort die Meinung der Bevölkerung kennen: Die Menschen waren im Allgemeinen über die Besetzung großer Teile des ehemaligen Osmanischen Reiches durch alliierte und griechische Truppen empört.

Kemal nützte diese Stimmung aus und bildete im September 1919 eine nationale Gegenregierung, im April 1920 ließ er sich in Ankara, der künftigen Hauptstadt, zum Vorsitzenden einer Nationalversammlung wählen.

Im August 1920 wurde in Sèvres der Friedensvertrag mit der Türkei geschlossen, den die Bevölkerung durchgehend ablehnte, und der Vertrag wurde vom noch amtierenden Sultan nicht ratifiziert. All dies war Wasser auf die Mühlen Kemals. Bis 1922 gelang es ihm, die Griechen, die in Kleinasien mit Hilfe der Alliierten einen Kleinkrieg führten, zu vertreiben. Kemal, der inzwischen die Sultansherrschaft beseitigt hatte, wurde 1923 zum Staatspräsidenten gewählt – er blieb es auf Lebenszeit.

Im selben Jahr schloss die junge Republik Türkei, die inzwischen durch die Gebietsverluste des Ersten Weltkrieges ein national homogenes Land geworden war, nach der Beendigung der Kämpfe in Kleinasien mit Griechenland den Vertrag von Lausanne, der einen Bevölkerungsaustausch vereinbarte.

Außenpolitisch stützte sich Kemal nach einem kurzen Liebäugeln mit der Sowjetunion doch lieber auf England und Frankreich, die beide Unterstützung gegen die russischen Begehrlichkeiten auf die Meerengen versprachen. Im 1936 geschlossenen Vertrag von Montreux erkannten die Westmächte die volle türkische Souveränität über die Meerengen an.

Kemals größtes Verdienst aber waren die innenpolitischen Reformen, er zwang das Land zu einer raschen Modernisierung und Europäisierung. Die Türkei wurde ein laizistischer Staat, in dem die Armee als Garant für die Stabilität des Staates wirkte. Das Tragen des Fez wurde in der Öffentlichkeit verboten, die Frauen trugen keinen Schleier mehr – was den Beginn einer groß angelegten Frauenemanzipation bedeutete. Frauen erhielten weiterhin das Wahlrecht, ihre Teilnahme am Wirtschaftsleben wurde vom Staat ermöglicht. Die gesamte Ordnung des Staates wurde auf den Kopf gestellt, statt der Freitagsruhe wurde – wie in Europa üblich – der Sonntag zum Ruhetag. 1926 wurde die christliche Zeitrechnung eingeführt, zwei Jahre später das arabische Ziffernsystem und das lateinische Alphabet. Gerade Letzteres bedeutete auch kulturell einen tiefen Einschnitt, denn die junge Generation lernte die alte Schrift nicht mehr und konnte daher die Dokumente der Vergangenheit nicht lesen. Das gesamte Schulwesen wurde einer tief greifenden Reform unterzogen.

Opposition kam vonseiten der islamischen Geistlichkeit, die sich aus dem öffentlichen Leben eliminiert sah, und von großtürkischen Kreisen. Tatsächlich war Kemals Beschränkung auf einen türkischen Nationalstaat eine maßvolle und kluge Entscheidung.

1924 sorgte er für die Abschaffung des Kalifats, das heißt, dass die Herrscherfamilie der Osmanen als endgültig abgesetzt erklärt wurde, sie musste das Land verlassen. 1925 kam es in Ostanatolien zu einem Kurdenaufstand, den Kemal mitleidlos und blutig niederschlagen ließ.

Nach seinem Tod 1938 blieben viele seiner Reformen bestehen, der seit etwa 1934 übliche Beiname »Atatürk«, der so viel wie Vater der Türken bedeutet, wurde ihm sicherlich zu Recht verliehen. Die moderne Türkei verdankt ihm ihre gesamte staatliche Struktur. Sein Regierungssystem war allerdings nicht gänzlich parlamentarisch, sondern eher autoritär.

* 1880 (?) in Saloniki
† 10. November 1938 in Ankara

1902	Abschluss der Kriegsakademie
1908	Teilnahme am Aufstand der Jungtürken
1920	Vorsitzender der Nationalversammlung
1920	Friedensvertrag von Sèvres
1923	Staatspräsident

1923	Vertrag von Lausanne
1924	Abschaffung des Kalifats
1936	Vertrag von Montreux

JOHN FITZGERALD KENNEDY

John F. Kennedy, Symbolfigur der 1960er-Jahre für einen neuen Stil in der Politik, ein charismatischer Politiker, der vor allem junge Menschen zu begeistern vermochte, war nicht lange genug Präsident, um in dieser Funktion nachhaltige politische Taten durchzusetzen. Doch es gelang ihm, ein politisches Klima herzustellen, das für ihn und seine Ideen mit Hilfe der Medien durchwegs positiv aufgeladen war. Er war ein ungewöhnlicher Mann, der eine ungewöhnliche und dennoch konsequent geplante Karriere absolvierte.

Kennedys Vater war Geschäftsmann, der es zu einem beachtlichen Vermögen gebracht hatte, und Diplomat, der ab 1937 aus London berichtete. Er gehörte zu jenen Amerikanern, die einen Kriegseintritt der USA ablehnten. Kennedys Urgroßeltern waren Mitte des 19. Jahrhunderts aus Irland nach Amerika eingewandert und hatten sich in Boston niedergelassen. In den 1920er-Jahren siedelte die katholische Familie nach New York über.

Der zweitälteste Sohn John Fitzgerald – Kennedy hatte noch acht Geschwister – studierte Staats- und Wirtschaftswissenschaften in London, Princeton und Harvard. Schon die Auswahl der Universitäten mit ihrem gesellschaftlichen Umfeld war höchst exklusiv. Den Aufenthalt an der London School of Economics musste Kennedy wegen einer Erkrankung abbrechen, ebenso das Studium in Princeton. Erst das Studium in Harvard führte zu einem Abschluss. Der Titel seiner Diplomarbeit lautete: »Appeasement in München: Das zwangsläufige Ergebnis der Langsamkeit der britischen Demokratie bei der Abkehr von der Politik der Abrüstung«. Diese Arbeit erschien unter dem Titel »Why England slept« als Buch und wurde ein Bestseller.

Während des Studiums unternahm Kennedy Reisen nach Europa, die ihn nach England, Frankreich und Italien führten, er besuchte auch Deutschland, Polen und Russland. Zu seinem 21. Geburtstag erhielt John F., wie alle anderen seiner Geschwister, ein Treuhandvermögen von einer Million Dollar. Nach Harvard begann er noch in Stanford Betriebswirtschaft zu studieren, brach das Studium aber vorzeitig ab.

1941 beim Kriegseintritt Amerikas ging er zur US-Marine, arbeitete beim Marine-Nachrichtendienst in Washington und erfuhr 1942 seine Ausbildung in Charleston für den Einsatz auf See. Im März 1943 übernahm er das Kommando des Schnellboots PT 109. Fünf Monate später wurde das Boot von einem japanischen Zerstörer versenkt, die Mannschaft jedoch gerettet. Durch hymnische Presseberichte über dieses Ereignis wurde Kennedy erstmals landesweit bekannt.

Nach dem Tod seines älteren Bruders, der bei einem Flugzeugabsturz ums Leben gekommen war, rückte der Zweitälteste nach, um die hochfliegenden politischen Pläne des Vaters zu verwirklichen. Nach Kriegsende berichtete er für die Hearst-Presse von der Gründungsversammlung der Vereinten Nationen aus San Francisco, über die Potsdamer Konferenz und die britischen Parlamentswahlen. Doch eine neuerliche Erkrankung erzwang seine Rückkehr in die Vereinigten Staaten.

Kennedys politische Karriere erfolgte in klug überlegten Schritten: Ende 1946 bewarb er sich für die Demokaten um einen Sitz im Repräsentantenhaus, 1952 kandidierte er für den Staat Massachusetts für den Senat, und er erreichte auf Anhieb einen Wahlsieg gegen Cabot Lodge. Die ganze Familie war im Wahlkampf aktiv, die Damen der Familie gaben »Kennedy teas« zu seiner Unterstützung, Bruder Robert organisierte den Wahlkampf.

Im Sommer 1947 wurde bei Kennedy während einer Englandreise Morbus Addison festgestellt, ein Versagen der Nebennierenrinde, eine Krankheit, die er während seiner gesamten Amtszeit verschwieg. 1953 heiratete er Jacqueline Bouvier, die ebenfalls aus einer katholischen Familie stammte, allerdings nicht aus hohem französischen Adel, wie vielfach behauptet wurde. Aus dieser Ehe stammen zwei Kinder, ein drittes starb kurz nach der Geburt.

Kennedys politische Schwerpunkte im Senat waren die Außenpolitik, die Arbeitsgesetzgebung und der Kampf gegen die Korruption in den Gewerkschaften. Immer wieder verlangte er Unterstützungen für die noch jungen Nationen in Afrika und

Asien. Frankreich forderte er auf, Algerien in die Unabhängigkeit zu entlassen.

In den Jahren 1954/55 machte er eine schwierige gesundheitliche Phase durch: Kennedy musste sich zwei Rückenoperationen unterziehen, in dieser Zeit arbeitete er an seinem Buch »Zivilcourage« (Profiles in Courage), das den Pulitzerpreis erhielt. 1956 setzte er beim Demokratischen Parteitag die Kandidatur Adlai Stevensons durch, scheitert aber selbst als Kandidat für die Vizepräsidentschaft.

Im Januar 1960 gab er seine Kandidatur für die Präsidentschaft bekannt und wurde im Juli als Kandidat der Demokraten nominiert. Sein Wahlkampfslogan lautete: »Let's get this country moving again.« Zuvor hatte er schon zahlreiche Artikel über seine Arbeit, über seine Familie und seine politischen Ziele in der Presse lanciert. Nachdem er als Katholik die Primary-Wahl in Westvirginia, einer protestantischen Hochburg gewonnen hatte, nominierte er Lyndon B. Johnson als seinen Vizepräsidenten. Er errang einen nur knappen Sieg über Richard Nixon, mit dem er im Wahlkampf erstmals insgesamt vier Auseinandersetzungen via Fernsehen geführt hatte.

Am 20. Januar 1961 wurde er als 35. Präsident der Vereinigten Staaten und als erster Katholik in diesem Amte vereidigt. In seiner Inaugurationsrede formulierte er einen Satz, der seitdem vielfach zitiert wurde: »And so, my fellow Americans, ask not what your country can do for you – ask what you can do for your country.« Dieser Satz gibt ein Lebensgefühl, eine Aufbruchstimmung wieder, die typisch für die Kennedy-Administration war. Seinen jüngeren Bruder Robert F. Kennedy berief er in das Amt des Justizministers. Die Möglichkeit, ein Familienmitglied ins Kabinett zu nominieren, wurde später ausdrücklich verboten.

Kennedy formte den Stil seiner politischen Auftritte nach modernen wissenschaftlichen Methoden, nichts wurde dem Zufall überlassen. Er umgab sich mit einem Pool von Intellektuellen (Harvard advisers), die mithalfen, neue Programme wie »New Frontiers« (neue Grenzen) zu formulieren. Für das US-Raumfahrtprogramm formulierte er das ehrgeizige Ziel, innerhalb eines Jahrzehnts Menschen auf den Mond zu bringen. Außenpolitisch setzte er auf die Option der friedlichen Koexistenz,

wenn er auch die von Exilkubanern unternommene und peinlich fehlgeschlagene Landung in der Schweinebucht guthieß,
die allerdings von seinem Amtsvorgänger Eisenhower mit Waffen und Material ausgerüstet worden war.

Im Mai 1961 begannen die sogenannten Freiheitsfahrten
schwarzer Bürgerrechtler, die sich noch immer diskriminiert
fühlten. Es kam zu schweren Rassenkrawallen, schließlich
wurde eine Präsidentenorder erlassen, die Rassendiskriminie-
rung im sozialen Wohnbau verhindern sollte. 1963 brachte er
ein Bürgerrechtsgesetz ein, das vor allem das Wahlrecht für
Schwarze sichern sollte. Durch öffentliche Auftritte und Fern-
sehreden kämpfte er weiter um die Gleichstellung der farbigen
Bevölkerung im öffentlichen Leben. Doch das von ihm einge-
brachte Gleichheitsgesetz wurde erst 1964 unter Präsident Lyndon B. Johnson beschlossen. Im August 1963 wurden nach dem
berühmten »Marsch auf Washington« von 200.000 Bürgerrecht-
lern, unter ihnen Martin Luther King, die Vertreter dieser Initiative im Weißen Haus empfangen.

Kennedy bemühte sich um Hilfe für die lateinamerikanischen Staaten, gründete etwa die Behörde für Entwicklungs-
hilfe (AID) und besuchte auch eine Reihe dieser Staaten, wie
Venezuela, Kolumbien und Puerto Rico, um sich vor Ort ein
Bild zu machen.

1961 kam es zu einem Gipfeltreffen mit Nikita Chruschtschow
in Wien, das atmosphärisch sehr gut ablief, in der Substanz aber
nichts brachte. Chruschtschow forderte mit seinem Berlin-Me-
morandum die Umwandlung Westberlins in eine entmilitarisierte und neutrale Stadt, was praktisch einer Einverleibung in
die DDR gleichgekommen wäre. Außerdem drohte der sowjetische Staatschef mit einem separaten Friedensvertrag für die
DDR. Amerika und die alliierten Partner lehnten dies ab, die
USA verstärkten nach dem Beginn des Mauerbaus ihre Trup-
penpräsenz in Westberlin.

In der Kubakrise, als es um die Stationierung sowjetischer
Mittelstreckenraketen auf Kuba ging, zeigte Kennedy Härte, er
drohte mit dem Einsatz atomarer Waffen und – er zeigte gute
Nerven: Er erzwang den Abzug der sowjetischen Raketen aus
Kuba.

1963 kam es zur Unterzeichnung des Atomteststoppvertrages

(Nuclear Test-Ban Treaty), zuvor war schon der sogenannte »Heiße Draht«, eine direkte Telefonverbindung zwischen Kennedy und Chruschtschow, installiert worden. Im Sommer 1963 besuchte Kennedy Großbritannien, Irland, Italien und Deutschland, auch Berlin. Bei diesem Anlass kam es am 15. Jahrestag der Berliner Luftbrücke zur Rede vor dem Schöneberger Rathaus, in der Kennedy erklärte: »Ich bin ein Berliner.«

Die Umstände von Kennedys Ermordung in Dallas sind nicht völlig geklärt, die offizielle Lesart aufgrund des Berichts der Warren-Kommission besagt, dass es die Tat eines Einzelgängers, nämlich Lee Harvey Oswalds war, der seinerseits zwei Tage später ermordet wurde. Gerüchte über eine Verstrickung von Geheimdiensten sind nie verstummt.

Kennedys früher und tragischer Tod ließ einen Mythos um seine Person entstehen, er wurde zum Symbol für die Hoffnungen einer ganzen Generation. Alle bisherigen Präsidenten waren aus der WASP-Gesellschaft gekommen, sie waren weiß, angelsächsisch und protestantisch. Er durchbrach dieses Schema. Es war sein neuer Politstil der gut geplanten Offenheit, etwa die zahlreichen Pressekonferenzen aus dem Oval Office, aber auch die Home Storys um seine Familie, um seine elegante Frau, die als Stilikone gefeiert wurde, der ihn völlig von seinen Vorgängern unterschied. Diese nach außen getragene Idylle, die keineswegs den Tatsachen entsprach, denn Kennedy hatte zahlreiche Affären, unter anderem mit Marilyn Monroe, sein Image des feschen, sportlichen Mannes in den besten Jahren – tatsächlich war er infolge eines Rückenleidens schwer krank und litt oft Schmerzen –, machen es noch immer schwer, ein konkretes Bild seiner Leistungen von seiner Medienerscheinung zu trennen. Zweifellos leistete Kennedy viel für die Beseitigung der Rassentrennung, auch seine Sozialgesetzgebung kann sich trotz der kurzen Amtszeit durchaus sehen lassen. Ob er außenpolitisch wirklich ein Optimum erreichte, bleibt dahingestellt.

* 29. Mai 1917 in Brookline (Mass.)

† 22. November 1963 in Dallas (ermordet)

1935	Studienaufenthalt in England
1936–1940	Studium in Harvard
1941	US-Marine

1947–1953 Repräsentantenhaus
1953   Heirat mit Jacqueline Bouvier
1953–1961 Senator
1960   Wahl zum US-Präsidenten

Werke

Zivilcourage (1956)
Dämme gegen die Flut (1961)
Glanz und Bürde (1964)
Der Weg zum Frieden (1964)

JOMO KENYATTA

Jomo Kenyatta, erster Ministerpräsident der unabhängigen Republik Kenia, hieß ursprünglich Kamau wa Ngengi. Sein Geburtsjahr ist nicht sicher bestimmt – es liegt zwischen 1889 und 1895, den Namen Kenyatta nahm er erst später an. Er lebte mit seinen Eltern im Dorf Ng'enda im Kiambu-Distrikt und blieb dieser dörflichen Herkunft ein Leben lang verbunden. Viele seiner späteren Mitstreiter und politischen Vertrauten kamen aus Kenyattas Heimatregion – alle zusammen spielten im politischen Establishment fast die Rolle eines Clans. Jomos Vater starb früh, die Mutter heiratete danach traditionell den jüngeren Bruder des Vaters, doch diese Ehe, der ein Stiefbruder entstammte, hatte nur kurzen Bestand. Auch die Mutter verstarb in jungen Jahren – deshalb zog Kamau zu seinem Großvater, einem Medizinmann und Wahrsager.

Ab 1909 erhielt er als neues Mitglied der »Church of Scotland Mission« eine Grundschulausbildung und erlernte das Schreinerhandwerk, das er ab 1912 als Beruf ausübte. Ein Jahr später wurde er im Zuge einer rituellen Beschneidung in die Mebengi-Altersklasse des dortigen Stammes aufgenommen.

Wohl beeinflusst durch seine Schulerlebnisse, ließ er sich im Sommer 1914, kurz vor Ausbruch des Ersten Weltkrieges, christlich taufen und wählte den Namen John Peter Kamau. Er fand Arbeit auf einer Sisalfarm bis zu einer schweren Erkrankung 1916. Nach seiner Genesung 1917 floh er aus seiner Provinz ins Massai-Land zu Verwandten, um sich dem britischen Militärdienst zu entziehen – denn die Briten bekämpften mit kenianischen Soldaten deutsche Einheiten in Tanganjika. Kamau arbeitete wieder für einen Bauunternehmer, wandte sich dann aber nach Nairobi, wo er eine Anstellung in einem Laden fand. In der Stadt bot sich ihm die Möglichkeit, eine Abendschule zu besuchen. Ein Jahr nach dem Ende des Ersten Weltkrieges ging er seine erste Ehe ein – zunächst eine traditionelle Eheschließung, später eine Ziviltrauung.

1924 schloss er sich der schwarzen Interessengruppe Kikuyu Central Association (KCA) an, die für Landrückgabe, Steuerreduzierung und hergebrachte Traditionen, wie das Beschneiden der Mädchen, kämpfte. Ein Jahr später richtete er sich einen kleinen Laden ein, der ein Anlaufpunkt für Schwarze wurde. Er interessierte sich immer mehr für Politik, in der KCA wurde seine Stimme öfter gehört, auch weil er über wertvolle Englischkenntnisse verfügte. 1928 wurde seine erste Tochter geboren, die später ebenfalls in die Politik ging und schließlich Oberbürgermeisterin von Nairobi wurde. Im selben Jahr begann er mit der Herausgabe der Wochenzeitung »Muigwithania« (Der Versöhner), die die Anliegen der KCA verbreitete. Entscheidend für seine weitere politische Laufbahn wurde ein Aufenthalt in England, wo er im Auftrag der KCA vor dem Colonial Office Klage erheben sollte. Gemeinsam mit einem Inder reiste er nach London, wo sie beide ihre jeweiligen Anliegen vertraten. Kamau publizierte in englischen Blättern, seine Artikel standen unter dem Generalthema: »Gebt uns unser Land zurück!« Während dieses Europaaufenthaltes besuchte er auch Moskau.

Zurückgekehrt nach Mombasa, arbeitete er in einer Schule für schwarzafrikanische Kinder, in der auch Englisch unterrichtet wurde, was keineswegs im Interesse der weißen Siedler lag. Inzwischen erhob er auch seine Stimme gegen die Genitalverstümmelung der Mädchen. Während eines neuerlichen Besuchs in Europa, bei dem er im Colonial Office nicht vorgelassen wurde, schrieb er sich an einem Quäker-College in Birmingham ein. Im Anschluss wieder in Russland, studierte er mit Unterstützung eines radikalen Westinders in Moskau Ökonomie. Ein Jahr später kam er wieder nach London und studierte zwischen 1934 und 1938 an der London School of Economics, arbeitete an einem Wörterbuch der Kikuyu-Sprache mit und hörte Vorlesungen zu Anthropologie. Er schrieb zahlreiche Artikel und hielt Vorträge über sein Land.

1938 wurde seine Doktorarbeit mit dem Titel »Facing Mount Kenya« bereits unter seinem neuen Namen Kenyatta publiziert. Während des Zweiten Weltkriegs brachte er sich als Farmarbeiter durch. 1942 heiratete er eine Britin, die er später wieder verließ, als er nach Kenia zurückkehrte.

1945 organisierte Kenyatta einen Weltgewerkschaftskongress in London und einen panafrikanischen Kongress in Manchester. Tenor dieser Treffen war: »Afrika den Afrikanern!« Ein Jahr später gründete er mit Kwame Nkrumah, dem späteren Staatspräsidenten von Ghana, die Pan-African Federation. Wieder kehrte er nach Afrika zurück, heiratete ein drittes Mal und wurde Präsident der Kenya African Union (KAU). Inzwischen spitzte sich die Lage im Land zu, die weißen Siedler trauten ihm nicht, in der KAU standen sich zwei divergierende Standpunkte unversöhnlich gegenüber: die Realpolitiker, zu denen Kenyatta gehörte, und unversöhnliche Radikale, aus denen sich später die Mau-Mau-Bewegung formierte. Kenyatta bereiste in den folgenden Jahren das Land, hielt Reden und versuchte, seine Landsleute zu überzeugen, dass nur mit harter Arbeit etwas zu erreichen wäre. Gleichzeitig forderte er von der Kolonialmacht Großbritannien die Unabhängigkeit Kenias innerhalb von drei Jahren. 1951 kam es zu ersten Verhandlungen Kenyattas mit James Griffiths, dem Staatssekretär für Kolonialangelegenheiten. Gleichzeitig startete die Mau-Mau-Bewegung ihren Kampf für die Unabhängigkeit des Landes. 1952 wurde von der Kolonialregierung der Ausnahmezustand verhängt, zahlreiche afrikanische Politiker, darunter auch Kenyatta, wurden verhaftet. 1953 kam es nach einem zweifelhaften Verfahren zu seiner Verurteilung wegen Anführerschaft des Mau-Mau-Aufstandes. Nach einem Jahr wurde Kenyatta wieder freigelassen, aber an einen entlegenen Ort verbannt, wohin ihm seine inzwischen vierte Ehefrau folgte. 1960 erfolgte eine weltweit organisierte Petition für die Freilassung der politischen Gefangenen, Kenyatta wurde in Abwesenheit von der Kenya African National Union (KANU) zum Präsidenten gewählt. Im Sommer 1961 wurde er endlich freigelassen. 1963 gelang ihm mit seiner Partei KANU ein großartiger Wahlsieg, er eroberte 83 von 124 Wahlkreisen.

Nun war Kenyatta Premierminister und versuchte, die weißen Siedler zu überzeugen, im Lande zu bleiben. In seiner Administration stützte er sich auf weiße Beamte und enteignete kein
weißes Land. Siedler, die Kenia verlassen wollten, wurden mit
Hilfe Großbritanniens entschädigt. Das Land wurde von reichen
schwarzen Familien aufgekauft, die im Volksmund »Wabenzi«
(Fahrer von Mercedes-Autos) genannt wurden. Im Dezember
1964 wurde Kenyatta schließlich zum Präsidenten der Republik
Kenia bestellt. Die folgenden Jahre waren von innenpolitischen
Krisen und Auseinandersetzungen zwischen Kikuyu und Luo,
aber auch von Grenzkonflikten mit Somalia gekennzeichnet.
1970 erfolgte Kenyattas Vereidigung für eine zweite Amtszeit.
Langsam fasste das Land Tritt, die Wirtschaft kam ein wenig in
Gang, vor allem der Tourismus blühte. Das Leben der armen Be-
völkerung änderte sich allerdings kaum. Politische Morde und
Aufstände radikaler Gruppen bestimmten den Alltag. Im Som-
mer 1978 starb Kenyatta hochbetagt nach einem Herzinfarkt.

Von seinem Volk und seiner Nation wird Kenyatta als »Vater der Nation« verehrt, im höheren Alter pflegten ihn die Menschen mit »Mzee«, der Ehrwürdige, anzusprechen. In seiner
Person fand der Unabhängigkeitskampf afrikanischer Nationen
ein Symbol. Kenyatta stand aber auch für Clanwirtschaft, für
Intoleranz gegenüber Andersdenkenden und für die Ignoranz
gegenüber den großen sozialen Problemen der armen Massen.

* 20. Oktober 1893 (?) in Ichaweri
† 22. August 1978 in Mombasa

1909	Besuch der Grundschule
1912	Schreinerlehre abgeschlossen
1914	christliche Taufe
1919	Heirat mit Grace Wahu
1924	Beitritt zur KCA (Kikuyu Central Association)
1934–1938	Studium in London
1938	Publikation seiner Doktorarbeit
1942	Heirat mit Edna Clarke
1945	Kongresse in London und Manchester
1946	Gründung der Pan-African Federation
1953	Verurteilung
1961	Freilassung

HELMUT KOHL

Der Kanzler der deutschen Wiedervereinigung war vor seiner Übersiedlung in das Bonner Kanzleramt höchst erfolgreicher Ministerpräsident von Rheinland-Pfalz, wo er eine umfassende Verwaltungsreform in die Wege leitete.

Kohl stammt aus einem kleinbürgerlichen, doch liberalen katholischen Elternhaus, sein Vater war Obersekretär beim Finanzamt. Er hatte zwei Geschwister, sein älterer Bruder fiel im Zweiten Weltkrieg. Noch vor Kriegsende absolvierte er ein Wehrertüchtigungslager und war auch Kinderlandverschickter.

1945 begann er eine Landwirtschaftslehre in Unterfranken, doch schon ein Jahr später besuchte er wieder das Gymnasium in Ludwigshafen. Er war ein ziemlich mittelmäßiger Schüler, vor allem in Mathematik, in den Fächern Deutsch und Geschichte brillierte er. Nach dem Abitur ging er an die Universität Frankfurt, um Geschichte, Philosophie und Politik zu studieren. Während seines Studiums arbeitete er als Werkstudent, und zwar als Steinschleifer bei BASF. In Heidelberg erhielt er die Möglichkeit, am politischen Seminar des Alfred-Weber-Instituts mitzuarbeiten. 1958 wurde er nach Fertigstellung seiner Dissertation mit dem Titel »Die politische Entwicklung in der Pfalz und das Wiedererstehen der politischen Parteien nach 1945« zum Doktor phil. promoviert.

Schon im Alter von 17 Jahren war er in Ludwigshafen der CDU beigetreten und war auch Mitbegründer der Jungen Union. Sehr bald stellte sich seine politische Begabung heraus. Ein Jahr nach seiner Promotion wurde er in den Landtag von Rheinland-Pfalz gewählt, dem er bis 1976 angehörte. Vier Jahre später wurde er CDU-Fraktionsführer.

1958/59 arbeitete er als Direktionsassistent bei einer Ludwigshafener Eisengießerei, dann als Referent beim »Industrieverband Chemie«, wo er bis 1969 blieb. Schon 1960 hatte er die Diplomdolmetscherin Hannelore Renner geheiratet.

Kohls politische Laufbahn ging stetig voran, 1966 wurde er Landesvorsitzender der CDU in Rheinland-Pfalz und im selben Jahr Mitglied des Bundesvorstandes der CDU. 1969 trat er sein erstes großes politisches Amt als Ministerpräsident von Rheinland-Pfalz an. Zunächst regierte er mit den Liberalen in einer Koalition, doch 1971 erreichte er bei den Landtagswahlen die absolute Mehrheit und bildete eine Alleinregierung. Gemeinsam mit Heiner Geißler leitete er ein umfangreiches Reformprogramm ein. Vor allem die Gebiets- und Verwaltungsreform war höchst erfolgreich. Aus ursprünglich 3000 Gemeinden wurden 200 Verbandsgemeinden geformt, was zu einer beachtlichen Verwaltungsvereinfachung führte, und durch die Kompetenzverlagerungen von oben nach unten wurde die Verwaltung auch bürgernäher. Auch das Sozial- und Gesundheitswesen des Landes Rheinland-Pfalz wurde sichtlich zur Zufriedenheit der Wähler reformiert.

Durch seinen Wahlerfolg von 1971 animiert, meldete er seine Kandidatur für den CDU-Parteivorsitz an, unterlag aber Rainer Barzel. Doch zwei Jahre später war es so weit – Kohl wurde Bundesvorsitzender der CDU und zwei Jahre später Kanzlerkandidat der Partei für die Wahl von 1976. Sein Amt als Ministerpräsident von Rheinland-Pfalz hatte er gleichzeitig aufgegeben. Doch zu diesem Zeitpunkt konnte er Helmut Schmidt von der SPD noch nicht verdrängen. Er wurde aber Fraktionsführer der CDU im Bundestag. Ende 1976 kam es zur Aufkündigung der Fraktionsgemeinschaft mit der CDU durch die CSU, eine Intrige, die von Franz Josef Strauß angezettelt wurde. Kohl warf sein ganzes politisches Gewicht in die Waagschale und drohte der CSU mit einer eigenen bayerischen CDU, Strauß musste nachgeben.

Vier Jahre später war wieder ein Kanzlerkandidat zu bestimmen, mit dem die Wahlen erfolgreich geschlagen werden sollten. Diesmal favorisierte Kohl den niedersächsischen Ministerpräsidenten Ernst Albrecht, doch dieser unterlag parteiintern Strauß von der CSU. Die Rechnung präsentierte der Wähler, die CDU erlitt eine herbe Niederlage. Kohl blieb Oppositionsführer und kritisierte als solcher vehement die Politik der sozialdemokratischen Regierung unter Helmut Schmidt. Über die Unionsparteien hinaus suchte Kohl in diesen Jahren nach einem strategischen Partner und fand ihn in Hans-Dietrich Genscher von den Freien Demokraten. Schließlich führte er im September 1982 konkrete Gespräche über eine mögliche Koalition mit den Freien Demokraten. Gemeinsam gelang es den beiden Fraktionsführern, Helmut Schmidt durch das Instrument des konstruktiven Misstrauensvotums – es wurde damals erstmalig erfolgreich in der Bundesrepublik angewandt – zu stürzen. Daraufhin wurde Kohl vom Deutschen Bundestag zum neuen Bundeskanzler gewählt, allerdings kam er in diese Funktion ohne die Zustimmung der Wähler. Um möglichst rasch eine Neuwahl zu erreichen, stellte er im Bundestag die Vertrauensfrage und erhielt – wie zuvor in den Fraktionen von CDU/CSU und Freien Demokraten vereinbart – keine Mehrheit. Mit diesem Trick war der Weg frei zu Neuwahlen. Kohls Kalkül ging auf, er konnte eine klare Wählerzustimmung erreichen und damit als gewählter Kanzler entschiedener, vor allem in der Außenpolitik auftreten.

Gerade auf dem Feld der Außenpolitik entwickelte der Historiker Kohl ein sehr eigenständiges Profil, das von den angestrebten Tugenden wie Pakttreue, Forcierung des Europagedankens und guter Nachbarschaftspolitik in Europa geprägt wurde. Noch vor den Neuwahlen hatte er sich eindeutig für den NATO-Nachrüstungsbeschluss ausgesprochen und besuchte anlässlich des 20-jährigen Jubiläums des deutsch-französischen Freundschaftsvertrages Frankreich. Einen Höhepunkt erlebten die guten Beziehungen zum Nachbarland, als Kohl gemeinsam mit François Mitterrand an den Trauerfeierlichkeiten für die Toten von Verdun teilnahm – der Katholik Kohl und der Sozialist Mitterrand standen Hand in Hand vor dem Denkmal der Toten beider Weltkriege. Eine eindrucksvolle Geste, die dem Selbstverständnis beider Politiker entsprach, aber auch Ausdruck ihrer Gemeinsamkeit in der europäischen Politik war. Nach der gewonnenen Wahl führte seine erste Auslandsreise in die Sowjetunion, um die gegenseitigen Beziehungen zu verbessern. Bei einem Staatsbesuch in Israel im folgenden Jahr ergaben sich eher Auseinandersetzungen wegen deutscher Waffenlieferungen an Saudi-Arabien. Ende 1984 besuchte Kohl die Volksrepublik China, um vor allem die wirtschaftliche Zusammenarbeit mit diesem erwachenden Wirtschaftsriesen zu intensivieren. Auf internationale Kritik stieß Kohl, als er anlässlich eines Staatsbesuches von US-Präsident Reagan an der Gedenkstätte in Bergen-Belsen und auf dem Soldatenfriedhof von Bitburg, wo auch Mitglieder der SS beigesetzt wurden, einen Kranz niederlegte.

Kohl, der markige Sprüche nicht scheute, war aber auch bereit, ein Urteil zu revidieren: Noch 1986 hatte er den sowjetischen Parteichef Michail Gorbatschow mit dem NS-Propagandaminister Goebbels verglichen und sich erst nach öffentlichen Protesten von seiner Aussage distanziert. Doch als es um die deutsche Wiedervereinigung im Frühjahr 1990 ging, versicherte er sich der Zustimmung Gorbatschows.

Innenpolitisch und in der Gunst der Wähler konnte sich Kohl länger halten als sein großes Vorbild Konrad Adenauer. Im März 1987 wurde er mit einer klaren Mehrheit für seine Koalition mit der FDP wiedergewählt, nach der Wahl 1991 wurde er der erste Kanzler des wiedervereinigten Deutschlands, ebenso siegte er 1995, in dem Jahr, da Europa des Endes des Zweiten Weltkrieges gedachte. Im Oktober 1996 hatte er bereits mit 5145 Amtstagen jeden seiner Vorgänger überrundet. Erst bei der Wahl 1998 wurde er nach 16 Jahren vom Volk abgewählt.

Unauflösbar mit Kohls politischer Karriere und seiner Person bleibt die deutsche Wiedervereinigung verknüpft. Sehr zielstrebig und die Gunst der Stunde erkennend, zögerte Kohl keine Sekunde: Als sich in der DDR die Grenzen öffneten, brach er abrupt einen Staatsbesuch in Polen ab und sprach auf einer Kundgebung in Berlin vor dem Schöneberger Rathaus. Allein damit war das Ziel abgesteckt: ein wiedervereinigtes Deutschland mit der Hauptstadt Berlin. Rasch einigt er sich mit Egon Krenz, sichert wirtschaftliche Hilfe zu, und in wenigen Tagen legt er dem Bundestag ein »Zehn-Punkte-Programm zur Überwindung der Teilung Deutschlands und Europas« vor, er trifft den DDR-Ministerpräsidenten Hans Modrow und unterstützt die ostdeutschen Schwesterparteien von CDU/CSU bei den bevorstehenden Wahlen. Ohne innezuhalten, setzt er raschest Schritt für Schritt für die Einheit, er schlägt der DDR die sofortige Währungsunion und eine gemeinsame Wirtschaftsreform vor. Die außenpolitischen Weichen waren zu diesem Zeitpunkt längst gestellt. Ein Jahr nach der Wende fanden die ersten gesamtdeutschen Wahlen statt, bei denen CDU/CSU 43,8 Prozent erreichten. Im August des nächsten Jahres wurde mit Eberhard Diepgen der »Hauptstadt-Vertrag« unterzeichnet, Berlin wird wieder die Hauptstadt von Deutschland. Spätestens bis zum Jahr 2000 sollte der Umzug von Regierung und Parlament sowie aller Dienststellen nach Berlin vollzogen sein.

In den Jahren nach der Wende fuhr Kohl einen Erfolg nach dem anderen ein: Mit Frankreich wird das Projekt eines gemeinsamen Armeekorps beschlossen, Deutschland beteiligte sich an der Überwachung des UN-Embargos gegen Restjugoslawien, mit Boris Jelzin wurde anlässlich des 50. Jahrestages des Kampfes um Stalingrad der Gedanke der Versöhnung und der Partnerschaft vertieft, auch mit dem tschechischen Regierungschef Václav Klaus kam es zur Vereinbarung einer deutsch-tschechischen Versöhnungserklärung. Und schließlich erfolgte 1997 die Einigung auf den Vertrag von Amsterdam, der eine wesentlich erweiterte Kooperation auf europäischer Ebene ermöglichte. Es war ein Weg auf den Höhen des Erfolgs, die Abwahl 1998 ein Absturz sondergleichen, den scheinbar nichts übertreffen konnte.

Doch 1999 stellte sich ein früherer CDU-Schatzmeister der Staatsanwaltschaft und sagte aus, dass 1991 eine Million D-Mark als Parteispende an die CDU gegangen sei. Kohl wies zunächst alle Anschuldigungen zurück – er hätte nichts gewusst. Schließlich musste er eingestehen, dass es eine doppelte Buchführung gab und tatsächlich Parteispenden geflossen waren. Die Namen der anonymen Spender weigerte er sich wegen eines gegebenen Ehrenwortes zu nennen. Gegen Kohl wurde ein Verfahren eröffnet, den Ehrenvorsitz der Partei legte er nieder. 2001 wurde das Ermittlungsverfahren gegen Kohl eingestellt, nachdem er aus eigenen Mitteln 300.000 D-Mark zurückbezahlt hatte. Schon 1986 hatte der grüne Abgeordnete Otto Schily gegen Kohl Strafanzeige wegen des Verdachts der Falschaussage vor den Untersuchungsausschüssen im Bundestag und im Mainzer Landtag in einer Parteispenden-Affäre erstattet. Doch die Koblenzer Staatsanwaltschaft stellte damals das Verfahren aus Mangel an Beweisen ein.

Das Denkmal Kohl, das durch die deutsche Wiedervereinigung in Glanz und Gloria erstrahlt war, erlitt durch diese eher kleinliche und unnötige Affäre schweren Schaden. 1988 war

Kohl gemeinsam mit seinem persönlichen Freund François Mitterrand mit dem Karlspreis der Stadt Aachen ausgezeichnet worden, 1998 erhielt er die höchste polnische Auszeichnung, den Weißen-Adler-Orden, für seine Verdienste um die deutsch-polnische Aussöhnung. Im selben Jahr beschlossen die Staats- und Regierungschefs Europas, Helmut Kohl zum Ehrenbürger Europas zu ernennen, eine Ehrung, die bisher nur Jean Monnet zuteil geworden war.

Der Katholik Kohl ist ein sehr humorvoller Mensch, ein wenig eigenverliebt, der dies aber auch einräumt: »Ich bin, wie die meisten männlichen Politiker, eitel genug, das zu sehen.« Zutiefst demokratisch gesinnt, hat er sich das Image eines zuverlässigen und soliden Politikers erworben. Schon allein durch seine Körpergröße von 1,93 Meter ergibt sich zu seiner Umwelt eine gewisse Distanz, Journalisten oder Interviews mag er nicht. Für die Feindseligkeit politischer Gegner entwickelte er ein blendendes Gedächtnis. Auf die Frage, welche Eigenschaften ein Politiker brauche, antwortete er: »Geduld und Mut, Gelassenheit, Prinzipientreue und Durchsetzungsvermögen, Geschichtsbewusstsein und Zukunftsgewissheit.«

Den Historiker Kohl als Politiker zu beurteilen wird wohl erst aus der Distanz möglich sein. Das Verdienst der Wiedervereinigung und die starke Positionierung Deutschlands in einem friedlichen Europa der guten Nachbarschaft sind schon jetzt unbestritten. Ob die schwarzen Flecken auf seiner Weste verblassen werden, wird die Zukunft zeigen.

* 3. April 1930 in Ludwigshafen
1950–1956 Studium der Geschichte und Politik in Frankfurt und Heidelberg
1958 Promotion zum Dr. phil.
1959 Einzug in den Landtag von Rheinland-Pfalz
1960 Heirat mit Hannelore Renner
1963 CDU-Fraktionsführer
1966 Landesvorsitzender der CDU
1969–1976 Ministerpräsident von Rheinland-Pfalz
1971 vergebliche Bewerbung als Kanzlerkandidat
1982 konstruktives Misstrauensvotum, Koalition mit der FDP
1982–1998 Bundeskanzler

1988   Karlspreis der Stadt Aachen
1999   Parteispenden-Affäre

Werke

Der Weg zur Wende. Von der Wohlfahrtsgesellschaft zur
    Leistungsgemeinschaft (1965)
Die Zukunft der Bundesrepublik Deutschland (1975)
Die CDU – Porträt einer Volkspartei (1981)
Deutschlands Zukunft in Europa (1991)
Mein Tagebuch 1998–2000 (2000)
Erinnerungen 1930–1982 (2004)
Erinnerungen 1982–1990 (2005)

David Lloyd George Earl of Dwyfor and Viscount Gwyneed of Dwyfor

Lloyd Georges Vater stammte aus dem walisischen Pembroke-
shire und hatte die Leitung einer Grundschule in Manchester
übernommen. Seine Mutter war die Tochter eines baptistischen
Geistlichen, die nach dem frühen Tod des Vaters wieder nach
Wales zurückzog. Lloyd George studierte Jura und wurde Anwalt. 1890 kandidierte er für die Liberalen und wurde ins Unterhaus gewählt, er war bald als aggressiver und bestens formulie-
render Redner bekannt.

Als die Liberalen unter Henry Campbell-Bannerman 1905
die Regierung bildeten, wurde er als Handelsminister in das
Kabinett berufen. In diesen Jahren widmete er sich dem Ausbau
der britischen Handelsflotte und des Londoner Hafens. Unter
Herbert Henry Asquith, ebenfalls liberaler Premier, übernahm
Lloyd George das Amt des Schatzkanzlers. Er führte 1908 eine
Altersrente und 1911 eine Pflichtversicherung gegen Krankheit
und Arbeitslosigkeit ein, höhere Einkommen wurden höher
besteuert, und die Erbschaftssteuer wurde angehoben, um die
Sozialreformen verwirklichen zu können. Ein wichtiges Anliegen war ihm auch die Autonomie für Irland, was er als Waliser
umso besser verstehen konnte. In all diesen Funktionen erwies
er sich als großartiger Organisator.

Nach Ausbruch des Ersten Weltkrieges machte seine vorher pazifistische Einstellung einen grundlegenden Wandel durch. Lloyd George war bereit, für den Sieg über die Mittelmächte, im Besonderen über Deutschland, alles zu tun, was in seiner Macht stand. 1915 übernahm er das Amt des Munitionsministers und war damit Organisator des gesamten Kriegsmaterials, 1916 wurde er Kriegsminister. In diesem Jahr zwang er seinen Premier und Parteifreund Asquith durch mehrmalige Rücktrittsdrohungen zur Demission und übernahm selbst die Funktion des Premiers. Er ging eine Koalition mit den Konservativen ein, um über eine breitere Regierungsbasis verfügen zu können. Dieser Zwist führte zu einer Spaltung in der liberalen Partei, die Anhänger Lord Asquiths gingen in die Opposition. Lloyd George bildete ein engeres Kriegskabinett, in dem er eine fast diktatorische Stellung einnahm. Rasch sorgte er für einen einheitlichen Oberbefehl der Alliierten unter dem Oberkommando von General Ferdinand Foch, und zwar gegen die Meinung der britischen Militärs. In dieser Sache war er offenbar mit Clemenceau eines Sinnes, der meinte, dass der Krieg eine viel zu ernste Sache wäre, als dass man ihn den Militärs überlassen könnte.

1918 bildete er nach den Wahlen eine Koalition mit den Konservativen, deren Hauptaufgabe es war, die Friedensverhandlungen mit den besiegten Mittelmächten zu führen. Bei der Pariser Friedenskonferenz nahm er eine vermittelnde Rolle zwischen dem Rigorismus Clemenceaus, der Deutschland territorial beschneiden und wirtschaftlich auf viele Jahre schädigen wollte, und der zum Teil naiven Haltung Wilsons in Detailfragen der europäischen Probleme ein. Gemeinsam mit Wilson und Clemenceau unterzeichnete er die Pariser Vorortverträge. Auch bei der Londoner Konferenz der Alliierten über Detailfragen und die definitive Festlegung der deutschen Reparationszahlungen spielte er eine wichtige Rolle.

1921 gelang ihm eine zumindest beachtliche Teillösung der irischen Frage: Der hauptsächlich katholische Südteil der Insel wurde ein selbstständiger Freistaat, die Nordprovinz Ulster verblieb bei England. Diese Lösung eines überaus lange anstehenden Problems wurde von der Bevölkerung sehr goutiert, viel weniger aber von den konservativen Kabinettsmitgliedern. In seiner Orientpolitik war Lloyd George weniger erfolgreich und stieß auf Kritik der Konservativen, weil er die Griechen gegenüber den Türken begünstigte. Auf der Konferenz von Genua scheiterte er in seinem Bemühen, mit den Sowjets eine wirtschaftliche Verständigung zu erreichen. Da die Konservativen wegen dieser Fehlschläge die Koalition verließen, trat Lloyd George im Oktober 1922 zurück.

1926 übernahm er – nach dem Verzicht Lord Asquiths – wieder den Fraktionsvorsitz und den Parteivorsitz der Liberalen, doch seine große Zeit war vorbei. Ab 1929, als die Liberalen eine schwere Wahlniederlage erlitten, hatte er überhaupt keinen Einfluss mehr.

In den 1930er-Jahren gehörte er ebenso wie die regierenden Konservativen zu den Vertretern einer Appeasementpolitik und führte auch Vermittlungsgespräche zwischen England und Hitlerdeutschland. So besuchte er im Juni 1936 den Obersalzberg. Als er kurz Sympathien für Hitler äußerte, kostete ihn das den Rest seiner Reputation und Popularität. Die liberale Partei konnte sich in der Zwischenkriegszeit nie wieder von den Rückschlägen der Spaltung erholen. Churchill bot ihm 1940 noch aus alter Verbundenheit einen Posten in seinem Kriegskabinett an, doch Lloyd George musste aus gesundheitlichen Gründen ablehnen.

Lloyd George war ein persönlich äußerst gewinnender Mensch, begeisterungsfähig und voller Energie. Er verstand es, Menschen zu motivieren und für eine Sache zu gewinnen. Der »Waliser Hexenmeister« war im Übrigen der einzige Waliser, der je das Amt des Premiers bekleidete. Er galt außerdem als äußerst geschickt im Umgang bzw. im Erwerb von Vermögen. Obwohl er verheiratet war, wurden ihm zahlreiche Affären nachgesagt.

* 17. Januar 1863 in Manchester

† 26. März 1945 in Llanystumdwy, Caernarvonshire (Wales)

1890	Einzug ins Unterhaus
1905–1908	Handelsminister
1908–1915	Schatzkanzler
1915	Munitionsminister
1916–1922	Premierminister und Kriegsminister
1926	Chef der Liberalen

Rolihlahla Nelson Mandela

Der Hoffnungsträger der schwarzen Bevölkerung Südafrikas und die Symbolfigur der Anti-Apartheid-Bewegung wurde als Sohn des Häuptlings Henry Mandela vom Tembu-Stamm geboren. Die Tembus gehören zum Volk der Xhosa. Nelson Mandela besuchte das Fort Hare University College, welches er 1940 wegen politischer Aktivitäten verlassen musste, und studierte Jura an der Universität von Witwatersrand. Er fand vorübergehend Arbeit in einem Bergwerk, später in einer Anwaltskanzlei in Johannesburg.

In den frühen 1940er-Jahren schloss er sich dem African National Congress (ANC) an, und schnell entwickelte er sich zum anerkannten und unbestrittenen Führer dieser Gruppe, die sich die Befreiung der schwarzen Bevölkerung von allen Diskriminierungen zum Ziel gesetzt hatte. Mandela organisierte die Bewegung und brachte auch zunehmend den Gedanken des militärischen Widerstandes gegen die Apartheid-Bewegung ins Spiel. 1952 wurde er erstmals wegen Teilnahme an der Defiance Campaign (Missachtungskampagne) zu einem Monat auf Bewährung verurteilt und erhielt die Auflage, sich nicht mehr politisch zu betätigen, was er aber ignorierte. 1956 wurde er abermals wegen Hochverrats angeklagt, der Prozess endete jedoch nach Jahren mit einem Freispruch.

1958 heiratete er in zweiter Ehe Winnie Mandela, die während der langen Haftzeit ihres Mannes zu einer berühmten und populären Kämpferin gegen die Apartheid wurde.

Bis zum Massaker von Sharpeville im Jahr 1960, bei dem die Polizei mit Waffengewalt gegen unbewaffnete Schwarze vorgegangen war, wobei es 69 Tote, darunter Frauen und Kinder, gegeben hatte, vertrat Mandela die Auffassung, die Rechte der Schwarzen relativ friedlich einfordern zu können. Doch nach diesen Ereignissen und dem Verbot des ANC verließ er seinen gewaltfreien Standpunkt und plädierte für Sabotageakte gegen die Regierung. Er ging in den Untergrund und organisierte den bewaffneten Kampf gegen das Regime.

1962 wurde Mandela verhaftet und zu einer Gefängnisstra-

fe von fünf Jahren verurteilt. Mit dem Rivonia-Prozess wurde
gegen ihn und seine Mitangeklagten ein neuerliches Verfahren
eröffnet – sie wurden der Sabotage, des Landesverrats und der
gewaltsamen Verschwörung beschuldigt. Rivonia war der elegante Vorort von Johannesburg, wo die Polizei ein Waffenver-
steck der Untergrundorganisation »Umkhonto we Sizwe« (Speer
der Nation), des bewaffneten Flügels des ANC, gefunden hatte.
Mandela wurde als Führer des ANC und als Gründer dieser
Organisation angeklagt und musste im Verfahren auch einige
Details zugeben. Daraufhin wurde er 1964 wegen Terrors, Um-
sturzversuchs und kommunistischer Aktivitäten zu lebensläng-
lichem Kerker verurteilt. Fast 20 Jahre verbrachte er auf Robben
Island, der Gefängnisinsel vor Kapstadt; danach wurde er in das
Hochsicherheitsgefängnis Pollsmoor transferiert, von dort wur-
de er wegen Tuberkulose 1988 in ein Krankenhaus verlegt.
    Mandela war inzwischen eine in ganz Südafrika bekann-
te Persönlichkeit geworden, nicht zuletzt auch weil seine Frau
Winnie unablässig für seine Freilassung kämpfte und die Weltöffentlichkeit auf seinen Fall aufmerksam machte. Eine breite
Basis der Bevölkerung und weltweit zahlreiche Gegner der
Apartheid unterstützten die Freilassung Mandelas. 1985 bot
Staatspräsident Pieter Willem Botha ihm die Freiheit an, allerdings ohne in der Apartheid-Frage nachzugeben. Mandela
lehnte ab. Der ständige Druck der Weltöffentlichkeit und die
fast schon bürgerkriegsähnliche Situation im Land veranlassten im Februar 1990 den Präsidenten Frederik Willem de Klerk,
der erkannte, dass die Apartheid nicht mehr aufrechtzuerhalten
war, Mandela freizulassen. Zwei Monate später hatte Mandela
wieder eine wichtige Funktion im ANC inne, ein Jahr später war
er erneut Präsident. Mit de Klerk leitete Mandela im Land einen
groß angelegten Versöhnungsprozess ein. Gemeinsam sorgten
sie für eine Beendigung der Apartheid und für einen friedlichen
Übergang zu einem demokratischen Regime ohne rassistische
Diskriminierung. Für diese Bemühungen wurde 1993 an beide
der Friedensnobelpreis verliehen.
    Ein Jahr später wurde Mandela bei den ersten freien Wahlen,
an denen auch alle Schwarzafrikaner teilnehmen konnten, zum
ersten schwarzen Präsidenten des Landes gewählt. Auf Mandelas Initiative starteten nun ein groß angelegtes Wohnungs- und

Erziehungsprogramm und eine Reihe von wirtschaftlichen Entwicklungsprogrammen, um den Lebensstandard der schwarzen Bevölkerung zu heben.

Von seiner Frau Winnie hatte sich Mandela schon 1992 getrennt, da sie sich mit ihren Bodyguards vor Gericht wegen Kidnappings von vier schwarzen Jungen verantworten musste. Eines der Kinder war dabei von einem Bodyguard getötet worden. 1991 wurde sie zu sechs Jahren Gefängnis verurteilt, wurde aber bald begnadigt. 1994 übernahm sie in Mandelas Kabinett das Kulturressort. Mandela duldete sie nur ein Jahr, dann entfernte er sie aus dem Kabinett.

1997 erhielt Südafrika eine Verfassung, in der allen Staatsbürgern gleiche Rechte zugestanden wurden. Die Apartheid-Politik ging damit zu Ende. 1999 trat Mandela als Präsident zurück und betätigt sich nunmehr in verschiedenen Menschenrechtsorganisationen.

* 18. Juli 1918 in Umtata (Transkei)

1944	Beitritt zum ANC
1958	Heirat mit Winnie Mandela
1960	Massaker von Sharpeville
1962	Verhaftung
1964	Verurteilung zu lebenslänglichem Kerker
1990	Freilassung
1992	Trennung von Winnie Mandela
1993	Friedensnobelpreis
1994	Wahl zum Staatspräsidenten
1999	Rücktritt als Präsident

Werke

No Easy Walk to Freedom (1965)

I am Prepared to Die (1979)

Long Walk to Freedom (1994)

GEORGE CATLETT MARSHALL

George Marshall, dessen Vorfahren seit dem 17. Jahrhundert in Virginia ansässig waren, trat mit 17 Jahren in Lexington in das Virginia Military Institute ein, nach seiner Ausmusterung als Offizier nahm er am spanisch-amerikanischen Kolonialkrieg auf den Philippinen teil. Im Ersten Weltkrieg leitete der begabte Militär die amerikanischen Operationen in Frankreich.

Nach den Friedenschlüssen von 1919 lehrte er an verschiedenen Militärakademien und wurde schließlich 1939 zum Generalstabschef der US-Armee befördert. Als Chef dieser Einheit schuf er erst die materielle und logistische Basis für den Sieg der Alliierten im Zweiten Weltkrieg. Als er sein Amt antrat, verfügte die US-Armee über insgesamt 200.000 Mann ausgebildetes Personal. Zu Kriegsende waren es 8,3 Millionen Mann – bestens organisiert und ausgerüstet. Diese Meisterleistung brachte ihm auch den von Winston Churchill kreierten Titel »Organisator des Sieges« ein.

Nach dem Kriegseintritt Amerikas 1941 war Marshall der verantwortliche Mann für Ausbildung, Organisation und Stationierung aller US-Truppen. Er begleitete in dieser Eigenschaft Präsident Roosevelt auf alle Konferenzen der Alliierten, nahm in Casablanca, in Quebec, in Teheran, in Jalta und in Potsdam Einfluss auf alle militärischen und auch politischen Entscheidungen. Bereits seit 1944 fungierte er als Oberbefehlshaber aller US-Truppen.

Nach dem Ende des Krieges von Präsident Truman zum Sonderbotschafter in China ernannt, war sein Einsatz weniger erfolgreich: Es gelang ihm nicht, den Bürgerkrieg zwischen den Anhängern von Mao Zedong und Chiang Kai-schek zu verhindern. Auch wenn Marshall federführend am amerikanischen Erfolg im Zweiten Weltkrieg beteiligt war, so war er aber doch nur der hoch begabte Offizier mit einer klassischen Bilderbuchkarriere.

Erst mit seiner Ernennung zum Außenminister gewann Marshall entscheidend an Profil. Er zeichnete für die Durchführung der außenpolitischen Doktrin des »Containment«

verantwortlich. Dieser Begriff wurde von George F. Kennan, dem Leiter der Planungsabteilung im Außenministerium, in einem 1947 anonym erschienenen Artikel in der Zeitschrift »Foreign Affairs« geprägt und betraf das amerikanische Konzept der Eindämmung des sowjetischen Einflusses in Europa. Den russischen Ambitionen, den Kommunismus weltweit zu etablieren, sollten Schranken gesetzt werden. Diese Schranken könnten aber nur durch Immunisierung bzw. Hilfe für jene Länder, die durch Schwächung der inneren Abwehrkräfte dem Kommunismus leichter anheimfallen könnten, errichtet werden. Marshalls Hauptverdienst ist die Entwicklung und Durchführung des nach ihm benannten Marshallplans, der Europa über die schwierigsten Nachkriegsjahre hinweghalf und zu einem raschen wirtschaftlichen Aufstieg der Staaten diesseits des Eisernen Vorhanges führte. Damit verhinderte er ein Ausgreifen des sowjetischen Einflusses über den bereits bestehenden Eisernen Vorhang hinaus. Da die osteuropäischen Staaten wegen Stalins Veto nicht am Marshallplan teilnehmen konnten, blieben sie von den wirtschaftlichen Segnungen dieses Wiederaufbauprogramms ausgeschlossen.

Der im Juni 1947 von Marshall in einer Rede an der Harvard University vorgeschlagene Plan – sein offizieller Name lautete »European Recovery Program« (ERP) – diente der »Wiederherstellung gesunder wirtschaftlicher Verhältnisse in der Welt ...« und richtete sich »gegen Hunger, Armut, Verzweiflung und Chaos«. Die Durchführung des Marshallplans erfolgte in den Jahren 1948 bis 1952 durch die OEEC (Organization for European Economic Co-operation), die in Paris gegründet wurde und der Belgien, Dänemark, Frankreich, Griechenland, Großbritannien, Irland, Island, Italien, Luxemburg, die Niederlande, Norwegen, Österreich, Portugal, Schweden, die Schweiz und die Türkei sowie die Militärgouverneure der westlichen Besatzungszonen Deutschlands beitraten. Die sowjetisch besetzten Gebiete Deutschlands, die spätere DDR, nahmen nicht am Marshallplan teil.

Sicherlich war dieses amerikanische Konzept nicht nur uneigennützig, denn solange Europa nicht über die nötigen Mittel zum Ankauf von Materialien für den Wiederaufbau verfügte, vermochten die Vereinigten Staaten auch keine Waren auf den europäischen Märkten abzusetzen. Damit wurden die Nutznießer der Marshallplan-Hilfe auch enger an Amerika gebunden und stärker gegen den Kommunismus, den die USA als die eigentliche Bedrohung ansahen, immunisiert. Mehr als 13 Milliarden US-Dollar flossen nach Westeuropa, von denen aber 70 Prozent wieder in die Staaten für die Ankäufe zurückflossen. 1952, als die Hilfe zu Ende ging, lag die europäische Produktionskapazität bereits über dem Vorkriegsstand.

Für das Konzept seines Plans wurde Marshall 1953 – im selben Jahr erhielt Winston Churchill den Nobelpreis für Literatur – mit dem Friedensnobelpreis ausgezeichnet. Damit war er der erste Berufssoldat, der in den Genuss dieser hohen Auszeichnung gelangte. 1959 wurde Marshall außerdem noch mit dem Karlspreis der Stadt Aachen für seine Verdienste um die europäische Einigung geehrt.

In seine Ära als Außenminister fällt auch die Anerkennung des Staates Israel. Als Verteidigungsminister bereitete er die amerikanischen Kräfte für den Koreakrieg vor.

* 31. Dezember 1880 in Uniontown (Pennsylvania)
† 16. Oktober 1959 in Washington

1897	Virginia Military Institute in Lexington
1939–1945	Chef des Generalstabes
1945–1947	Sonderbotschafter der USA in China
1947–1949	US-Außenminister
1947	Initiierung des ERP
1950–1951	Verteidigungsminister
1953	Friedensnobelpreis
1959	Karlspreis der Stadt Aachen

Jules Mazarin

Der Staatsmann und Kardinal Mazarin, sein richtiger Name lautete Giulio Mazarini, war ein hübscher und gewinnender Mann und wurde doch vielfach gehasst. Der nach Frankreich eingewanderte Italiener leistete für die Größe Frankreichs im 17. und 18. Jahrhundert so viel wie kaum ein zeitgenössischer Franzose. Was machte ihn so wenig geschätzt?

Mazarin wurde in dem Abruzzenort Piscina geboren. Er stammte aus einer Familie von Aufsteigern, sein Vater Pietro war noch Hutmacher in Palermo gewesen, ging dort aber Bankrott. Ein Onkel war Jesuit in Rom und hatte schon eine bemerkenswerte Karriere absolviert. Nach dem geschäftlichen Zusammenbruch ging sein Vater nach Rom und wurde Intendant des Fürsten Colonna, der ihn mit einem Patenkind, der Ortensia Rufalini, vermählte. Sie wurde Giulios Mutter. Mazarin hatte noch fünf Geschwister, einen Bruder und vier Schwestern. Sein Bruder brachte es immerhin zum Vizekönig von Katalonien, eine Schwester wurde Priorin eines Klosters, die anderen drei heirateten sehr gut.

Giulio besuchte ab 1609 das Jesuitenkolleg in Rom, in dem er vielfach als Wunderkind galt. Er fiel durch sein hervorragendes Gedächtnis auf. Als Kämmerer eines Abbé Colonna kam er 1619 nach Alcalá nach Spanien, wo er das Studium der Rechtswissenschaften aufnahm. Seine Leidenschaft für das Kartenspiel wurde schon damals registriert. Nach Rom zurückgekehrt, wurde er 1622 promoviert und trat in den Dienst von Papst Urban VIII., er begleitete päpstliche Legaten in diplomatischen Missionen. Von 1634 bis 1636 wirkte er als päpstlicher Nuntius in Paris, wo er Kardinal Richelieu kennenlernte, der ihn überaus schätzte und ihn überredete, in seine Dienste zu treten. 1641 wurde er zum Kardinal ernannt, ohne je eine priesterliche Weihe erhalten zu haben.

Mazarin war im Gegensatz zu Richelieus harter und direkter Vorgehensweise vorsichtig, geduldig und geschmeidig lavierend, ein galanter, ja geradezu schmeichlerischer Mensch, der alle Finessen der diplomatischen Kunst beherrschte. Nach dem Tod Richelieus wurde er dessen Nachfolger und behielt dieses Amt auch nach dem Tod Ludwigs XIII. unter der Regentin Königin Anna von Österreich. Sie übte die Vormundschaft für den noch unmündigen Thronfolger Ludwig XIV. aus. Mazarin fungierte als Erzieher des Dauphin und eroberte sowohl Vertrauen als auch Herz der Königin. Angeblich soll er ihr in morganatischer Ehe verbunden gewesen sein.

Außenpolitisch war Mazarin äußerst erfolgreich, bei den Verhandlungen zum Abschluss des Dreißigjährigen Krieges in den westfälischen Städten erreichte er ein Optimum für Frankreich: Der Besitz der Städte Toul, Metz und Verdun wurde im Friedensvertrag bestätigt, Frankreich konnte sich das Elsass einverleiben. Es war ein Triumph für Frankreich, dass diese Erfolge durch Bündnisse mit den Protestanten verzeichnet werden konnten. Nach Siegen gegen Spanien – übrigens im Bündnis mit dem protestantischen englischen Diktator Cromwell – konnte Mazarin für Frankreich im Pyrenäenfrieden (1659) ebenfalls territoriale Gewinne erzielen, das Artois, Teile von Luxemburg und Roussillon gingen an Frankreich. Durch sein Bündnis mit den protestantischen Staaten wie Schweden und Brandenburg sicherte er Frankreich auch eine Mitsprache im Friedensvertrag von Oliva, was die französische Großmachtstellung in Europa festigte.

Innenpolitisch änderte Mazarin nichts an den von Richelieu vorgegebenen Linien, er setzte seine absolutistische Politik fort, schränkte die Rechte der Parlamente (Gerichtshöfe) ein und beschnitt im Sinne einer zentralistischen Struktur die Feudalrechte des Adels. Es kam zur Bildung der »Fronde«, einer Koalition von Adeligen und Klerikern und dem Volk von Paris, das sich gegen die hohen Steuerlasten erhob. Im Zuge der bewaffneten Aufstände der Fronde musste Mazarin zweimal fliehen, doch es gelang ihm, die Opposition zu unterdrücken und sich durchzusetzen. Diesen Aufstand beendete er durch die Amnestie von Rueil.

Die Fronde lebte zwar in Kreisen des Hochadels weiter, unter anderem war der »Große Condé« einer der Anführer, doch Mazarin verstand es geschickt, seine Gegner gegeneinander auszuspielen, jedenfalls war die Fronde 1653 endgültig gescheitert. Der Absolutismus, den er gemeinsam mit der Regentin geschaffen hatte, blieb in seinen Strukturen bis 1789 erhalten.

Kardinal Mazarin, unpopulär, ja verhasst, war auch geizig und habsüchtig, er bereicherte sich, wo es nur ging, als er starb, hinterließ er seinen Nichten und seinem Neffen, die alle in Frankreich erzogen worden waren, ein riesiges Vermögen. Sein Neffe Philippe Jules erbte das Herzogtum von Nevers, er war mit Diane de Thianges, einer Nichte der Madame de Montespan, vermählt. Nachkommen aus dieser Verbindung sind unter anderem die heutigen Grimaldis. Mazarins schöne Nichten, von denen zwei Geliebte von Ludwig XIV. waren, heirateten alle in beste Adelskreise, Olympia Mancini, faszinierend und skandalös, wurde die Mutter von Prinz Eugen von Savoyen. Der französische Marschall Villeroi sagte über die sieben Nichten des Kardinals: »Kleine Fräuleins, die nichts haben und alles haben werden, Schlösser, Renten, Diamanten und Silbergeschirr.«

Eine große Leidenschaft Mazarins war seine Liebe zu Büchern, er baute sich im Laufe seines Lebens eine Bibliothek von 5000 Büchern auf, die sich heute im Institut de France befindet. In Paris besaß er ein Palais, das seine Gemälde und Sammlungen beherbergte. Er verfügte allein aus seinen kirchlichen Ämtern über Einkünfte aus 60 Abteien und aus dem Erzbistum Reims.

* 14. Juli 1602 in Piscina in den Abruzzen
† 9. März 1661 in Vincennes
1609–1619 Jesuitenkolleg in Rom
1619–1622 Jurastudium in Spanien
1634–1636 Nuntius in Paris
1640 im Dienste Richelieus
1641 Kardinalswürde
1642 Nachfolger Richelieus

Klemens Wenzel Nepomuk Lothar Fürst Metternich-Winneburg

Fürst Metternich, langjähriger österreichischer Staatskanzler und nach seiner dominierenden Rolle, die er beim Wiener Kongress spielte, auch »Kutscher Europas« genannt, war der Erbe eines Reichsfürstentitels aus dem Rheinland. Als die französischen Revolutionstruppen sich dem Rheinland näherten, musste er mit seiner Familie fliehen. 1790 vertrat er mit seinem Vater, der als eher durchschnittlicher Diplomat im Dienste Österreichs stand, das westfälische Grafenkollegium bei der Kaiserkrönung Leopolds II., danach widmete er sich rechts- und staatswissenschaftlichen Studien in Straßburg und Mainz. 1794 kam er mit seiner Familie nach Wien.

1795 heiratete er die Enkelin und Erbin des österreichischen Staatskanzlers der maria-theresianischen Zeit, Eleonore von

Kaunitz. Zwischen 1797 und 1799 vertrat er gemeinsam mit dem Vater Österreich auf dem Kongress von Rastatt. 1801 wurde er, nachdem er in den österreichischen Staatsdienst eingetreten war, zum Gesandten in Dresden ernannt, zwei Jahre später vertrat er den Habsburger Staat in Berlin. Zwischen 1806 und 1809 lebte er als österreichischer Gesandter in Paris, wo er Napoleon Bonaparte kennenlernte, von dem er sich sehr beeindruckt zeigte, mit dem er aber auch schwere Kontroversen hatte. Während des Kriegszugs von 1809 wurde er bis nach dem Frieden von Schönbrunn in Geiselhaft genommen.

Nach 1809 übernahm er die Leitung der auswärtigen Angelegenheiten; nach der Niederlage Österreichs bei Wagram suchte er sowohl mit Russland als auch mit Frankreich Frieden. Daher verhandelte er auch die Hochzeit Napoleons mit Maria Louise von Österreich. Diese Politik des Ausgleichens der Interessen, des Lavierens zwischen den möglichen politischen Optionen und damit des Bewahrens eines Gleichgewichts der Kräfte in Europa wurde für ihn lebensbestimmend. Im Grunde änderte er daran nichts – bis zu seinem Sturz im Jahr 1848. Metternich verkannte völlig, welche Dynamik in den erwachenden europäischen Nationalismen steckte, er unterschätzte die Solidarisierungskraft des Nationalgedankens.

Nach dem Friedensschluss mit Frankreich beteiligte sich Österreich auf Rat Metternichs nicht an der antifranzösischen Koalition, die aus England, Russland und Preußen bestand. Er versuchte vielmehr, eine Vermittlerrolle zwischen den Streitparteien einzunehmen.

Nach dem Sieg der europäischen Mächte über Napoleon dominierte Metternich den Wiener Kongress, er bestimmte die Leitlinien, er legte fest, wie das nachnapoleonische Europa auszusehen hatte. Im Prinzip sollte alles wieder so hergestellt werden, wie es vor 1789 gewesen war, die alten Grenzen, die alten Herrschaftsverhältnisse. Bemerkenswert ist, wie sehr er das Bewusstsein Österreichs, das vielfach durch Niederlagen gegen Napoleon gedemütigt war, wiederaufrichten konnte und den Habsburger Staat als europäische Macht reinstallierte. Er konzipierte für Europa und für Deutschland einen Staatenbund nach dem Muster des Ancien Régime bei gleichzeitiger größtmöglicher Machtfülle für Österreich und damit für sich selbst.

Österreich nahm zu diesem Zeitpunkt eine führende Rolle in diesem Deutschen Bund ein, es gab zwar kein deutsches Kaisertum mehr, dafür aber ein österreichisches. Alle Vorstöße liberaler Kräfte zur Erlangung einer Konstitution, wie sie in Westeuropa gang und gäbe war, wurden bis zur Revolution von 1848 abgeblockt.

So wurden aus der Heiligen Allianz, die von Zar Alexander I. gleichsam als europäische politische Moralinstitution konzipiert wurde, ein Staatenbund, der etwa die unseligen Karlsbader Beschlüsse fasste, die jegliches liberales Gedankengut, jede auch nur leicht revolutionäre Gruppe unbarmherzig unterdrückte. Auf den Kongressen von Karlsbad, Troppau, Laibach und Verona wurden immer wieder Beschlüsse zur Unterdrückung nationaler und liberaler Bewegungen gefasst. Zur Erreichung dieses Zieles baute Metternich noch ein dichtes Polizei- und Spitzelnetz auf, das ihn zur am meisten gehassten Person des Landes machte. 1821 wurde Metternich – wie seinerzeit Kaunitz – zum Staatskanzler ernannt.

Ab Mitte der 1820er-Jahre büßte Metternich sowohl auf europäischer Ebene als auch in Österreich an Macht ein, er verlor im Bereich der Innenpolitik seinen Einfluss zugunsten des Konferenzministers Graf Kolowrat-Liebsteinsky. Ab 1836 wurde er auf die Außenpolitik beschränkt, und da Österreich nicht am deutschen Zollverein beteiligt war, verlor es an wirtschaftlicher Bedeutung.

Beim Ausbruch der Revolution von 1848 verließ Metternich fluchtartig Wien, musste er doch um sein Leben bangen, und ging nach England ins Exil, wo er in Brighton lebte. Später übersiedelte er nach Brüssel, konnte aber noch immer nicht, wie er erwartet hatte, nach drei Monaten zurückkehren. In Wien wollte man ihm sogar den Prozess machen und forderte von ihm Gelder, weil er den Staat geschädigt habe. Fürst Felix Schwarzenberg, sein Nachfolger, stellte diese schmähliche Kleinkrämerei ein. Auch sein Palais am Rennweg in Wien wurde ihm wieder restituiert. 1851, nachdem Kaiser Franz Joseph ein persönliches Handschreiben an Metternich gerichtet hatte, kehrte er wieder nach Wien zurück, hatte aber keinen politischen Einfluss mehr. Er fand Zeit, seine achtbändigen Erinnerungen zu schreiben. Metternich selbst schätzte sein Wirken in der Politik viel besser ein als seine Zeitgenossen. Nach der Revolution schrieb er in einem Brief an Dorothée von Lieven, eine langjährige Geliebte: »In hundert Jahren werden mich die Historiker besser verstehen.«

In der Tat haben sich die Historiker sehr intensiv mit ihm beschäftigt, dankenswerterweise hinterließ er unglaublich viele schriftliche Zeugnisse, die auch seine Motive und Überlegungen enthalten. Um ihn gibt es keine Geheimnisse, nur die Differenzen der Historiker, von welchem Standpunkt aus sie ihn einschätzen. Es waren die nationalen oder ideologischen Wertungen der Historiker, die Metternich einen Platz in der Geschichte zuwiesen. Für die Kleindeutschen war er ein Gegner und Hintertreiber der deutschen Einigung, für die Italiener hat er die Einigung Italiens zu verhindern versucht. Unbestreitbar ist ihm Grundsätzliches gelungen: Er hat wesentlich dazu beigetragen, dass zwischen dem Wiener Kongress und der Revolution von 1848 vor allem der Mitte Europas eine relativ friedliche Phase beschert war. Natürlich war das auch eine Phase der Stagnation, in der kein frischer Wind wehte, der damit auch die Wirtschaft etwas beflügelt hätte. Metternich war erfolgreich, indem er geschickt und subtil Russland daran hinderte, seinen Expansionsdrang nach Europa auszuleben. Einige Urteile seiner Zeitgenossen sind nicht gerade schmeichelhaft, so wenn ihn Napoleon den »größten Lügner des Jahrhunderts« nennt, oder Carl Postl, der unter dem Pseudonym Charles Sealsfield das Vormärzregime in Österreich bitter kritisierte und zu Metternich meinte, er sei der »verhassteste Mensch des Universums«. Der Hofrat-Dichter Franz Grillparzer hielt ihn für einen »Don Quichote der Legitimität«. Franzosen wie Chateaubriand und Thiers akzeptierten bzw. würdigten zumindest seine diplomatischen Fähigkeiten. Sein Biograf Heinrich von Srbik fand äußerst lobende und seine Tätigkeit würdigende Worte für Metternich: »Dieser Staatsmann hat es dank seiner subtilen und fein abgestimmten Politik verstanden, für viele Jahre den europäischen Zusammenbruch zu verhindern« – nicht falsch und doch ein wenig apologetisch. Es ist richtig, dass Metternich in der Nachkongresszeit ein »rocher d'ordre« (ein Fels der Ordnung) war, was ihm in dieser Phase jedoch fehlte, waren die zukunftsweisenden Ideen und Lösungen. Als äußerst loyaler Diener seines Herrscherhauses war er nicht in der Lage, von einer einmal gefassten Meinung abzulassen. Als aktiver Zeitzeuge eines halben Jahrhunderts handelte er überlegt und im Rahmen seiner Überzeugungen von realistischen Erkenntnissen ausgehend. Als Feind jeder Veränderung war er aber nicht in der Lage, die neuen Leidenschaften seiner Zeit zu erkennen und nachzuempfinden. Er verstand die Nationalismen nicht und fühlte sich als Europäer.

* 15. Mai 1773 in Koblenz
† 11. Juni 1859 in Wien

1790	Kaiserkrönung Leopolds I.
1794	Übersiedlung nach Wien
1795	Heirat mit Eleonore von Kaunitz
1797–1800	Kongress von Rastatt
1801	Gesandter in Dresden
1803	Gesandter in Berlin
1806–1809	Gesandter in Paris
1809	Leiter der auswärtigen Politik
1814/1815	Wiener Kongress
1821	Ernennung zum Staatskanzler
1826	auch Innenminister
1848	Sturz und Exil
1851	Rückkehr nach Wien

François Mitterrand

Der zweimalige französische Staatspräsident der V. Republik durchlief eine wechselvolle und schillernde Laufbahn, seine Gesinnungen reichten von ganz rechts bis zur Gründung der neuen sozialistischen Linken. In seinen zahlreichen Biografien wird immer das Geheimnisvolle seiner Karriere, das Sphinxhafte seiner Entscheidungen hervorgehoben.

Mitterrand stammte aus einer kleinbürgerlichen katholischen Familie aus Südwestfrankreich, sein Vater war Bahnhofsvorsteher. Er studierte in der Zwischenkriegszeit in Paris Soziologie, sein politisches Interesse galt rechtsextremen Gruppierungen. 1939 schloss er sein Studium ab und wurde sofort zum Militär eingezogen, schon ein Jahr später geriet er in deutsche Kriegsge-

fangenschaft. 1941 gelang es ihm, aus dem berüchtigten Stamm-
lager IX (heute Trutzhain) zu flüchten. Er war kurz im Rahmen
der Vichy-Regierung tätig, Marschall Pétain galt damals seine
ganze Bewunderung. Doch bald schloss er sich der Résistance
an, wurde Mitglied der Exilregierung, und 1944 gehörte er der
provisorischen Regierung General de Gaulles an.

Im Jahrzehnt zwischen 1947 und 1957 bekleidete Mitterrand
eine Reihe verschiedenster Ministerposten, er war Staatsminis-
ter, zuständiger Minister für Tunesien, Innenminister und Justizminister.

1958 nahm er gegen de Gaulles Staatsstreich Stellung, obwohl
er dessen Algerienpolitik voll billigte. Von 1959 bis 1962 hatte
er einen Sitz im Senat und amtierte als Bürgermeister von Châ-
teau-Chinon, ab 1962 war er Abgeordneter. 1965 trat er erstmals
zu den Präsidentenwahlen an und erzielte ein gutes Ergebnis.

Am Kongress von Épinay 1968 entschied Mitterrand sich
endgültig für die Sozialisten und übernahm die Führung der
neu gegründeten Parti Socialiste Français. Ein Jahr später schloss
er mit den Kommunisten die Union Gauche, um in den Élysée-
Palast einzuziehen. 1974 unterlag er bei den Präsidentschaftswahlen gegen Valéry Giscard d'Estaing, konnte aber als linker
Kandidat mit mehr als 40 Prozent ein beachtliches Stimmenpo-
tenzial mobilisieren.

Sieben Jahr später gewann er die Stichwahl und wurde als
erster Sozialist der vierte Präsident der V. Republik. Sein dama-
liger Wahlkampfslogan, von Jacques Séguéla kreiert, lautete: »La
force tranquille« (Die stille Kraft). Diesen fulminanten Wahlerfolg konnte er 1988 in einer Stichwahl gegen Jacques Chirac wie-
derholen, obwohl man ihm bei seiner zweiten Kandidatur die
Argumente, die er seinerzeit gegen de Gaulle vorgebracht hatte,
vorwarf: Der nun 70-jährige Kandidat Mitterrand hatte seinerzeit (1965) gemeint: »Sein Alter wird General de Gaulle daran
hindern, sein Amt voll auszuführen.« Nun wurde die Argumen-
tation der Gegner für Mitterrand zum Erfolg und stärkte seine
Wahlkampfposition.

Mitterrands Amtszeit als Präsident wurde vor allem von den
Sozialisten zwiespältig beurteilt: In seiner Ära seien die Reichen
reicher und die Armen ärmer geworden. Tatsächlich gelangen
ihm jedoch einige wichtige Neuerungen, allerdings waren es

nicht nur sozialistische Grundprinzipien, die er umsetzte. Sein ganzer Stolz galt der Aufhebung der Todesstrafe, eine Maßnahme, die ihm ein persönliches Anliegen war. Mitterrand setzte eine maßvolle Dezentralisierung durch, erreichte die 39-Stunden-Woche und eine Modernisierung des Strafrechts. In der Europapolitik stand er ganz im Gegensatz zu de Gaulle für eine konsequente europäische Einigung, die ein friedliches Europa sichern könnte. Wichtig dabei war ihm immer die französische Position in Europa – sorgfältig achtete er darauf, dass Deutschland nicht zu dominant wurde. Den deutschen Einigungsprozess verfolgte er mit Misstrauen und versuchte sogar durch eine lebhafte Reisediplomatie bis Washington und Moskau, die Einigung zu verhindern. Als die Entwicklung nicht aufzuhalten war, entschied sich der Realpolitiker Mitterrand für eine europäische Währung zu kämpfen, damit die D-Mark nicht zur europäischen Leitwährung würde.

Bemerkenswerterweise verband ihn mit Helmut Kohl, dem Kanzler der deutschen Einigung, eine verlässliche Partnerschaft, die in einprägsamen Bildern ihren Ausdruck fand, etwa als beide 1984 Hand in Hand der Toten von Verdun gedachten. In Europafragen fast immer einig, unterstützte der Schöngeist und Literaturfreund Mitterrand den doch sehr bodenständigen Pfälzer Kohl: Als etwa 1983 NATO-Raketenbasen in Deutschland stationiert werden sollten, stand Mitterrand an der Seite Kohls – gegen die deutsche SPD. Und umgekehrt sicherte sich Kohl zu allererst die Zustimmung Mitterrands, als es um die deutsche Wiedervereinigung ging. Gemeinsam erhielten die beiden 1988 auch den Karlspreis der Stadt Aachen für ihre Bemühungen um den europäischen Einigungsprozess.

Sein stetes Bestreben um den Ausgleich divergierender Kräfte, auch auf Kosten grundsätzlicher Standpunkte, stellte Mitterrand auch in den beiden Phasen der »Kohabitation«, als dem sozialistischen Präsidenten Mitterrand eine gaullistische Regierung gegenüberstand, unter Beweis.

Dass Mitterrand seine Geheimnisse gut zu hüten wusste, kam schlagartig mit Pierre Péans Buch »Une jeunesse française« (Eine französische Jugend) zutage, das Mitterrands Vergangenheit während des Vichy-Regimes und seine Bewunderung für Marschall Pétain enthüllte. Kurzfristig war Mitterrand durch diese Publikation auch kompromittiert, weil bekannt wurde, dass er mit René Bousquet, dem Polizeichef des Vichy-Regimes, noch bis in die 1970er-Jahre Kontakte gepflegt hatte. Doch Mitterrand, den unangefochtenen Hausherrn im Élysée-Palast, den »gewählten Monarchen«, tangierte dies wenig. Er kümmerte sich einfach nicht darum. Eine von Mitterrands politischen Konstanten war die Entkolonialisierung, die er äußerst konsequent durchhielt. Sein Leben lang pflegte er beste Kontakte zu den afrikanischen Führungspersönlichkeiten, zuweilen auch zu etwas dubiosen Potentaten, denen er trotzdem die Stange hielt.

Mitterrand bemühte sich ein Leben lang, einen Platz in der Geschichte zu erobern. Ein Weg dorthin führte über die von ihm in die Wege geleitete Großinszenierung gigantischer Bauvorhaben in Paris: Es entstand die gläserne Pyramide im Innenhof des Louvre, das Bauwerk Grande Arche im Stadtviertel La Défense, die Bibliothèque nationale de France, das Institut du Monde Arabe und die Opéra Bastille.

Zeitgenossen, die ihn als großen Sozialisten in der Tradition eines Jean Jaurès oder Léon Blum sehen wollten, lagen sicher falsch. Mitterrand war kein Theoretiker des Sozialismus, er erteilte der französischen Linken eher eine Lektion in Realismus. Sehr wichtig für seinen politischen Erfolg war eine ihm treu ergebene Entourage, ein gut funktionierendes Netzwerk, auf das er sich viele Jahre verlassen konnte.

Dass man ihn als »rätselhaft« bezeichnete, fand seinen Gefallen. Er fühlte sich wohl in seiner Widersprüchlichkeit. Nicht ungern sah er einen gewissen Kult um seine Person, schätzte er doch seinen Platz in der Geschichte nicht zu gering ein. So reservierte er sich einen Platz für seine Begräbnisstätte am Mont Beuvray, an jener Stelle, an der Vercingetorix erstmals die Volksstämme Galliens zu einem vereinten Vorgehen gegen die Römer zusammengeschweißt hatte.

Der »sozialistische Patriarch« liebte die Frauen, erst 1994 wurde bekannt, dass er noch eine außereheliche Tochter hatte. Mitterrand war ein wendiger Politiker, der den Pulsschlag des Zeitgeistes fühlte und richtig zu interpretieren wusste. Brillante Intelligenz und hohes Selbstbewusstsein waren schon immer politische Tugenden, die in Frankreich in höchstem Maße goutiert wurden.

* 26. Oktober 1916 in Jarnac (Charente)

† 8. Januar 1996 in Paris

1939	Abschluss des Studiums und Einrücken zum Militär
1940	deutsche Kriegsgefangenschaft
1941	Flucht aus der Kriegsgefangenschaft
1944	Mitglied der provisorischen Regierung de Gaulle
1947–1957	mehrfach Minister
1959–1962	Mitglied des Senats
1968	Gründung der Parti Socialiste Français
1974	Niederlage bei der Präsidentschaftswahl
1981–1995	zwei Perioden Staatspräsident

JAMES MONROE

James Monroe, dessen nach ihm benannte außenpolitische Doktrin über mehr als ein Jahrhundert die amerikanische Politik vor allem Europa gegenüber bestimmte, stammte aus einer Familie von Tabakfarmern, die nicht reich, aber Landbesitzer waren. Nach Beendigung des College begann er Jura zu studieren, doch nach kurzer Zeit schloss er sich der Continentalarmee im amerikanischen Unabhängigkeitskrieg an. Im Gefecht von Trenton traf ihn ein Schuss in die linke Schulter, die Kugel wurde nie entfernt.

Nach dem Militärdienst nahm er nach weiteren Studien wieder den juristischen Beruf auf und heiratete. Doch er stieg auch in die Politik ein, 1782 wurde er in die Volksvertretung von Virginia gewählt, von 1783 bis 1786 gehörte er dem Continentalkongress, das heißt, der Volksvertretung der Vereinigten Staaten, an. 1790 wurde Monroe Senator für Virginia. In der Folge übernahm er eine Reihe verschiedener offizieller Funktionen, wurde Botschafter in Frankreich, wo er der Französischen Revolution voll Sympathie begegnete, unter der Präsidentschaft von Thomas Jefferson verhandelte er 1803 in Paris den Erwerb von Louisiana, ging noch auf diplomatische Missionen nach Madrid und London. Außerdem wurde er zweimal zum Gouverneur von Virginia gewählt, von 1811 bis 1814 diente er seinem Land als Secretary of State. In all den Jahren stand er auf der Seite von Jeffersons Republican Party, mit dem Präsidenten selbst

175

war Monroe eng befreundet. 1814 übernahm er kurz auch das Kriegsministerium.

1816 wurde er zum Präsidenten der Vereinigten Staaten gewählt und trat das Amt wie üblich zum Januar 1817 an. 1820 kandidierte er ein zweites Mal höchst erfolgreich, da die föderalistische Partei fast zusammengebrochen war und es keinen ernst zu nehmenden Gegenkandidaten gab.

Zu Beginn seiner Präsidentschaft im Jahr 1817 unternahm Monroe zwei ausgedehnte Reisen durch alle Staaten, um die einzelnen Länder kennenzulernen und um sich bei der Bevölkerung bekannt zu machen.

In seine Präsidentschaft fällt die Gründung der westafrikanischen Republik Liberia mit amerikanischer Unterstützung, die Hauptstadt Monrovia wurde nach ihm benannt. 1819 erfolgte der Kauf Floridas von Spanien. Mit Hilfe des Missouri-Kompromisses wurde dieser Sklavenstaat in die Union aufgenommen, dafür wurde Maine von Massachusetts abgetrennt und als sklavenfreier Staat organisiert, um das Gleichgewicht zwischen den sklavenlosen Staaten des Nordens und den Sklavenhalterstaaten des Südens zu bewahren.

Monroe unternahm alles, um die Position des Bundesstaates zu stärken, er kümmerte sich um die Organisation der Bundesarmee und den Ausbau von Kriegshäfen. Um den amerikanischen Handel zu schützen, entsandte er Kriegsschiffe nach Westindien, aber auch an die afrikanische Küste. Ab den frühen 1820er-Jahren erkannte Amerika die neuen unabhängigen Staaten Lateinamerikas an. 1823 verkündete er die berühmte Monroe-Doktrin – sie wurde erst ab 1853 als solche bezeichnet –, die von seinem Außenminister John Quincy Adams formuliert worden war. Diese Doktrin legte die Grundsätze für die amerikanische Außenpolitik für mehr als ein Jahrhundert fest. Amerika wollte keine Kolonien mehr auf dem amerikanischen Kontinent dulden. Einmischungen europäischer Mächte in die Angelegenheiten amerikanischer Staaten – wie dies etwa noch in den 60er-Jahren in Mexiko mit der Kaiserkandidatur des Habsburgers Maximilian mit französischer Unterstützung geschah – würden den amerikanischen Interessen zuwiderlaufen. Außerdem würde sich Amerika zu keinem Bündnissystem mit europäischen Staaten verpflichten. Ursache für diese klare Distanzierung vom

Kolonialismus und für den amerikanischen Isolationismus war das Vorgehen der Heiligen Allianz in Europa, von dem man befürchtete, dass es auf Lateinamerika übergreifen könnte. Auch gegenüber Russland, das damals noch Alaska besaß und Tendenzen erkennen ließ, sich nach Süden Richtung Kalifornien auszudehnen, setzte Monroe damit eine klare Grenze.

In beiden Amtsperioden war Monroe auch vehement gegen die Sklaverei aufgetreten. Viel Augenmerk wurde während seiner Administration der Ausweitung der Handelsbeziehungen mit allen Staaten auf der Basis der völligen Gegenseitigkeit geschenkt.

Nachdem Monroe seine Amtsgeschäfte an John Quincy Adams übergeben hatte, bemühte er sich mit Jefferson um die Gründung einer Universität für Virginia.

* 28. April 1758 in Westmoreland County (Virginia)

† 4. Juli 1831 in New York

1776	in der Continentalarmee
1782	Virginia Convent
1783–1786	Continentalkongress
1790	Senator
1803	Erwerb von Louisiana
1811–1814	Außenminister
1817–1825	US-Präsident
1819	Kauf Floridas
1823	Monroe-Doktrin

Thomas Morus

Thomas Morus, Jurist und Friedensrichter, war einer der bedeutendsten Gelehrten seiner Zeit. Er war ein brillanter Prosaist, der sich für die Belebung der Sprachen der Antike, für Latein und Griechisch, einsetzte. Auch die Latinisierung seines Familiennamens aus More in Morus resultierte aus seiner Begeisterung für die antike Welt. Er stand mit den Großen seiner Zeit in Verbindung, Erasmus von Rotterdam war sein persönlicher Freund. 1449 traf er ihn erstmals in London, 1508 war Erasmus Gast im Haus Mores. Er schrieb damals das »Lob der

Torheit« (Moriae encomium), das ein Wortspiel auf Mores Namen darstellt.

Thomas More war der Sohn eines Richters und besuchte eine Lateinschule. Mit zwölf Jahren fand er als Page Aufnahme am Hofe des Lordkanzlers Erzbischof John Morton, der ihn nach Oxford zum Studium der alten Sprachen schickte. 1501 schloss er ein juristisches Studium ab, schrieb Verse in lateinischer und englischer Sprache und lehrte an der Universität. Überdies arbeitete er als erfolgreicher Rechtsanwalt. 1504 wurde er Parlamentsmitglied, wo er bald beträchtliches Aufsehen erregte, als er eine Steuererhöhung von König Heinrich VII. sehr eloquent ablehnte. Eine Zeit lang erwog er, Mönch zu werden, und lebte gleichsam zur Probe einige Monate in einem Kartäuserkloster in London. Doch 1504 heiratete er Joan Colt, mit der er fünf Kinder in die Welt setzte. Tragischerweise verstarb sie schon nach sechs Jahren Ehe. Der Witwer ging bald darauf eine zweite Ehe mit Alice Middleton ein, die kinderlos blieb. Morus erzog alle Kinder gleich, die Mädchen ebenso wie seinen einzigen Sohn. Da er recht wohlhabend war, spendete er viel für die Hungernden.

Nach dem Tod von König Heinrich VII. 1509 erhielt er wieder ein öffentliches Amt, und ab 1510 wirkte er einige Jahre als »Undersheriff« von London und lehrte Recht. Der neue König, Heinrich VIII., wurde bald auf den hochintelligenten Mann aufmerksam, vor allem nach Erscheinen seines Buches »De optimo statu rei publicae deque nova insula Utopia« (Über den Idealzustand des Staates und über die neue Insel Utopia). Die »Utopia«, basierend auf den Schriften von Platon und Tacitus, wurde bald eines der einflussreichsten Werke der Zeit. Er schildert in einem fiktiven Tagebuch einen Inselstaat, in dem völlige materielle Gleichheit herrscht. Niemand besitzt Privateigentum, es gibt kein Geld, und damit leben alle ohne Konflikte. Außerdem wird die religiöse Toleranz gewahrt. Der Einzelne ordnet seine Interessen den Interessen der Gemeinschaft unter, jeder kann Bildung erwerben, jeder hat aber auch zu arbeiten. Die Grundfinanzierung des Staates und damit der Autarkie kommt allerdings von auswärtigen Kolonien. Ob Morus Zustände seiner Zeit anprangern, einem Traum nachhängen oder bloß ein Gegenbild zu seiner Zeit entwerfen wollte – wir wissen es nicht.

Kurz nach Erscheinen des Buches trat er in den Dienst des

Königs ein, wurde sein Vertrauter und Mitglied des Geheimen Rates, 1521 sogar zum Ritter geschlagen. Als entschiedener Gegner Martin Luthers entwarf er gleichsam als Ghostwriter eine Streitschrift für seinen König, die dieser unter eigenem Namen veröffentlichte. Heinrich VIII. erhielt für diese Schrift vom Papst den Titel »Verteidiger des Glaubens«.

Thomas Morus erklomm weitere Stufen auf der Karriereleiter, er wurde zum Parlamentssprecher bestellt und 1529 schließlich zum Lordkanzler berufen, das höchste Amt im Königreich. Er löste Kardinal Thomas Wolsey ab, der in der Behandlung der Scheidungsfrage des Königs nicht erfolgreich gewesen war. Außenpolitisch hätte es keine Probleme gegeben, und auch ein wirtschaftlicher Aufschwung wäre möglich gewesen, wenn sich König Heinrich VIII. nicht unbedingt von seiner Frau, der Spanierin Katharina von Aragón, hätte scheiden lassen wollen, da sie ihm keinen Sohn gebar. Außerdem hatte er längst eine jüngere Geliebte in Anne Boleyn, die er unbedingt heiraten wollte. Er suchte nach einem Weg, wie er dies vom Papst erreichen könnte. Da sich dieser weigerte, trennte Heinrich VIII. sich von der römischen Kirche und verlangte, dass seine Untertanen ihn als Oberhaupt der anglikanischen Kirche anerkennen sollten. Angesichts dieser Entwicklung trat Morus 1532 zurück, da er dem König auf dem Weg zum Konflikt mit dem Papst nicht folgen konnte und wollte. Nun verlangte der König zunächst von allen Klerikern, den Suprematseid zu leisten, den König als Oberhaupt der anglikanischen Kirche anzusehen und dem Papst damit den Gehorsam zu verweigern. In der Folge forderte der König diesen Eid auch von allen, die ein öffentliches Amt innehatten. Thomas Morus weigerte sich 1534, den Eid vor dem Kronrat zu leisten. Er hielt der römischen Kirche, die aufgrund des Kirchenrechts als Einzige befugt war, eine Scheidung auszusprechen, die Treue. Daraufhin wurde er in den Tower gebracht, vor Gericht gestellt und zur üblichen Folge von grausamen Todesstrafen verurteilt. Während seiner Haft schrieb Morus religiöse Traktate und Trostschriften. Der König begnadigte ihn insofern, als er das Bauchaufschlitzen, das Gedärmeausreißen und das Vierteilen wegfallen und ihn nur köpfen ließ. Sein Kopf wurde aufgespießt und auf der London Bridge zur Schau gestellt, sein gesamtes Vermögen wurde zugunsten der Krone eingezogen. Morus' Tochter Margaret Roper, übrigens eine der gebildetsten und klügsten Frauen ihrer Zeit, konnte den Kopf ihres Vaters gegen ein Bestechungsgeld in Sicherheit bringen.

Schon Morus' Zeitgenossen sahen in seiner Hinrichtung einen politisch motivierten Justizmord, 1886 wurde Thomas Morus vom Heiligen Stuhl selig gesprochen, 1935, in einer Zeit, in der politisch motivierte Urteile und Gewalttaten an der Tagesordnungen waren, in der totalitäre Regime Andersdenkende mit dem Tode bestraften, wurde Morus heilig gesprochen – ein Zeichen der römisch-katholischen Kirche, dass das Stehen zur Wahrheit und zu Überzeugungen eine beispielgebende Tat sei. Im Jahr 2000 schließlich ernannte ihn, der Zeugnis abgelegt hatte für den Primat der Wahrheit vor der Macht, Papst Johannes Paul II. zum Patron der Regierenden und der Politiker. Leben und Schicksal des Thomas Morus wurden in Theaterstücken und in Filmen behandelt.

* 7. Februar 1478 in London
† 6. Juli 1535 in London (hingerichtet)

1501	Abschluss des Studiums
1504	Parlamentsmitglied, Heirat
1510	Undersheriff
1516	Erscheinen von »Utopia«
1517	im Dienst des Königs
1521	Erhebung in den Ritterstand
1523	Parlamentssprecher
1529	Lordkanzler
1532	Rücktritt
1534	Inhaftierung im Tower

Werke (Auswahl)

The history of king Richard the third (1513)
The four last Things (1522)
Dialogue of Divers Matters Concerning Heresies (1528)
Supplication of Souls (1529)
Apology (1533)
Treaties upon the Passions (1534)
Epistulae

GAMAL ABDEL NASSER

Der ägyptische Offizier Gamal Abdel Nasser, der mit einem Staatsstreich sowohl die Briten als auch König Faruk aus Ägypten vertrieb, wurde zu einem Symbol für die Eigenständigkeit und die Unabhängigkeit in der arabischen Welt. Er war der erste echte Ägypter seit den Pharaonen, der das Land regierte. Damit schuf dieser äußerst charismatische Mann einen Mythos.

Nasser stammte aus einem Armenviertel Alexandrias, wo sein Vater eine lokale Postfiliale leitete. Spätere Apologeten versetzten seinen Geburtsort in die Provinz Assiut, woher wohl seine Vorfahren stammten. Doch er selbst war kein Fellache mehr. Er besuchte die Schule in einem kleinen Städtchen im Delta, später lebte er bei einem Onkel in Kairo. In der Schule hatte er immer wieder Schwierigkeiten mit den zumeist englischen Lehrern. Bei antibritischen Demonstrationen war er stets dabei. Nach der Pflichtschule besuchte er für einige Monate eine Rechtsschule, entschied sich aber dann für die Königliche Militärakademie, die er mit dem Offiziersrang abschloss. Mehrere Jahre diente er in der ägyptischen Armee, unter anderem im Sudan, wo er seinen späteren Nachfolger Anwar as Sadat traf. Beim Krieg gegen Israel 1948 tat er sich als besonders fähiger Offizier hervor.

Schon länger schwelte im Offizierskorps zunehmende Unzufriedenheit – sowohl mit dem unfähigen und untätigen König Faruk als auch mit den eigentlichen Machthabern des Landes, den Briten. Und so bildete sich ein »Komitee der Freien Offiziere«, etwa 90 Mann, die im Juli 1952 in einem unblutigen Staatsstreich sowohl Faruk als auch die Briten hinauswarfen. Damals forderte Sadat sogar eine öffentliche Hinrichtung des gehassten Königs, doch Nasser bremste und ließ Faruk ins Exil gehen. Ein Team von elf Offizieren bildete daraufhin eine Regierung, die unter der Kontrolle Nassers stand, der aber General Ali Mohammed Nagib als Marionette für den Posten des Staatschefs vorschob. Nasser selbst übernahm zunächst das Armeeoberkommando und wurde stellvertretender Vorsitzender des

Revolutionsrates, ein Jahr später stellvertretender Ministerpräsident und Innenminister. Erst 1954, nach der Entmachtung Nagibs, trat er an die Spitze der Regierung und dann auch an die Spitze des Staates. In seinen Zielen zeigte er sich radikaler als Nagib, der eher vorsichtig taktiert hatte. Noch im selben Jahr organisierte die Moslem-Bruderschaft ein Attentat auf Nasser, bei dem er allerdings unverletzt blieb, doch nutzte er diese Gelegenheit, um jene Organisation völlig aufzureiben.

Zwei Jahre später war Ägypten ein sozialistischer Staat, die Staatsreligion war der Islam, nur eine einzige Staatspartei war wählbar. Im Juni 1956 wurde die neue Verfassung in einem Volksentscheid mit 99,8 Prozent beschlossen, Nasser wurde mit 99,9 Prozent der Stimmen zum Staatsoberhaupt gewählt.

Der gewählte Staatschef hegte große Modernisierungs- und Industrialisierungspläne für das Land. Eines dieser gewaltigen Projekte sollte der Assuan-Staudamm sein, der für die dringend benötigte Energie sorgen musste. Die USA und Großbritannien hatten bereits eine Anleihe in der Höhe von 270 Millionen Dollar zugesagt, als der damalige amerikanische Außenminister John Foster Dulles die Zusage wieder zurücknahm. Darauf reagierte Nasser mit der Verstaatlichung des Suezkanals, dessen Aktienmehrheit bislang von Briten und Franzosen gehalten worden war. Die Amerikaner brachten für diese Vorgangsweise durchaus Verständnis auf, was dazu führte, dass in der Suez-Krise und dem nachfolgenden Krieg mit Israel Ägypten die Sinai-Halbinsel verlor und seine gesamte Luftwaffe zerbombt wurde. Die Verstaatlichung aber blieb, die zerstörten Waffen wurden eilends von den Sowjets ersetzt, und auch für die Finanzierung des Assuan-Staudammes sprangen sie ein. Trotz dieser Niederlage verlor Nasser nichts an Prestige in der arabischen Welt, im Gegenteil, 1958 erreichte er die Vereinigung von Syrien mit Ägypten in der Vereinigten Arabischen Republik (VAR) unter seiner Präsidentschaft. Dieser Staatenbund hatte nur eine dreijährige Lebensdauer, dann stieg Syrien wieder aus, zeigt aber deutlich, welch hochfliegende Pläne Nasser hegte. Er wollte die arabische Welt gleichsam unter seiner Flagge einen.

International war Nasser durch seine Teilnahme an der Konferenz von Bandung 1955, bei der die Gruppe der blockfreien Staaten, in erster Linie Jugoslawien, Indien und Ägypten, gebildet wurde, ein geschätzter und geachteter Führer der arabischen Welt, der auch als Sprecher für die Dritte Welt fungierte. So griffen ägyptische Truppen an der Seite von republikanischen Bewegungen ein, wie beim Bürgerkrieg in Jemen 1962.

Seine schwerste Niederlage erlitt Nasser 1967 gegen Israel, die ihn so traf, dass er sofort zurücktreten wollte. Massendemonstrationen für seinen Verbleib zwangen ihn zu einer Meinungsänderung.

Innen- und außenpolitisch war seine Position so gefestigt, und sein Ansehen war so enorm, dass ihm sogar eine derartige Niederlage nichts anhaben konnte: Er hatte das Land ins 20. Jahrhundert geführt, eine Landreform vorgenommen, sogar die Frauen hatten mehr Rechte, als sie je gehabt hatten. Nasser kam den nationalen Wünschen entgegen, indem er die zahlreichen, schon lange in Ägypten lebenden Briten, Italiener und Amerikaner mehr oder weniger gewaltsam zwang, das Land zu verlassen. Dass Ägypten ein Polizeistaat wurde, in dem Zensur herrschte, nahm ihm offenbar niemand übel. Von einer Demokratie im westlichen Sinne zu sprechen wäre reiner Hohn, und doch wurde dieser charismatische Mann das Idol der arabischen Massen. Er verkörperte für sie das längst erwünschte Selbstbewusstsein, er gab dem Land eine gewisse nationale Würde.

Noch kurz vor seinem Tod – Nasser starb überraschend an Herzversagen – hatte er seine Bereitschaft bekundet, einem US-Plan für Friedensverhandlungen mit Israel zuzustimmen.

* 15. Januar 1918 in Alexandria

† 28. September 1970 in Kairo

1948   Teilnahme am Krieg gegen Israel

1952   Staatsstreich der Offiziere

1954   Nasser wird Ministerpräsident und Staatschef, Attentat

1955   Konferenz von Bandung

1956   Wahl zum Staatschef mit 99,9 Prozent, Suez-Krise

1958–1961 Vereinigte Arabische Republik

1967   Niederlage gegen Israel

Jawaharlal Nehru

Nehru, aus einer vornehmen Brahmanenfamilie aus dem Kaschmir stammend, wurden alle Möglichkeiten der guten Erziehung geboten. Sein Vater, ein angesehener Politiker, schickte den Sohn auf die Internatsschule Harrow, anschließend studierte er Jura in Cambridge. Nehru hatte noch drei Geschwister, eine seiner Schwestern, Vijaya Lakshmi Pandit, wurde die erste weibliche Präsidentin der UN-Generalversammlung. Schon 1912 wurde der junge Nehru in London als Anwalt zugelassen, doch ab 1916 ließ er sich in Indien als Anwalt nieder und heiratete Kamala Kaul, die ebenfalls aus einer Familie aus dem Kaschmir stammte. Die gemeinsame Tochter Indira wurde später Indiens Premierministerin.

Während des Ersten Weltkrieges lernte er in Indien Gandhi kennen, dessen Konzept der Gewaltlosigkeit zur Durchsetzung eines großen Zieles, nämlich der Unabhängigkeit Indiens von der britischen Kolonialmacht, ihn faszinierte. Ab 1919 war er ständig um Gandhi und begleitete ihn bei seinen politischen Kampagnen.

Er wurde Gandhis – der das spirituelle Oberhaupt der Unabhängigkeitsbewegung bildete – politischer und administrativer Arm, vor allem im Rahmen der Kongress-Partei, die Nehru zu einem landesweiten politischen Instrument formte. Sein unbeugsames Engagement für die indische Unabhängigkeit und seine Loyalität für Gandhi brachten ihn insgesamt für 14 Jahre wegen Widerstandes gegen die britische Kolonialmacht ins Gefängnis. Zuletzt saß er in den Kriegsjahren 1942 bis 1945 im Kerker.

Wesentlich für Nehrus politisches Weltbild wurde eine Europareise in den Jahren 1926 und 1927, bei der er auch die Sowjetunion besuchte. Damals begann er sich für das Gedankengut von Sozialismus und Marxismus zu interessieren. Zwar teilte er nicht die Marx'schen Grundsätze, schon gar nicht seine Methoden, aber er entdeckte so manches, das sich für das indische Beispiel sehr wohl anwenden ließ. Trotzdem fand er sich immer auf dem gemäßigteren Weg, wie er auch von der indischen

Kongress-Partei vertreten wurde. Dies kam auch Gandhis Intentionen sehr gelegen, der im Laufe der Jahre, zunächst unausgesprochen, doch ab den 40er-Jahren auch offen erklärt, in Nehru einen Nachfolger sah.

Nach dem Zweiten Weltkrieg, der die geopolitische Situation für Indien wesentlich verbessert hatte, vor allem durch die wirtschaftliche Schwächung des britischen Mutterlandes, wurde Nehru 1946 Premierminister der Interimsregierung. Die Unabhängigkeitserklärung Indiens ein Jahr später trägt in vielem Nehrus Handschrift. Er war auch Realist genug, um der Teilung des Landes in das hinduistische Indien und das moslemische Pakistan zuzustimmen.

In den nächsten zwei Jahrzehnten bestimmten Nehrus Kongress-Partei und er selbst als Premier und Außenminister das politische Schicksal Indiens.

Nehru definierte die außenpolitische Position Indiens und verschaffte der größten Demokratie der Welt einen anerkannten Platz im Konzert der Mächte. 1955 nahm er an der Konferenz von Bandung teil, bei der sich die Gruppe der Blockfreien, jener Staaten, die dezidiert weder dem Ostblock noch den Westmächten angehören wollten, bildete. Mit Nasser und Tito wurde Nehru nun Sprecher dieser Dritten Welt.

Das Verhältnis zu Großbritannien wurde in seiner Ära wesentlich entkrampft, aber auch entsprechend gelockert, wiewohl Nehru dafür sorgte, dass Indien im Verband des Commonwealth blieb. Der alte, 1931 mit dem Statut von Westminister gebildete Commonwealth of Nations wurde ja mit der Unabhängigkeit Indiens aufgelöst. An seine Stelle trat der New Commonwealth, ein loser Staatenbund, dem inzwischen 53 Staaten angehören, wobei nicht alle ehemalige britische Kolonien sind. Durch konsequente Fortsetzung dieser politischen Grundsätze gewann Indien eine sehr selbstständige und geachtete Position in der Weltpolitik. Nehrus Stimme wurde sowohl in Washington als auch in Moskau gehört.

Wenn Nehru auch innenpolitisch nicht immer sehr erfolgreich agierte und die wirtschaftliche Lage des Landes nur sehr langsam auf Touren kam, blieb seine Popularität bei den Massen dennoch ungebrochen. Die indische Bevölkerung verzieh ihm auch, dass er nicht konsequent zu seiner Politik der Gewaltlosigkeit stand, sondern auch Krieg führte, etwa beim gewaltsamen Anschluss der portugiesischen Kolonie Goa (1961) an Indien oder beim blutigen Grenzstreit mit China 1962. Vor allem letzterer Konflikt deckte die gewaltigen Probleme des indischen Subkontinents auf, der noch immer auf Hilfe aus dem Westen angewiesen war.

1957 gab Nehru die Führung der Kongress-Partei ab, behielt aber weiterhin alle politischen Fäden in seiner Hand. Von seinen Anhängern erhielt er den Ehrennamen »Pandit«, was so viel wie Lehrer bedeutet. Als Nachfolger Gandhis, der Indien spirituell auf den Weg in die Unabhängigkeit gebracht hatte, aber sonst sehr den Traditionen verbunden blieb, war Nehru der Mann der Modernisierung, der Indien fit machte für den Eintritt in die westliche Welt der Großmächte. Er setzte sich für die Demokratie, einen gemäßigten Sozialismus, die Unverletzlichkeit des Staates und eine strikte Trennung von Staat und Religion ein.

Nehru kümmerte sich aber auch um soziale Fortschritte, eine Regelung, auf die er besonders stolz war, war die gleiche Erbberechtigung für Männer und Frauen. Ein Problem, das Nehru nicht zu lösen vermochte und das noch immer ungelöst bleibt, ist die Kaschmir-Frage. Der Streit zwischen Indien und Pakistan bzw. der Autonomiebewegung in Kaschmir ist noch immer virulent.

Für das moderne Indien war Nehru der Wegbereiter, seiner Tochter und seinem Enkel – beide wurden Regierungschefs – gab er ein Beispiel in westlicher Demokratie.

* 14. November 1889 in Allabad
† 27. Mai 1964 in Neu-Delhi

1912	als Anwalt zugelassen
1923–1939	mehrmals Präsident und Generalsekretär des Indischen Nationalkongresses
1933	Führer der Kongress-Partei
1942–1945	Gefängnis
1946	Premier der Interimsregierung
1947–1964	Premier und Außenminister
1961	Eroberung von Goa
1962	Grenzkonflikt mit China

RAYMOND POINCARÉ

Raymond Poincaré, mehrfacher französischer Ministerpräsident und Staatspräsident während des Ersten Weltkrieges, begann zunächst eine vielversprechende Anwaltskarriere, bevor er für das lothringische Department Meuse 1887 in die Kammer gewählt wurde. Schon bald verschaffte er sich den Ruf eines kenntnisreichen, doch konzilianten und gemäßigten Politikers. Er zeigte sich gerne bereit, jenseits aller Parteigrenzen einen Weg für eine politische Lösung zu finden. Gerade diese Eigenschaft prädestinierte ihn, in ausweglosen politischen Situationen der Einzige zu sein, der mit allen eine Gesprächsbasis hatte und daher eine Lösung erreichen konnte.

Bereits 1893 war er in der Kammer Generalberichterstatter für das Budget im Finanzausschuss. Im selben Jahr wurde er als jüngster Minister an die Spitze des Unterrichtsressorts berufen. Zwei Jahre später wurde er kurz Finanzminister und dann wieder Unterrichtsminister. In diesem Ressort zeigte Poincaré eindeutiges politisches Profil. Er selbst war zwar laizistisch, duldete aber keine kämpferisch antiklerikalen Töne. Er wollte eine »neutrale« Schule, in der statt geistlicher Prägungen in den Kindern die Vaterlandsliebe geweckt werden sollte.

1895 kehrte er nach einer Wahlniederlage wieder in seinen Anwaltsberuf zurück. Der Dreyfus-Skandal des Jahres 1898 sah ihn zunächst an der Seite der Skeptiker, ja er wollte die ganze Angelegenheit am liebsten vertuschen, doch bald stand er für Dreyfus ein, bemerkenswerterweise vor allem aus juristischen Überlegungen. Gleichzeitig ging er aber auf Distanz zur Linken und weigerte sich, deren antiklerikale Politik zu unterstützen. 1903 bis 1911 saß er im Senat.

1911, wenige Jahre vor Ausbruch des Ersten Weltkrieges, bedurfte es wieder einer gemeinsamen nationalen Haltung: Poincaré war der Mann der Stunde. 1912 übernahm er das Amt des Ministerpräsidenten und führte der schon bestehenden Tripel-Allianz durch weitere militärische Abkommen neue Kraft zu. Er bemühte sich redlich, das Verhältnis zwischen Armee und Bevölkerung, das nicht zum Besten stand, wieder zu verbessern.

1913 wurde er zum Staatspräsidenten gewählt. Am Vorabend des Ersten Weltkrieges setzte er in dieser Funktion sehr klare außenpolitische Signale. Im Juli 1914 besuchte er mit Ministerpräsident René Viviani Petersburg und versicherte die Russen der französischen Bündnistreue, warnte aber gleichzeitig davor, sich provozieren zu lassen.

Nach Kriegsausbruch forderte er die Parteien zur »union sacrée«, ähnlich dem deutschen »Burgfrieden«, auf. Es gelang ihm, die Kriegsmoral der Franzosen zu mobilisieren, auch weil er diesen Krieg für einen gerechten hielt. 1917 musste er jedoch seinen ärgsten politischen Feind, Georges Clemenceau, zum Ministerpräsidenten ernennen. Diesem gelang es, Poincarés Einfluss entscheidend zurückzudrängen. Nun geschah, was Clemenceau wollte – Poincarés Vorstellungen und Bedenken blieben ungehört, vor allem bei den Friedensverhandlungen. So stand er etwa in der Frage der Rheingrenze ganz und gar nicht auf der Seite Clemenceaus.

Nach den Pariser Vorortverträgen, als Amerika den Versailler Vertrag nicht ratifizierte, wandelte er sich aus Sorge um die französische Sicherheit zu einem unerbittlichen Vertreter der Reparationszahlungen und übernahm – nach seinem Ausscheiden aus dem Präsidentenamt – den Vorsitz in der Reparationskommission. Frankreichs wirtschaftliche und finanzielle Lage war durch die Kriegskosten angespannt, er achtete peinlich auf pünktliche Leistungen seitens des Deutschen Reiches.

1922 trat er abermals an die Spitze eines Kabinetts, wegen der Währungskrise wieder an der Zahlung der Reparationen interessiert. 1923 nahm er einen geringfügigen Vorfall zum Anlass, um das Ruhrgebiet als »produktives Pfand« zu besetzen. Diese Aktion löste jedoch die Währungskrise keineswegs, sie führte aber zur einer diplomatischen Isolation Frankreichs, während Deutschland im Ausland an Sympathien gewann. Als er meinte, der Währungskrise mit Steuererhöhungen beikommen zu können, verlor er den letzten Rest seiner Popularität und wurde durch einen Sieg der Linken abgewählt.

1926 kehrte Poincaré noch einmal als Premier zurück und meisterte auch das Währungsproblem, indem er den Franc-Kurs dem Goldstandard anpasste. 1929 musste er aber infolge gesundheitlicher Probleme auf das Amt verzichten.

* 20. August 1860 in Bar-le-Duc
† 15. Oktober 1934 in Paris

1887   Wahl in die Kammer
1893   Generalberichterstatter, Unterrichtsminister
1903–1911 Mitglied des Senats
1912–1913 Ministerpräsident
1913–1920 Staatspräsident
1922–1924 Ministerpräsident
1926–1929 Ministerpräsident

Werke

Au Service de la France (10 Bände, 1926-1933, Memoiren)

GEORGES JEAN-RAYMOND POMPIDOU

Der französische Staats- und Regierungschef Pompidou wollte ursprünglich keine politische Laufbahn einschlagen, sondern wurde nach einem Studium der Literatur und Altphilologie Gymnasiallehrer in Marseille und in Paris. Sein Vater war ebenfalls Lehrer gewesen.

Während des Zweiten Weltkrieges rückte Pompidou als Leutnant ein und wurde mit dem Croix de Guerre (Kriegskreuz) ausgezeichnet. In der zweiten Jahreshälfte 1944 wurde er Charles de Gaulle, der damals einen Mann mit literarischer Bildung und Schreibqualitäten suchte, vorgestellt. Bis zu diesem Zeitpunkt hatte sich Pompidou nie mit Politik beschäftigt und verfügte auch über keinerlei intimere Kenntnisse. Als Mitglied des persönlichen Stabes des Generals erwies er sich aber als sehr geschickt in der Formulierung und Vermittlung von de Gaulles politischen Ideen. Er blieb im Kabinett de Gaulles bis zu seinem Rücktritt 1946, danach gehörte er dem Schattenkabinett als Kabinettschef und persönlicher Berater an. Zwischen 1946 und 1954 war er Berichterstatter im Staatsrat, Frankreichs oberstem Verwaltungsgerichtshof, bis 1949 war er auch im Kommissariat für Tourismus tätig.

1954 quittierte Pompidou den Staatsdienst und übernahm einen Bankdirektionsposten im Rothschild-Konzern. Obwohl er auch von Bankgeschäften keine profunden Kenntnisse hatte, arbeitete er sich offenbar so gründlich und intensiv ein, dass er bereits zwei Jahre später zum Generaldirektor arrivierte und Treuhänder verschiedener Eisenbahn- und Versicherungsgesellschaften wurde.

Als de Gaulle am Höhepunkt der Algerienkrise im Sommer 1958 an die Macht zurückkehrte, holte er sich Pompidou, mit dem er immer im Kontakt geblieben war, als Kabinettschef in sein Team, wo er allerdings nur bis Januar 1959 blieb. Die kurze Zeit reichte jedoch aus, dass Pompidou beim Entwurf der Verfassung für die V. Republik und bei den Planungen für eine wirtschaftliche Sanierung Frankreichs eine ganz entscheidende Rolle spielte. Anschließend kehrte er wieder in den Rothschild-Konzern zurück.

Zwei Jahre später – de Gaulle war mittlerweile Staatspräsident – betraute er ihn mit Geheimverhandlungen mit der algerischen Front de Liberation Nationale (FLN) in Genf. Pompidou vereinbarte einen Waffenstillstand zwischen den französischen Truppen und den algerischen Guerillas. Auf dieser Basis kam es zum Abschluss des Abkommens von Evian, das den Rückzug Frankreichs aus Algerien einleitete.

De Gaulle ersetzte im April 1962 den bisherigen Ministerpräsidenten Michel Debré durch Pompidou, der für die Öffentlichkeit ein totaler Newcomer war. Doch er genoss das Vertrauen des Generals und war bereit, dessen Politik konsequent zu verfolgen. Er führte Frankreich aus der NATO heraus und legte ein Veto gegen den Beitritt Englands zur EWG ein – bei gleichzeitiger Annäherung Frankreichs an die Sowjetunion. Und setzte damit die ersten Schritte für de Gaulles Konzept eines Europas der Vaterländer. Bis zu den Unruhen im Mai 1968 war Pompidous Politik in Frankreich durchaus akzeptiert, wofür auch sein Wahlerfolg im Juni 1968 sprach. Er war immerhin sechs Jahre und drei Monate Ministerpräsident gewesen, eine für französische politische Usancen unglaublich lange Zeit. Den Höhepunkt seiner politischen Laufbahn erreichte er im krisenhaften Sommer 1968, als er intensive Verhandlungen mit Arbeitern und Gewerkschaften führte und de Gaulle überredete, die nötigsten sozialen Reformen und eine Neuordnung des Universitätswesens durchzuführen. Pompidou war es, der das Grenelle-Abkommen schloss, das die Streiks beendete. Sein Appell, zu

Recht und Ordnung zurückzukehren, ließ die Gaullisten einen bisher noch nie da gewesenen Wahlsieg mit absoluter Mehrheit einfahren. Doch das gute Verhältnis zu de Gaulle hatte gelitten, Pompidou wurde im Juli 1968 entlassen, er verlor allerdings sein Prestige nicht, und vor allem hatte er noch immer großen Einfluss bei den Gaullisten.

Im April des nächsten Jahres trat de Gaulle ebenso überraschend wie abrupt zurück. Pompidou stellte sich den Wahlen zum Staatspräsidenten, wobei er im zweiten Wahlgang mehr als 58 Prozent erreichte. Er setzte wohl die großen Linien der Politik de Gaulles fort, verlieh ihnen aber doch sehr eigenständige Akzente. Seine Bemühungen um wirtschaftliche und kulturelle Beziehungen zur arabischen Welt kann man durchaus als erfolgreich bezeichnen. Eine weniger glückliche Hand zeigte er im Verhältnis zu den Vereinigten Staaten, hier war es nach wie vor die NATO-Frage, die die beiden Staaten entzweite. Zur Bundesrepublik Deutschland waren die Beziehungen korrekt, aber kühl. Ein sichtlicher Erfolg war Pompidou mit Großbritannien beschieden, dessen Eingliederung in die EWG er forcierte. Die Linken griffen Pompidou 1972 schwer an, weil er die Politik der Vereinigten Staaten im Vietnamkrieg unterstützte.

Ein bleibendes Denkmal setzte sich Pompidou mit dem nach ihm benannten Centre Georges Pompidou, das nach Plänen des Italieners Renzo Piano auf dem Areal von Les Halles errichtet wurde. Dieses ultramoderne Kulturzentrum, das eine Bibliothek, eine Kunstsammlung und ein musikwissenschaftliches Forschungszentrum umfasst, ist dem Grundsatz des freien Zugangs zur Kultur für jedermann verpflichtet. Der 1977 fertig gestellte Bau konnte in 20 Jahren mehr als 150 Millionen Besucher anlocken, jedenfalls bei weitem mehr, als je prognostiziert wurde.

* 5. Juli 1911 in Montboudif (Dep. Cantal)

† 2. April 1974 in Paris

1944–1946 im Stab de Gaulles

1946–1949 Kommissariat für Tourismus

1946–1954 Berichterstatter im Staatsrat

1954 Bankdirektor

1956   Generaldirektor
1962–1968 Premierminister
1969–1974 Staatspräsident

Julius Raab

Julius Raab, der Mann, unter dessen Kanzlerschaft der Österreichische Staatsvertrag unterzeichnet wurde, konnte nicht nur nach zehn Jahren vergeblichen Bemühens die Finalisierung der Verhandlungen zu diesem Dokument erreichen, sondern er trug auch einen ganz wesentlichen Aspekt zur Realisierung des Vertrages bei, indem er den Gedanken der Neutralität in die festgefahrenen Verhandlungen einbrachte. Für die österreichische Bevölkerung der armen Nachkriegszeit symbolisierte Raab all jene Tugenden, die Österreich damals zu einem in seiner Geschichte beispiellosen Aufschwung verhalfen. Raab war uneitel, fleißig, nüchtern, mäßig und bescheiden, von einer schlichten und tief empfundenen Frömmigkeit durchdrungen.

Raabs Vorfahren stammten aus Schlesien, sein Vater kam als Baumeister und Zimmermann in der Gründerzeit nach Wien, wo er unter anderem am Bau der Universität Wien mitwirkte. 1885 trat Raabs Vater in die St. Pöltener Baufirma Wohlmeyer ein und heiratete die Schwester des Chefs. Die Wohlmeyers waren eine Dynastie von Baumeistern, einer der Onkel, Johann Wohlmeyer, war Reichsratsabgeordneter. Julius Raab, der noch zwei jüngere Brüder hatte, besuchte das Stiftsgymnasium Seitenstetten, dessen benediktinische Lebensweise ihn zutiefst prägte.

Nach dem Abitur mit Auszeichnung begann er mit Feuereifer ein Studium der Hoch- und Tiefbautechnik und trat auch sofort der katholischen Studentenverbindung Norica bei, einer der einflussreichsten Verbindungen des Kartellverbandes. Doch im zweiten Semester wollte er plötzlich auf Medizin umsatteln, was ihm seine Mutter erfolgreich ausreden konnte. Schließlich entschied er sich, zu den Sappeuren nach Krems zu gehen, wo er sein Einjährig-Freiwilligen-Jahr absolvierte. Bei dieser Truppe mit ihren hohen technischen Ansprüchen fühlte er sich wohl. Doch kaum war er wieder an der Hochschule, brach der Erste Weltkrieg aus. Raab kam nach kurzen Einsätzen an der russischen Front an den Isonzo, dort nahm er an allen zehn Isonzo-Schlachten teil und wurde vielfach ausgezeichnet.

Nach dem Waffenstillstand von Villa Giusti im November 1918 führte er seine Truppe ordnungsgemäß nach St. Pölten zurück, wo er sie am Bahnhof abrüstete – eines der wenigen Kriegserlebnisse, über das Raab selbst erzählte. Der Umsturz nach dem Krieg, die Wirrnisse mit Soldaten- und Arbeiterräten, der Zusammenbruch eines Großstaates, all das hinterließ bei Raab bleibende Eindrücke. 1922 beendete er seine Ingenieursausbildung und trat als Bauleiter in die väterliche Firma ein, ein Jahr später heiratete er Hermine Haumer, die Ehe blieb leider kinderlos.

Sein Einstieg in die Politik erfolgte über die Funktion eines Bezirksparteisekretärs der Christlichsozialen Partei, für die er auch von 1927 bis 1933 im St. Pöltener Gemeinderat saß. 1927 zog er in den Nationalrat ein und wollte eigentlich einen Berufsverband der Gewerbetreibenden aufbauen. Doch Parteiobmann Ignaz Seipel delegierte ihn als seinen Vertrauensmann in die niederösterreichische Heimwehr, er wollte wissen, was dort vorging und wie weit er mit dieser Gruppierung rechnen konnte. 1928 wurde Raab zum Landesführer gewählt, im Sinne Seipels hätte er diese Landesorganisation verstärkt in die Christlich-soziale Partei integrieren sollen. Die in der Heimwehr vorherrschenden autoritären und auch korporatistischen Tendenzen störten wahrscheinlich weder Raab noch Seipel. Auch wird man in diesen Jahren von Raab kein lupenreines Demokratiebewusstsein erwarten dürfen, war doch Demokratie im gesamten Staat damals ein »Work in progress« und absolut nicht internalisiert. Raab hielt zwar die niederösterreichische Heimwehr aus extremen Tendenzen heraus und kooperierte mit den niederösterreichischen christlichsozialen Politikern, aber als im Mai 1930 in Korneuburg das sogenannte »Korneuburger Gelöbnis«, ein eindeutig faschistoides Programm, angenommen und bekräftigt wurde, war Julius Raab dabei. Doch ihm wurde schnell klar, dass diese Richtung in Zukunft nicht die seine sein konnte, und er trennte sich nach und nach vom Heimatschutz, der eindeutig seine Fühler zur erstarkenden NSDAP ausstreckte, eine Linie, der Raab sicherlich nicht folgen konnte.

Während der Kanzlerschaften von Engelbert Dollfuß und

Kurt Schuschnigg widmete er sich ganz im Sinne des Ständestaates dem Aufbau einer Organisation für Handel und Gewerbe und ging auch auf leichte Distanz zum autoritären Stil. Als 1937 ein Handelskammergesetz beschlossen wurde, trug dies seine Handschrift, konnte aber durch den baldigen Anschluss Österreichs an Nazideutschland nicht mehr verwirklicht werden. Die kurze Phase seines Amtes als Handelsminister im Februar und März 1938 war nur eine Episode.

Nach der Machtergreifung erhielt er zunächst Gauverbot, das heißt Arbeitsverbot in Niederösterreich, ansonsten wurde er nicht verfolgt, nur als wehrunwürdig eingestuft. Möglicherweise hatte der niederösterreichische NS-Gauleiter Jury, einst Hausarzt der Familie Raab, seine Hände im Spiel. Raab arbeitete bei einer Wiener Baufirma, wo er auch zeitweise seinen Freund Leopold Figl unterbringen konnte.

Der provisorischen österreichischen Regierung des April 1945 gehörte Raab als Staatssekretär für öffentliche Bauten, Übergangswirtschaft und Wiederaufbau an. Nach den Wahlen vom November 1945, bei denen die neu gegründete Österreichische Volkspartei die Mehrheit erhielt, sollte Raab Handelsminister werden, doch die Sowjets erhoben gegen ihn Einspruch. So übernahm er die Funktion des Klubobmannes, die auch die enge Kooperation mit dem Koalitionspartner SPÖ umfasste. Gemeinsam wurden die Verstaatlichung des ehemaligen »Deutschen Eigentums«, die Schaffung eines unabhängigen Gewerkschaftsbundes und die gesetzliche Basis für die Handelskammern beschlossen. Raab hatte also aus der ständestaatlichen Zeit und der nachfolgenden NS-Diktatur die Lehren gezogen und erkannt, dass in einer Demokratie vieles nur im Verhandlungswege mit dem politischen Gegner, in diesem Fall den Sozialisten, erreichbar war.

In der Ära der Großen Koalition, die in Österreich bis 1966 anhielt, wurde jenes kooperative und ausgleichende Partnerschaftsklima zwischen den Interessengruppen geschaffen, die Sozialpartnerschaft, die all die Jahre extra legem und sine lege (außerhalb des Gesetzes und ohne Gesetz) existierte und in ganz Europa sehr gewürdigt und bewundert wurde. Julius Raab war ein wesentlicher Teil dieser Sozialpartnerschaft. Strikt gegen Sozialisierungen ohne Not und sehr für den Schutz des

Eigentums als Antriebsmotor für die Konjunktur und für eine für die Wirtschaft erträgliche Sozialgesetzgebung – das waren die Eckpfeiler von Raabs Vorstellungen. Viele dieser Ideen wurden mit den Lohn- und Preis-Abkommen in die Wege geleitet oder durch Sozialgesetze wie Kollektivvertragsgesetz, Arbeiterurlaubsgesetz und Familienlastenausgleichsgesetz in die Tat umgesetzt.

Bei den Wahlen 1953 musste die ÖVP erstmals Einbußen hinnehmen, und Raab meinte, mit einer Dreierkoalition mit dem WdU (Wahlverband der Unabhängigen) eine breite Plattform zu finden, doch Bundespräsident Theodor Körner lehnte ab. Figl legte daher sein Mandat zur Regierungsbildung nieder, und Körner betraute Raab mit der Regierungsbildung, da auch die Russen zu diesem Zeitpunkt nichts mehr gegen ihn einzuwenden hatten. Es gelang ihm durch etliche Zugeständnisse – etwa zwei weitere Staatssekretäre –, mit der SPÖ zu einem Koalitionsübereinkommen zu gelangen.

Hauptaufgabe der ersten Regierung Raab war es, die wirtschaftlichen Probleme des Landes zu lösen. Es herrschten hohe Arbeitslosigkeit und steigende Inflation. Um beides in den Griff zu kriegen, übernahm Österreich mit Verspätung das deutsche Konzept der sozialen Marktwirtschaft, das unter dem Namen Raab-Kamitz-Kurs firmierte. Reinhard Kamitz, Finanzminister schon unter Kanzler Figl, war der geeignete Mann, diesen Stabilisierungskurs durchzusetzen. Strenge Sparsamkeit, verbunden mit Reduzierung des Budgetdefizits, Stabilisierung der Preise, Steuersenkungen und Förderung von Investitionen führten zu einem Ansteigen der Spareinlagen, mehr Geld wurde verfügbar. Das Vertrauen in die Regenerierbarkeit der Wirtschaft wuchs. Dazu kam ein großzügiges Wohnungsbau- und Elektrifizierungsprogramm, was sich relativ rasch in positiven Zahlen äußerte. Daher war es auch ein Leichtes, 1955 das Allgemeine Sozialversicherungsgesetz, das eine Altersversorgung für die Österreicher beinhaltete, im Nationalrat zu beschließen. Weitere kleinere Sozialgesetze folgten.

Raabs historisches Verdienst wird aber allgemein in der Tatsache gesehen, dass er nach jahrelangem Stillstand in den Verhandlungen um einen Österreichischen Staatsvertrag die Gunst der Stunde zu nutzen wusste und in der Phase nach Stalins Tod die Lage in der Sowjetunion richtig einschätzte. In der Zeit des »Tauwetters« setzte er vertrauensbildende Maßnahmen, die von den Sowjets schließlich honoriert wurden. So verzichteten sie etwa auf die Besatzungskosten, wofür Raab öffentlich Dank sagte. Allen Diplomaten am Ballhausplatz war klar, dass sich die Sowjetunion nur im Falle der Bündnisfreiheit Österreichs zu einem Vertrag bereitfinden könnte, eine Tatsache, die von den Westmächten nicht mit Begeisterung aufgenommen wurde. Trotzdem brachte Raab bei seinen Staatsbesuchen immer wieder das Gespräch auf die Möglichkeit einer militärischen Neutralität, die Österreich selbst beschließen müsse. Die Westmächte ihrerseits befürchteten eine neutralistische Politik à la Tito. Doch im Frühjahr 1955 wurde endlich der Durchbruch erreicht, auch durch die Tatsache, dass die Sowjets das Junktim zwischen deutschem und österreichischem Vertrag aufgaben. Die Moskauer Verhandlungen vom 11. bis 15. April 1955 brachten relativ schnell Lösungen in vielen Detailfragen, wie der Rückführung der Kriegsgefangenen oder Reparationsfragen, nachdem die Frage der militärischen Neutralität seitens Österreichs eindeutig beantwortet worden war.

So konnte am 15. Mai 1955 in Wien der Österreichische Staatsvertrag feierlich unterzeichnet werden, die beiden Freunde Raab und Figl in führenden Verhandlungspositionen. Vereinbarungsgemäß folgte am 26. Oktober 1955 das Bundes-Verfassungsgesetz über die immerwährende Neutralität. Im selben Jahr wurde Österreich als souveräner Staat von den Vereinten Nationen aufgenommen.

So erfreulich dieses Jahr außenpolitisch über die Bühne ging, so unerfreulich gestaltete sich das Verhältnis zum Koalitionspartner SPÖ. Es gab Konflikte um die Lieferungen zum Staatsvertrag, um die Verstaatlichte Industrie und um das Bundesheer. Die ÖVP war nur zu gern bereit, Neuwahlen auszuschreiben, um den Erfolgsbonus Raabs zu nutzen. Doch er selbst verhinderte dies in einer Bundesparteisitzung, in der er die Abstimmung aussetzte.

Doch im Mai 1956 war es so weit, Neuwahlen waren nicht mehr aufschiebbar. Die ÖVP erhielt erwartungsgemäß fast die absolute Mehrheit, doch Raabs Zeit war beinahe vorbei, wenngleich unter seiner Kanzlerschaft im Herbst 1956 Österreich in großartiger Weise sowohl Neutralität im militärischen Sinne als auch westliche Gesinnung durch die Aufnahme der Flüchtlinge des Ungarnaufstandes unter Beweis stellte. Politische Niederlagen bestimmten den Ausklang der Ära Raab. 1957 erlitt sein Kandidat für die Bundespräsidentschaftswahl, Wolfgang Denk, eine Niederlage. Die so fest erachtete Koalition mit der SPÖ begann zu zerbröckeln. Vor allem in Bruno Pittermann, dem neuen Parteichef der SPÖ, fand Raab einen schärferen Gegner als bisher in Adolf Schärf. Die SPÖ erzielte einen Wahlerfolg nach dem anderen, die Regierungsbildungen wurden immer schwieriger. In der ÖVP selbst kam es zu einem Splitting zwischen Kanzlerfunktion und Parteiobmann. Mächtige Landespolitiker wie der steirische Landeshauptmann Josef Krainer und der Salzburger Landeshauptmann Josef Klaus verlangten einen neuen Stil in der Politik.

So trat Raab mit April 1961 zurück, bis zu seinem Tode behielt er jedoch die Leitung der Bundeswirtschaftskammer (heute Wirtschaftskammer Österreich).

Tragischerweise gelang es einflussreichen ÖVP-Politikern, Julius Raab für die Kandidatur für die Bundespräsidentenwahlen im April 1963 zu motivieren, obwohl sie wussten, dass er bereits schwer krank war und gegen einen amtierenden Präsidenten antreten sollte. Es kam, wie es kommen musste: Raab unterlag.

Wie sein Freund und Vorgänger Figl war Raab der rechte Mann zur rechten Zeit, als Österreich einen Kanzler brauchte, der sich vor allem der wirtschaftlichen Belange annahm. Raab, der »große Schweiger«, redete nicht viel, aber wenn, dann klar und unmissverständlich. Er wurde von jedem verstanden. Er vermittelte Stabilität und Seriosität. Verlässlichkeit und Realismus im Definieren von Zielen waren seine Stärke.

* 29. November 1891 in St. Pölten (Niederösterreich)

† 8. Januar 1964 in Wien

1914–1918 Soldat im Ersten Weltkrieg

1922 Bauleiter in der Firma des Vaters

1927–1933 Gemeinderat in St. Pölten

1927 Wahl in den Nationalrat

1928 Landesführer des niederösterreichischen Heimatschutzes

1930   Korneuburger Gelöbnis
1938   Handelsminister
1945   Staatssekretär
1953–1961   Bundeskanzler
1955   Abschluss des Österreichischen Staatsvertrages
1963   Bundespräsidentenwahlen

WALTER RATHENAU

Walter Rathenau stammte aus einer großbürgerlichen se-
phardisch-jüdischen Familie, sein Vater Emil Rathenau
hatte die AEG (Allgemeine Electricitäs-Gesellschaft) gegründet.
Nach dem Abitur und dem Militärdienst als Einjährig-Freiwilli-
ger bei den Pasewalker Kürassieren, einem höchst feudalen Re-
giment, studierte Rathenau Physik und Chemie an den Universitäten Straßburg und Berlin. In den väterlichen Betrieb wollte
er zunächst unter gar keinen Umständen eintreten. Schließlich
ließ er sich doch für diesen gewinnen und arbeitete am Aufbau
zweier neuer Betriebe in Bitterfeld und Neuhausen (Schweiz)
mit. 1899 übernahm er eine leitende Position im Vorstand der
AEG. Zwischen 1902 und 1907 war er in der Berliner Handelsgesellschaft, einem wichtigen Netzwerk des deutschen industriellen Finanzkapitals, tätig. 1912 wurde er Vorsitzender des Aufsichtsrates der AEG, nach dem Tod des Vaters 1915 Präsident
der AEG. Damals repräsentierte die Gesellschaft einen Wert von
184 Millionen Goldmark.

In all den Jahren beschäftigte sich Rathenau nicht nur mit
dem väterlichen Konzern, sondern trat auch als theoretischer
Schriftsteller in Fragen des Materialismus und Kapitalismus in
Erscheinung. Von Maximilian Harden (1861–1927), dem einflussreichen Journalisten und Publizisten, sehr gefördert, publizierte Rathenau in der Zeitschrift «Zukunft«, 1897 startete er
eine Polemik gegen modernes Judentum unter dem Titel »Höre,
Israel«.

Politisch und kulturell stand er zum Wilhelminischen
Deutschland in eindeutiger Opposition. Durch seine Freundschaft mit dem Dichter Gerhart Hauptmann stieß er zum Au-
torenkreis des S. Fischer-Verlages, wo er zwei wichtige zeitkri-

tische Werke publizierte. Er beklagte die Mechanisierung der
Welt, diesem Zustand stellte er ein neoidealistisches »Reich der
Seele« gegenüber. Er plädierte für mehr Beteiligung der Liberalen am politischen Leben und verlangte für das industriell tä-
tige Bürgertum mehr Mitsprache in Fragen der Außenpolitik. Es
war vor allem die Kolonialpolitik des Wilhelminischen Deutschlands, der sein Interesse galt. Er wollte das bestehende kapitalis-
tische System in ein gemeinwirtschaftliches auf der Grundlage
von Selbstverwaltung umgestalten.

Bei Ausbruch des Ersten Weltkrieges kritisierte Rathenau die
mangelnde wirtschaftliche Kriegsvorbereitung, bis März 1915
leitete er die Kriegsrohstoffabteilung im preußischen Kriegsministerium. Er veranlasste die Gründung von Kriegswirtschafts-
gesellschaften, ohne die es zu einer schweren Materialkrise
Deutschlands gekommen wäre. In diesen Gesellschaften sah
Rathenau auch neue mögliche Ansätze für künftige gemeinwirt-
schaftliche Organisationsstrukturen. Er zerbrach sich den Kopf,
wie es denn mit der deutschen Wirtschaft nach dem Ende des
Krieges weitergehen sollte. 1917 veröffentlichte er »Von kommenden Dingen«, worin er für eine Verfassungsreform, aber
auch für eine Bewusstseinsänderung der deutschen Politik eintrat.

Mit diesen seinen Standpunkten eckte Rathenau bei fast allen politischen Gruppen an, er hatte Mühe, eine ihm adäquate
politische Gruppierung zu finden. Schließlich wurde er Mitglied der linksliberalen Deutschen Demokratischen Partei. 1920
wurde er in die Zweite Sozialisierungskommission berufen,
er nahm auch an der Konferenz von Spa im Juli 1920 teil, bei
der die Durchführungsbedingungen für den Versailler Vertrag
behandelt wurden. Dabei erwies sich Rathenau als geschickter
und international geachteter Verhandler.

Im Mai 1921 wurde er zum Wiederaufbauminister ernannt,
im Oktober dieses Jahres verhandelte er erfolgreich das Wiesba-
dener Abkommen mit Frankreich, das private deutsche Sachlie-
ferungen an französische Geschädigte regelte. Im selben Monat
trat er mit Reichskanzler Joseph Wirth zurück, verhandelte aber
im Auftrag der Regierung in London und in Cannes. Im Januar
1922 wurde er mit der Führung des auswärtigen Ressorts betraut und vertrat Deutschland auf der Weltwirtschaftskonferenz

in Genua im April 1920, die aber keine substanziellen Ergebnisse in der Frage der Reparationen brachte. Im selben Monat schloss Rathenau in Rapallo einen Vertrag mit der Sowjetunion, der die gegenseitige Anerkennung und den Verzicht auf Reparationen beinhaltete, um Deutschland mehr außenpolitischen Spielraum zu sichern.

Diese seine Aktivitäten wurden von den Rechtsradikalen schwer angegriffen, rechtsradikale Blätter, die ihn als »Erfüllungspolitiker« verunglimpften, riefen öffentlich zu seiner Ermordung auf. Für sie war Rathenau der Inbegriff der verhassten »Judenrepublik«. Die rechtsgerichtete »Organisation Consul«, geleitet von Kapitän Hermann Ehrhardt, plante daher ein Attentat auf ihn, das im Juni 1922 durchgeführt wurde. Er wurde auf offener Straße in Berlin ermordet. Die Drahtzieher des Attentats wurden verurteilt, einer der am Rande Beteiligten war der Schriftsteller und Drehbuchautor Ernst von Salomon, der zu fünf Jahren Haft verurteilt wurde. In seinem Buch »Die Geächteten« beschrieb er die Vorbereitungen und die Durchführung des Attentats. Joseph Wirth hielt einen bewegenden Nachruf auf diesen hochbegabten Politiker, der in Bezug auf die Mörder Rathenaus in der Feststellung gipfelte: »… dieser Feind steht rechts«, ein Schlagwort, das zwar schon früher geprägt wurde, aber zunehmend an Berechtigung gewann. Überzogen karikierend stellte Robert Musil ihn in seinem Werk »Mann ohne Eigenschaften« als Dr. Paul Arnheim dar, der »Kohlenpreis und Seele« miteinander zu verknüpfen suche.

Rathenaus schriftlicher Nachlass fiel 1939 in die Hände der Gestapo, 1992 wurde er in einem Sonderarchiv in Moskau wiedergefunden.

* 29. September 1867 in Berlin
† 24. Juni 1922 in Berlin ermordet
1886–1889 Studium von Physik und Chemie
1889   Promotion
1893–1898 Aufbau der Werke in Bitterfeld und Rheinfelden
1902–1907 Berliner Handelsgesellschaft
1912   Vorsitzender des Aufsichtsrates
1915   preußisches Kriegsministerium
1920   Sozialisierungskommission

1921   Wiederaufbauminister
1922   Außenminister

Werke u. a.:
  Zur Kritik der Zeit (1912)
  Zur Mechanik des Geistes (1913)
  Von kommenden Dingen (1917)
  Vom Aktienwesen (1917)
  An Deutschlands Jugend (1918)
  Die neue Gesellschaft (1919)
  Der neue Staat (1919)
  Kritik an der dreifachen Revolution (1919)

Armand-Jean du Plessis Herzog von Richelieu

Kardinal Richelieu war zwar ein Mann der Kirche, doch er hatte diese hohe Würde nur angestrebt, um die Macht im Staate zu erreichen. Kirchenpolitische Anliegen oder gar theologische Fragen interessierten ihn nicht. Sein Thema war die Macht, ihr galten seine ganze Kraft, seine Liebe und seine Energie. Selten war ein Staatsmann so uneingeschränkt im Sinne der Sache des Staates tätig wie Richelieu, der Mann der Kirche.

Armand-Jean du Plessis stammte aus einem verarmten Landadelsgeschlecht aus dem Poitou, schon früh verlor er seinen Vater. Seine Mutter hatte schwer zu kämpfen, um den Lebensunterhalt für sich und ihren Sohn zu bestreiten. Es gab lediglich die Einkünfte des Vaters aus dem Bistum Luçon, das allerdings das ärmste Frankreichs war. Richelieu brachte außer einem scharfen und analytischen Verstand und einem unbändigen Ehrgeiz nicht viel für eine mögliche Karriere mit. Er war von Anfang an schwächlich, neigte zu Fieberanfällen und Melancholie sowie zu Menschenscheu. Doch sein unbeugsamer Stolz und sein eiserner Wille ließen ihn aus diesen Behinderungen ungeahnte Kräfte schöpfen.

1606, noch vor Erreichen des kanonischen Alters, wurde er zum Bischof von Luçon gewählt. So reiste er nach Rom, das erste und einzige Mal in seinem Leben, um die Dispens des Papstes wegen seines jugendlichen Alters zu erlangen: Er beeindruckte durch ein fulminantes theologisches Wissen und durch sein einschmeichelndes Wesen, und 1607 hatte er die Bewilligung des Papstes in der Tasche.

Die nächsten Jahre galten der Vorbereitung seiner weiteren Karriere. 1614 trat Richelieu erstmals öffentlich in Erscheinung, und zwar als Sprecher des Standes der Geistlichkeit während einer Tagung der Generalstände. Bei diesem Anlass verstand er es meisterhaft, Maria de Medici, die Mutter des künftigen Königs Ludwig XIII. und damalige Regentin, für sich einzunehmen. Maria de Medici, damals eine Frau entre deux ages und nur zu bereit, Schmeichlern Gehör zu schenken, wurde von wechselnden Günstlingen beherrscht. So war Concino Concini, seit 1613 Marschall Frankreichs, der im Gefolge der Mediceerin nach Frankreich gekommen war und eine Milchschwester der Königin geheiratet hatte, einer der mächtigsten Männer im Staate geworden. Richelieu erkannte klar, wessen Gunst er gewinnen musste. Sein Kalkül ging auf – 1616 übernahm er das Staatssekretariat für auswärtige Angelegenheiten. Marias Günstling Concino wurde ein Jahr später im Auftrag des Königs ermordet, Richelieu hatte freie Bahn. Nur für den Moment war er durch seine Nähe zur Königin kompromittiert und musste mit ihr nach Blois in die Verbannung gehen. Er nahm seinen Aufenthalt in Avignon, machte eine depressive Phase durch und entschied sich, wieder zu kämpfen. 1619 war er wieder Berater der Königinmutter und konnte sich auch beim König unentbehrlich machen, da er eine Versöhnung zwischen Mutter und Sohn anbahnte.

Dank einer Intervention der Königinmutter und gleichsam als Geschenk für seine Intervention erhielt er im September 1622 das rote Kardinalsbirett. Nun musste er sich weder um Geld – am Höhepunkt seiner Macht verfügte er über ein Jahreseinkommen von etwa drei Millionen Livre, die er in Neubauten von Schlössern und in eine Gemäldesammlung investierte – noch um seinen Einfluss Sorgen machen. Er musste nur einige Gegner ausschalten, was ihm spielend gelang, indem er sich der Pamphletisten zur Manipulation der öffentlichen Meinung bediente. Er engagierte diese Pamphletisten und ließ seine Gegner in ihren Schriften so radikal diffamieren, dass sie aus Ämtern oder Würden eliminiert werden mussten. Schließlich ernannte ihn der König auf Betreiben seiner Mutter eher widerstrebend zum Minister.

Richelieu trat sein Amt nicht mit einem völligen neuen Konzept für Frankreichs Politik an, im Gegenteil, er verfolgte Ziele, die schon unter dem vielgeliebten König Heinrich IV. Grundpfeiler des französischen Staates waren. Es waren dies in erster Linie die Ausschaltung des mächtigen Hochadels aus dem politischen Tagesgeschehen, die Beseitigung der Protestanten aus machtvollen Positionen und in der Außenpolitik der Kampf gegen die Habsburger, die Frankreich einzukreisen drohten. Richelieu unterschied sich nur in der Wahl seiner Methoden von seinen Vorgängern – rücksichtslos und unerbittlich verfolgte er seine Ziele, zunächst die Schaffung eines zentralistischen Einheitsstaates, bei dem letztlich alle Fäden der Macht in einer Hand, nämlich seiner, konzentriert waren. Mit dieser konsequenten Zentralisierung wurden erfolgreiche lokale Selbstverwaltungselemente zerstört.

Natürlich rief dies seine Gegner auf den Plan, allen voran die Königinmutter, die die Verselbstständigung ihres Geschöpfes nicht dulden wollte. Er hatte aber auch Anna von Österreich, Haupt der ultramontanen Partei und Gattin des Königs, gegen sich, ebenso den ehrgeizigen und charakterlosen Bruder des Königs, Gaston d'Orléans. Die Protestanten wehrten sich gegen die Beschneidung ihrer Macht, Richelieu wurde das Ziel aller Intrigen. Es kam zu Volksaufständen, weil Richelieu gnadenlos Steuern eintrieb. Er wurde mit allen Gegnern fertig, wobei er sich eines subtilen Spitzelsystems, getragen von niedrigen Klerikern, bediente.

Seine wichtigste militärische Aktion war die Einnahme der protestantischen Hochburg La Rochelle, die gleichzeitig einen Stützpunkt der Engländer in Frankreich darstellte. 1628 endlich fiel die Festung, die sich so lange halten konnte, weil Frankreich über keine effektive Marine verfügte. Nach dem Fall von La Rochelle zeigte Richelieu unerwartete Größe und schloss einen milden Versöhnungsfrieden. Er tastete die im Edikt von Nantes erlassene Religionsfreiheit nicht an, lediglich die protestantischen Sicherheitsplätze wurden abgeschafft. Das war das politische Ende der Protestanten. Die Religionsfrage interessierte den Kardinal in Richelieu überhaupt nicht.

1630 überstand er noch einmal eine gewaltige Intrige, die die beiden Königinnen gegen ihn angezettelt hatten, doch der König stand diesmal an seiner Seite. Aus dieser Schlacht ging Richelieu mächtiger denn je hervor. Maria de Medici wurde aus Paris nach Moulins verbannt, Richelieu mit dem Herzogtitel belohnt. Rigoros setzte er nun den Vollzug eines königlichen Ediktes aus 1626, das die Befestigung privater Residenzen verbot, durch, zahlreiche Burgen und Schlösser aufrührerischer Adelsfamilien wurden zerstört. Auch dem von ihm erlassenen Duellverbot, das der Adel meinte ignorieren zu können, verschaffte er Achtung, indem er unbarmherzig Todesurteile vollstrecken ließ.

In Deutschland tobte in diesen Jahren der Dreißigjährige Krieg, die Auseinandersetzung zwischen katholischen und protestantischen Reichsfürsten. Da die Habsburger auf der katholischen Seite standen, fanden die Protestanten im katholischen Kardinal einen verlässlichen Bundesgenossen. So schloss er 1631 mit Gustav II. Adolf von Schweden einen Subsidienvertrag, der finanzielle Unterstützung, aber keine französischen Kriegszüge vorsah. Nach dem Schlachtentod des Schweden rückte Richelieu gleichsam an die Spitze der antihabsburgischen Koalition. Erst 1635 erklärte er Spanien den Krieg, was mit verheerenden Folgen verbunden war. Frankreich wurde der hervorragenden spanischen Heere kaum Herr, nur mit einer gewaltigen patriotischen Anstrengung kam das Land mit heiler Haut aus diesem Ringen hervor. Nun, gegen Ende seines Lebens, begannen sich erste außenpolitische Erfolge abzuzeichnen. Die Ernte konnte schließlich sein Nachfolger Jules Mazarin im Westfälischen Frieden einfahren, Frankreich gewann Metz, Toul und Verdun und Rechte im Elsass.

Richelieus bleibendes kulturelles Verdienst war die 1635 gegründete Académie Française, die sich als zentral gelenktes Element ebenso in sein Konzept einfügen sollte. Richelieus große Bedeutung liegt darin, dass sein persönlicher Ehrgeiz und die Interessen des Landes in dieser historischen Phase deckungsgleich waren. Ihm gelang es, Frankreich für die künftigen Auseinandersetzungen zu stärken und durch eine zentrale Verwaltungsstruktur bis in die kleinste Einheit absolutistisch zu lenken. Damit schuf er die Voraussetzungen für die Herrschaft des Sonnenkönigs.

Persönlich war Richelieu ein einsamer Mann, der nur das Amt eines Kirchenfürsten angestrebt hatte, um im Staate die höchste Macht zu erreichen. Er führte ein ständig bedrohtes Leben und war wahrscheinlich der meistgehasste Mann seiner Zeit. Ab Mitte der 1630er-Jahre wurde ein junger naturalisierter Italiener sein Vertrauter, Jules Mazarin, der sein Nachfolger und als Mann der Kirche ebenso machtvoll wurde.

* 9. September 1585 in Richelieu (Poitou)
† 4. Dezember 1642 in Paris

1607	Bischof von Luçon
1616	Staatssekretär für auswärtige Angelegenheiten
1619	Berater der Königin
1622	Kardinalswürde
1624	Minister
1628	Fall von La Rochelle
1630	Herzog von Richelieu
1631	Subsidienvertrag mit Gustav II. Adolf von Schweden
1635	Kriegserklärung an Spanien
	Gründung der Académie Française

FRANKLIN DELANO ROOSEVELT

Roosevelt war ein Präsident der Extreme. Der 32. Präsident der Vereinigten Staaten und zweite Präsident dieses Namens polarisierte das Land – für die Liberalen war er ein Halbgott, der verehrt wurde, für die Konservativen, die ihn hassten, war er die Verkörperung des Mittelmaßes. Er war der einzige US-Präsident, der dreimal wiedergewählt wurde, ein Grund, dass 1951 ein Gesetz beschlossen wurde, dass US-Präsidenten nur zweimal gewählt werden dürfen.

Als er 1933 sein Amt antrat, war seine vordringlichste Aufgabe die Überwindung der Wirtschaftskrise. Seit dem Schwarzen Freitag von 1927 hatte sich die US-Wirtschaft noch nicht erholt, die Arbeitslosenraten lagen extrem hoch. Seine Hauptaufgabe war jedoch der Gewinn des Zweiten Weltkrieges, die er bravourös löste, allerdings unter Preisgabe von Teilen Europas an den Kommunismus.

Wie sehr er jedoch zu den wirklich geschätzten US-Präsidenten gehörte, macht der Umstand klar, dass für ihn 1960 ein Denkmal errichtet wurde, eine Ehre, die nur dreien seiner Vorgänger zuteil wurde, nämlich Washington, Jefferson und Lincoln.

Roosevelt besuchte zwischen 1900 und 1904 Harvard und studierte anschließend an der Columbia University of Law. Bald erfolgte seine Zulassung zum New Yorker Gericht. Schon 1910 zog der ehrgeizige junge Mann für den Staat New York in den Senat ein, 1913 fungierte er unter Präsident Woodrow Wilson als Unterstaatssekretär im Marineministerium.

1920 führte er eine erfolglose Kampagne für die Wahl zum Vizepräsidenten, aber 1928 klappte die Bestellung zum Gouverneur des Staates New York, in welcher Funktion er sich als sehr erfolgreich bei der Linderung der Not der arbeitslosen Massen erwies.

Roosevelt, ein entfernter Neffe von Theodore Roosevelt, hatte 1905 seine entfernte Cousine Eleanor Roosevelt geheiratet. Das Paar hatte fünf Kinder. 1921 erkrankte Franklin Roosevelt an Kinderlähmung, was für ihn zeitlebens eine massive Behinderung bedeutete. Ohne seine Ehefrau Eleanor hätte er nie ein politisches Amt ausüben können: Sie war es, die ihm alle Wege ebnete, sie berichtete ihm alles, was sie erfuhr, sie wurde zu seinen »Augen und Ohren«. Eleanor Roosevelt war eine unermüdliche Kämpferin für die Rechte und die Gleichstellung von Frauen, auf ihre Initiative gingen etwa wöchentliche Pressekonferenzen im White House für Korrespondentinnen zurück. Außerdem war sie eine gesuchte Sprecherin bei offiziellen Anlässen, sie kümmerte sich um humanitäre Anliegen, vorwiegend um Kinderwohlfahrt und die Beseitigung der Armenviertel.

Aufbauend auf seinen Erfolgen in New York, konnte Roosevelt 1932 bei den Präsidentschaftswahlen einen souveränen Wahlsieg einfahren, sein Vorgänger Herbert Hoover erreichte nur noch in sechs Staaten die Mehrheit. Sein Wahlkampfslogan lautete: »Wir haben nur eins zu fürchten – die Furcht selbst.« Er hatte seinen Wahlkampf über die Medien geführt, im Radio wö-

chentliche Kaminplaudereien abgehalten. Sein Hauptanliegen
war, das Vertrauen in die Wirtschaft wiederherzustellen

Das Wirtschaftsprogramm New Deal (wörtlich: neues Ver-
teilen der Karten) wurde von einem Brain Trust, einer Gruppe
von Intellektuellen und Fachleuten, ausgearbeitet. Es war flexibel und schnell reversibel. Das Hauptziel war eine Belebung der
Wirtschaft aus eigener Kraft. Einer der wichtigsten Grundsätze
war: Initiative und Aktivität statt Stagnation und Warten. Eine
der zentralen Maßnahmen des New Deal war die Ausweitung
der öffentlichen Arbeiten unter Inkaufnahme von Defiziten des
öffentlichen Haushaltes. Die Wirtschaft besserte sich allmählich,
doch die Hochkonjunktur setzte erst 1941 mit dem Kriegseintritt
ein, als die USA sich auf Kriegswirtschaft umstellten.

Der bleibende Wert des New Deal liegt in der Schaffung eines
sozialen Netzes, wie obligatorische Unfall-, Invaliden- und Al-
tersversicherung sowie Arbeitslosenversicherung, auch in der
Festlegung von Mindestlöhnen und der Fixierung der Normal-
arbeitszeit mit 40 Stunden wöchentlich. Diese Regelungen wurden auch nicht von der republikanischen Administration unter Eisenhower rückgängig gemacht, sondern eher ausgebaut.
Damit holten die Vereinigten Staaten auf einem Sektor auf, auf
dem Europa teils schon 50 Jahre zuvor die ersten Maßnahmen
ergriffen hatte.

Roosevelt war ein konsequenter und zielbewusster Machtpolitiker, der in seiner Hand eine enorme Machtfülle vereinte
und noch weiter auszubauen versuchte. So machte er sich teils
den Obersten Gerichtshof gefügig, indem er nur Richter seines
Vertrauens zur Ernennung vorschlug.

Außenpolitisch setzte er für die Vereinigten Staaten und ihre
Reputation durchaus vernünftige Maßnahmen wie den Abbau
der Einmischungen in die Politik der lateinamerikanischen
Staaten. Dies förderte die Qualität der Beziehungen zu diesen
Staaten und festigte die Solidarität auf dem gesamten amerikanischen Kontinent. Nach dem Ende des Zweiten Weltkrieges
wurde dieses Verhältnis in ein Verteidigungsbündnis umge-
wandelt.

Noch in den späten 1930er-Jahren hatte im Kongress der
amerikanische Isolationismus die Oberhand, es wurden sogar
Gesetze zur Sicherung der amerikanischen Neutralität beschlos-

sen. Roosevelt, der anfangs mit dieser Tendenz einverstanden war, revidierte seinen Standpunkt angesichts der Zuspitzung der Lage in Europa und der Eskalierung des amerikanisch-japanischen Konflikts und leitete eine Trendwende ein. Daher war die USA in der Lage, kurz nach dem Angriff von Nazi-Deutschland auf Polen die Westalliierten mit Kriegsmaterial zu beliefern. Roosevelt war schon damals überzeugt, dass Amerika aus dem Weltkrieg nicht völlig herauszuhalten war. Erstens war der Konflikt mit Japan fast nicht mehr diplomatisch zu lösen, und außerdem wurde gerade von Großbritannien unter Churchill die moralische Verpflichtung der Hilfestellung systematisch geradezu psychologisch aufgebaut. Letztlich war die Teilnahme an der weltweiten Auseinandersetzung auch ein ungeheurer wirtschaftlicher Impuls für das Land, das noch kaum die Weltwirtschaftskrise überstanden hatte. So entschied sich Roosevelt, zwischen 1939 und 1941, dem Jahr, in dem Amerika aktiv in den Krieg eintrat, das »Arsenal der Demokratie« großzügig auszubauen.

Noch vor dem Überfall der Japaner auf Pearl Harbor, der Roosevelt nicht so unvorbereitet traf, wie es die zeitgenössische PR-Strategie glauben machen wollte, hatten die Vereinigten Staaten die deutschen und japanischen Guthaben in den USA gesperrt, was im Grunde schon einen feindlichen Akt darstellte. Roosevelt rüstete auf und führte vorsorglich die allgemeine Wehrpflicht ein. Er besetzte für alle Fälle Grönland und Island, und die amerikanische Marine erhielt den Schießbefehl für »feindliche« U-Boote. Durch den »Pacht- und Leihvertrag« (Land-Lease Act) – für die Vereinigten Staaten ein gigantisches Geschäft – wurden die europäischen Alliierten mit Unmengen von Kriegsmaterial versorgt, was zunächst ihr Überleben und in der Folge den Sieg über Hitler-Deutschland ermöglichte. Die Details lagen durchaus im amerikanischen Interesse, so erhielt Großbritannien 50 Zerstörer im Austausch gegen Flottenstützpunkte für die US-Marine. Auf diese globale Kooperation geht auch die Konzeption der heutigen NATO zurück, die Roosevelt schon im August 1941 mit Churchill angedacht hatte. Schon damals wurde überlegt, wie die Welt nach dem Desaster aussehen sollte und welche Fehler von einst zu vermeiden wären.

Der Kriegsbeginn gestaltete sich allerdings für die USA nicht

nur rosig, den Japanern gelang im Pazifik eine Reihe spekta-
kulärer Erfolge, so musste General MacArthur die Philippinen
aufgeben. Doch mit Fortschreiten des Krieges und der Taktik
des Inselsprungs, vor allem aber mit der Umstellung des amerikanischen Industriepotenzials auf Kriegsproduktion wendete
sich das Blatt. Es entstand eine technisch-materielle Übermacht,
der die Achsenmächte nichts entgegenzusetzen hatten. Auch
das Potenzial an Kämpfern – im Jahr 1945 verfügten die USA
über zwölf Millionen Soldaten – war nicht zu toppen. Aus-
schlaggebend war das Kriegsmaterial, so stellten die USA 1944
etwa 100.000 Flugzeuge her. Die deutsche U-Boot-Waffe wurde
durch das viel besser entwickelte amerikanische Radar nieder-
gekämpft.

Amerika hatte unter Roosevelts Administration einen gewaltigen Sieg errungen und geholfen, die europäischen Staaten wiederherzustellen. Es hatte viele Fehler der Zeit nach dem Ersten
Weltkrieg vermieden, so erwies sich etwa die UNO von Anfang
an als effektiver als der lahme Völkerbund der Zwischenkriegszeit. Tatsächlich versagt hatte Roosevelt in der Einschätzung
seines Bündnispartners Stalin und seiner weit reichenden Pläne. Offenbar fehlte ihm die kriminelle Fantasie, um Stalins Vorhaben erahnen zu können. Deshalb lieferte er Osteuropa dem
kommunistischen System für mehr als vier Jahrzehnte aus. Man
mag einwenden, dass Roosevelt schon bei den entscheidenden
Konferenzen von Teheran und Jalta von seiner Krankheit schwer
gezeichnet war, doch hätte er auf Churchills Warnungen hören
sollen. Denn die Preisgabe Osteuropas wirft zweifelsohne einen
Schatten auf das gloriose Bild des kämpferischen und gar nicht
isolationistischen Präsidenten.

* 30. Januar 1882 in Hyde Park (New York)
† 12. April 1945 in Warm Springs (Georgia)
1900–1904 Harvard
1910   im Senat
1905   Heirat mit Eleanor Roosevelt
1913   Unterstaatssekretär für Marine
1921   Erkrankung an Kinderlähmung
1928   Gouverneur von New York
1933–1945 US-Präsident (viermal gewählt, 1932, 1936, 1940 und 1944)

MUHAMMAD ANWAR AS SADAT

MUHAMMAD ANWAR AS SADAT

Der ägyptische Friedensnobelpreisträger Sadat, das Kind
bescheidener Leute aus dem Nildelta, hatte noch zwölf Geschwister. 1924 zog er mit seinem Vater nach Kairo, wo er in die
Militärakademie aufgenommen wurde. Er diente bei derselben
Einheit wie General Nasser, 1938 schloss er sich dem »Komitee
der Freien Offiziere« an, das sich den Sturz der Monarchie und
die Unabhängigkeit Ägyptens von der britischen Kolonialmacht
zum Ziel gesetzt hatte.

Um diesen Plan umzusetzen, hatte er während des Zweiten
Weltkrieges Kontakt mit den deutschen Truppen in Nordafrika aufgenommen. Er wurde entdeckt und 1942 verhaftet. Zwei
Jahre später gelang ihm die Flucht aus dem Gefängnis. 1946 war
er an einem Attentat auf Amin Osman, ein Regierungsmitglied,
beteiligt, der im Januar erschossen wurde. Sadat wurde verhaftet, erst 1948 wurde ihm der Prozess gemacht, schließlich wurde
er aber freigesprochen.

1950 kehrte er wieder zur Armee zurück und beteiligte sich
1952 mit den aufständischen Offizieren am unblutigen Staatsstreich, der König Faruk ins Exil zwang und die englische Do-
minanz über Ägypten beseitigte.

Ein Jahr später war Ägypten Republik geworden, General
Nasser wurde zum Ministerpräsidenten gewählt. Sadat diente
zwei Jahre in seiner Regierung als Informationsminister, von
1960 bis 1969 wurde er zum Präsidenten der Nationalversammlung gewählt.

Als Nasser 1970 plötzlich verstarb, rückte Sadat automatisch
als sein Nachfolger auf. Im Oktober desselben Jahres wurde
er von der Nationalversammlung bestätigt. Er setzte insofern
neue Akzente, als er sich in seiner Israel-Politik bemühte, eine
friedliche Lösung zu finden. Er lockerte die engen Beziehungen
zur Sowjetunion, verfügte schließlich 1972 die Ausweisung aller russischen Experten, etwa 20.000 an der Zahl, auch weil die
Sowjetunion höchst zögerlich dem ägyptischen Begehren nach
weiteren Lieferungen von Kriegsmaterial nachgekommen war.
Dies war ein Signal an die USA zur Kooperation. Sadat hatte

die Kriege der Jahre 1948 und 1967 als schmerzliche Niederlagen empfunden, vor allem der Verlust der Sinai-Halbinsel im
Sechs-Tage-Krieg wurde von Ägypten als Schmach erlebt. Bei
Ausbruch des Jom Kippur-Krieges 1973 unternahm Ägypten
alle Anstrengungen, um die Scharte auszuwetzen. Ägypten hatte diesen Krieg klammheimlich mit Syrien vorbereitet, um die
Schlappe von 1967 auszugleichen. Israel wurde unvorbereitet
getroffen, und es gelang Ägypten, die Suezkanal-Zone wiederzugewinnen, was Sadats Ansehen im Land erheblich erhöhte.

Nach diesem Krieg setzte Sadat – anstatt die bisherige Politik
der Blockfreien zu verfolgen – auf engere Kontakte zu den Vereinigten Staaten, nahm aber auch Verbindung zu Israel auf. 1977
absolvierte er einen historischen Besuch in Jerusalem, bei dem er
eine Rede in der Knesset hielt und damit – unausgesprochen – Israel ein Existenzrecht zuerkannte. Als Reaktion darauf brachen
etliche arabische Staaten sofort alle diplomatischen Beziehungen
zu Ägypten ab. Ein Jahr später kam es über Vermittlung des US-
Präsidenten Jimmy Carter zur legendären Begegnung mit dem
israelischen Ministerpräsidenten Menachim Begin in Camp David. Bei diesem Treffen wurde die Basis für den Friedensvertrag
mit Israel vom März 1979 gelegt, der den Rückzug Israels vom
Sinai brachte. Es war dies das erste Friedensabkommen, das zwischen Israel und einem arabischen Staat geschlossen wurde. Für
Sadat bedeutete dieser Friedensvertrag einen enormen Prestige-
gewinn in der westlichen Welt, im arabischen Lager hingegen
war Ägypten durch diese Initiative völlig isoliert. Daran änderte
sich auch nichts, als Begin und Sadat für ihre Initiative 1978 gemeinsam mit dem Friedensnobelpreis ausgezeichnet wurden.
Das Geld aus der Nobel-Stiftung verwendete Sadat für seine
Heimatgemeinde im Nildelta. Sadat wurde zum Feind der arabischen Sache erklärt und 1981 von einer islamistischen Gruppe
bei einer Militärparade in Kairo ermordet. Der Grundsatz »Land
für Frieden«, der dem Friedensvertrag zugrunde gelegt wurde,
stieß in der arabischen Welt nur auf Unverständnis.

* 25. Dezember 1918 in Mit Abu Al Kaum bei Kairo
† 6. Oktober 1981 in Kairo (ermordet)
1938   beim »Komitee Freier Offiziere«
1942   Verhaftung

1946	Attentat auf einen Minister
1948	Freispruch
1950	wieder in der Armee
1952	Beteiligung am Staatsstreich Nassers
1954–1956	Informationsminister
1960–1969	Präsident der Nationalversammlung
1969	Vizepräsident
1970–1981	Ministerpräsident
1973	Jom Kippur-Krieg
1978	Friedensnobelpreis
1979	Friedensvertrag mit Israel

Werke

Unterwegs zur Gerechtigkeit (1978)

Robert Arthur Talbot Gascoyne-Cecil Earl of Salisbury

Die Familie der Cecils hatte schon unter Königin Elisabeth I. eine wichtige Rolle im politischen Leben Englands gespielt. Der dritte Marquess of Salisbury war zweifellos nach Otto von Bismarcks Entlassung 1890 der wichtigste Politiker Europas.

Als zweiter Sohn geboren, wurde er dennoch Erbe des Titels, da sein älterer Bruder chronisch krank war und schon 1865 starb. Seine Mutter verlor er im Alter von zehn Jahren. Der Tradition entsprechend, wurde Salisbury in Eton und am Christ Church College in Oxford erzogen, musste aber den Studienaufenthalt in Oxford wegen seiner schwachen Gesundheit abbrechen. Daraufhin schickten ihn die Ärzte auf eine lange, fast zwei Jahre dauernde Seereise nach Australien und Neuseeland.

Ab 1853 saß er für die Konservativen für den Wahlbezirk Stamford im Unterhaus, nach dem Tod seines Vaters 1868 übernahm er dessen Sitz im Oberhaus. Trotz Einspruchs seines Vaters heiratete er die angeblich nicht standesgemäße Georgina Alderson, mit der er sieben Kinder hatte. Sie führte für ihn ein offenes Haus, in dem Gäste immer willkommen waren.

Im House of Commons galt Salisbury als guter Redner,

seine politischen Ansichten veröffentlichte er regelmäßig in Kommentaren in der konservativen Zeitschriften »Saturday Review« und »The Quarterly Review«. 1866 wurde er zum Indienminister im Kabinett Derby ernannt, resignierte aber nach kaum einem Jahr, da er die Parlamentsreform der Konservativen nicht mittragen wollte. Sein erklärter Gegner war damals Benjamin Disraeli. Erst 1874 ließ er sich wieder dazu überreden, das Indienministerium im Kabinett Disraeli zu übernehmen, und je länger er gemeinsam mit ihm zusammenarbeitete, desto mehr lernte er diesen Politiker schätzen und seine Qualitäten zu würdigen. Ab 1875 nahm er maßgeblichen Einfluss auf die britische Politik in der Orientfrage, 1878 war er der britische Delegierte auf dem Berliner Kongress. Seinem Einfluss und seinem ausgleichenden Verhandlungsgeschick war es zu danken, dass diese Orientkrise ohne Krieg überstanden wurde und die — wohl verkleinerte – Türkei in ihrem Bestand gesichert blieb. Er konnte erfolgreich den russischen Plan eines Großbulgarien verhindern und auch den russischen Vormarsch in Kleinasien stoppen. Als Preis für die britische Mediation erwarb er die Insel Zypern und damit einen wichtigen britischen Stützpunkt im östlichen Mittelmeer.

Nach dem Tod Disraelis übernahm Salisbury die Führung der konservativen Partei, wobei er zu dieser Zeit von der inneren Zerrissenheit der Liberalen profitieren konnte. Denn es gelang ihm, die sogenannten Unionisten von den Liberalen zu den Konservativen hinüberzuziehen. Dreimal gewannen die Konservativen gegen die Liberalen die Wahlen, in erster Linie wegen der Auseinandersetzung um die Home Rule für Irland, also die Selbstständigkeit.

Außenpolitisch konnte Salisbury während seiner Zeit als Premierminister durchaus Erfolge einfahren: Er sicherte die britische Vormacht in Ägypten und erweiterte das Empire in Ost- und Südafrika. Innenpolitisch kümmerte er sich kaum um die anderen Ressorts. In seinem letzten Kabinett (1895–1902) wurden die internationalen Krisenherde allerdings zahlreicher, es gab Probleme im Mittelmeer und am Schwarzen Meer, die fremdenfeindlichen Ausschreitungen in China gipfelten im Boxeraufstand, im Sudan kam es mit Frankreich zu Unruhen (Faschoda-Krise), wegen Südafrika und Samoa gab es Spannungen mit Deutschland, am schlimmsten von allen Problemen war jedoch die internationale Ächtung Großbritanniens wegen seines brutalen Vorgehens im Burenkrieg.

Zunächst schien es, als wären die Konflikte mit Frankreich und Russland viel tiefer gehend als mit Deutschland, doch 1901 verliefen die Verhandlungen über ein deutsch-englisches Bündnis im Sande.

Salisbury war ein hochkultivierter und sehr belesener Mann, seine große Liebe galt der Botanik und der Chemie, in Hatfield hatte er sich sogar ein kleines Labor eingerichtet. Er war weder ein glühender Demokrat noch ein besonders engagierter Imperialist. Da er den größten Teil seines politischen Lebens im House of Lords verbracht hatte, hatte er es sich zur Gewohnheit gemacht, auf die öffentliche Meinung nicht zu achten. Er verfügte über eine gute Menschenkenntnis und ein ausgewogenes Urteil, sein hervorragendes Verhandlungsgeschick prädestinierte den zurückhaltenden Aristokraten eher für den Verhandlungstisch denn als Kriegsherrn. In einer Zeit, in der der Trend zu immer mehr Demokratisierung, zur Teilnahme der Allgemeinheit am politischen Leben ging, verkörperte Salisbury den Geist einer dahinschwindenden Zeit, in der Geheimdiplomatie gepflogen und autokratische Entscheidungen durchaus im Sinne des Gemeinwohls getroffen wurden.

* 3. Februar 1830 in Hatfield (Hertfordshire)
† 22. August 1903 in Hatfield

ab 1853	im House of Commons
1866–1867	Indienminister
1868	House of Lords
1874	Indienminister
1878	Außenminister
1881	Führung der Konservativen Partei
1885–1886	Premierminister und Außenminister
1886–1892	Premierminister und Außenminister
1895–1900	Außenminister
1895–1902	Premierminister

CARLO SCHMID

Der deutsche Sozialdemokrat Carlo Schmid wurde als
Sohn eines schwäbischen Privatgelehrten und einer französischen Adeligen geboren und wuchs zweisprachig auf. Er
absolvierte das Karls-Gymnasium in Stuttgart. Bis 1914 blieb er
französischer Staatsbürger. Die Lieblingsautoren seiner Jugend
waren die literarischen Heroen des 19. Jahrhunderts wie E. T.
A. Hoffmann, Émile Zola, Leo Tolstoi, Charles Dickens, Hono-
ré de Balzac, Heinrich Heine, William Shakespeare und auch
Stefan George. Er liebte Walt Whitmans Gedichte wegen ihrer
Mitmenschlichkeit und schloss sich der idealistisch-vaterlän-
dischen bis völkischen Wandervogel-Bewegung an.

1914 rückte er als deutscher Kriegsfreiwilliger ein und mus-
terte 1918 als Leutnant der Reserve aus. Nach dem Krieg begann
er Jura zu studieren. Während des Studiums begegnete er den
Lehren des Sozialismus, die ihn tief bewegten. 1921 heiratete er
Lydia Hermes, aus dieser Ehe entstammten vier Kinder.

Nach seiner Promotion in Frankfurt ließ er sich in Tübingen
als Rechtsanwalt nieder und beschäftigte sich am Kaiser-Wil-
helm-Institut mit ausländischem Öffentlichem Recht und Völ-
kerrecht. Zwei Jahre später habilitierte er sich in Tübingen mit
einer wissenschaftlichen Arbeit über die Rechtsprechung des
Ständigen Internationalen Gerichtshofes.

Doch nach der Machtergreifung der Nationalsozialisten
kam es zu einem Karriereknick – einen Lehrstuhl zu erhalten war nun völlig aussichtslos. Schmid zog sich zurück und
schrieb viel, unter anderem das »Römische Tagebuch«. 1940
wurde er zur Wehrmacht eingezogen und auf den Posten eines
Militärverwaltungsrates nach Lille versetzt, offenbar wegen
seiner Französischkenntnisse. Er nutzte die Phase der NS-
Zeit zur Selbstreflexion: Seine Frage lautete: »Wer hat Schuld,
dass die Macht in die Hände von Unmenschen kommen konnte?« Die Antwort war: »Ich und meinesgleichen … Ich werde also in die Politik gehen müssen.« Konsequent machte er
diesen Vorsatz nach 1945 wahr. In den Jahren des Aufbaues
eines geordneten Staatswesens für das Deutschland der Nach-

kriegszeit übte Schmid auch den größten Einfluss in der Politik aus.

Von Juli 1947 bis August 1948 war er Stellvertretender Staatspräsident und Landesdirektor für Justiz in Württemberg-Hohenzollern, eine Funktion, in der er die Probleme der Verwaltung studieren konnte. Bei den Sitzungen des Staatsrates brachte er seine Kompetenz als Staatsrechtler ein. In Württemberg führte er das »konstruktive Misstrauensvotum« ein, das später Bestandteil des deutschen Grundgesetzes werden sollte.

Als Führer der SPD-Fraktion zählte Schmid im Parlamentarischen Rat zu den maßgeblichen Gestaltern des Grundgesetzes. Besonderen Anteil hatte er an der Formulierung des Rechtes auf Kriegsdienstverweigerung, an der Aufhebung der Todesstrafe und der Verankerung der Grundrechte in der neuen deutschen Verfassung. Er war der Wegbereiter eines neuen Verhältnisses zwischen SPD und dem Christentum. Während die SPD-Wählerschaft noch im Denken der Weimarer Republik verankert war, strebten seine Ideen schon weit voraus. In der Partei schätzte man seine Meinung wie auch seine integre Persönlichkeit, begegnete ihm aber auch mit Distanz, da er ein klassischer Bildungsbürger und kein Abkömmling der Arbeiterklasse war. Mit Kurt Schumacher, der ihn sehr achtete, verband ihn ein freundschaftliches Verhältnis. Schmid verhehlte seiner Partei nicht, dass er die »ökonomistische Betrachtungsweise« allein für zu wenig hielt. Durch seine Reden und seine Überzeugungskraft förderte er innerhalb der Partei eine positive Bewertung des Privateigentums. In den Debatten um die Westintegration Deutschlands und um die Wiedervereinigung führte er respektvolle Auseinandersetzungen mit dem politischen Gegner.

Etwas kleinmütig und damit unverständlich mutete seine Ablehnung der Beteiligung Deutschlands am Europarat und am Schuman-Plan an. Auch sein Gegenentwurf zur NATO-Beteiligung Deutschlands wirkte etwas irreal. Sein Parteikollege Herbert Wehner setzte damals bereits auf die Montanunion. Später, in den 1960er-Jahren, revidierte Schmid seinen Standpunkt hinsichtlich Europa. Er erkannte, dass die europäische Integration dem erhöhten Sicherheitsbedürfnis der Völker Europas entgegenkam.

In der SPD galt er gegenüber den Politikern Fritz Erler und

Herbert Wehner nur noch als »elder statesman«. Diesen schlug er auch Willy Brandt als Kanzlerkandidaten der SPD vor.

1956 erlitt er einen Schlaganfall, der seinen politischen Aktionsradius etwas einschränkte, doch blieb Schmid Bundestagsabgeordneter. In diesen Jahren engagierte sich der bilinguale Politiker für die deutsch-französische Aussöhnung und für die Aussöhnung mit den Juden. Als er sich für eine aktivere deutsche Ostpolitik einsetzte, brachte ihm dies die herbe Kritik der Vertriebenenverbände ein.

Als die SPD versuchte, ihn als Nachfolger für Theodor Heuss für das Präsidentenamt zu positionieren, scheiterte dies 1959 am politischen Machtspiel. Im Koalitionskabinett von Kurt-Georg Kiesinger übernahm Schmid 1966 bis1969 noch einmal das Amt des Ministers für die Angelegenheiten des Bundesrates und der Länder.

Die Tätigkeit der Außerparlamentarischen Opposition in den 1960er-Jahren verfolgte Schmid mit Sorge. Er sah durch diese Gruppen das Profil der SPD als Volkspartei gefährdet.

Schmid war ein Gelehrter, ein Mann der Wissenschaft und der brillanten Feder, aber auch ein großartiger Redner. Er übersetzte Charles Baudelaires »Fleurs du Mal« und interpretierte die Werke Niccolò Machiavellis. Schmid war ein offener, toleranter und äußerst populärer Politiker, der jedoch nicht ganz in die Konventionen der SPD passte. Theodor Heuss nannte ihn einen »Tafelaufsatz im Proletarierhaushalt«.

Nach dem Zweiten Weltkrieg schrieb Schmid keine größeren Werke mehr, sondern widmete sich dem Verfassen von Essays. Sein primäres Interesse galt den europäischen Bildungstraditionen.

* 3. Dezember 1896 in Perpignan

† 11. Dezember 1979 in Bonn

1914	Kriegsfreiwilliger
1921	Heirat
1947-1948	Stellvertretender Staatspräsident und Justizminister in Württemberg-Hohenzollern
1966–1969	Bundesminister für die Angelegenheiten des Bundestages und der Länder

Werke (Auswahl)

Römisches Tagebuch (1946)

Politik und Geist (1961)

Tätiger Geist. Gestalten aus Geschichte und Politik (1964)

Der Weg des deutschen Volkes nach 1945 (1967)

Konkretionen politischer Theorie und Praxis (1972)

Gesammelte Werke in Einzelausgaben (1973)

Zeitgeschichte im Spiegel der Dichtung. Die letzten 100 Jahre in der Sicht zeitgenössischer Schriftsteller (gemeinsam mit Heinrich Pleticha, 1973)

JEAN BAPTISTE NICOLAS ROBERT SCHUMAN

Der als Sohn katholischer Eltern in Luxemburg geborene Robert Schuman besuchte das großherzogliche Gymnasium in Luxemburg, das Abitur legte er 1903 in Metz ab. Seine eigentliche Muttersprache war Luxemburgisch, das Französische sprach er zeitlebens mit einem starken Akzent. Danach widmete er sich dem Jurastudium an den Universitäten Bonn, München, Berlin und Straßburg, wo er 1908 mit dem ersten Staatsexamen abschloss. Zwischen 1908 und 1910 absolvierte er seine Referendarszeit, 1910 erfolgte seine Promotion »summa cum laude«.

1911, nach dem Unfalltod der Mutter, trug er sich kurz mit dem Gedanken, Priester zu werden, doch ein Freund der Familie konnte ihn von diesem Entschluss abbringen. 1912 legte er das zweite Staatsexamen ab, in diesem Jahr kam er auch in Kontakt mit einem Kreis, der sich im Kloster Beuron um die Erneuerung der Liturgie bemühte. Dieser Runde gehörte auch der spätere Reichskanzler Heinrich Brüning an. 1913 war Schuman Vorsitzender der Organisation für den Deutschen Katholikentag in Metz. Er schloss sich auch der Görres-Gesellschaft an, die sich um eine intellektuellere Ausrichtung des deutschen Katholizismus bemühte.

Während des Ersten Weltkrieges arbeitete Schuman am Bezirkspräsidium in Bolchen, seinen Frontdienst leistete er als Offizier in der kaiserlichen deutschen Armee.

Nach dem Krieg und dem Abzug der deutschen Truppen aus Metz wurde er Mitglied des Stadtrates von Metz. Da Elsass-

Lothringen nach dem Krieg wieder französisches Staatsgebiet wurde, nahm Schuman die französische Staatsbürgerschaft an. Für die Lothringische Volkspartei (Union Républicaine Lorraine) errang er ein Mandat in der französischen Nationalversammlung, der er bis zu seiner Verhaftung durch die Gestapo 1941 angehörte.

1940 übernahm er das Staatssekretariat für Elsass-Lothringen und für Evakuierungen im Kabinett Paul Reynaud. Nach der Kapitulation bot ihm Henri Philippe Pétain ein Ministeramt an, das Schuman aber ablehnte. 1941 wurde er von den Deutschen verhaftet, aus Lothringen ausgewiesen und nach Neustadt an der Weinstraße zur »Sonderhaft« deportiert. Es gelang Schuman, von dort zu fliehen, er versteckte sich zunächst in einer Benediktinerabtei, dann in einem Trappistenkloster.

Obwohl ihn die Résistance nach 1945 der »nationalen Unwürdigkeit« beschuldigte, wurde er wieder lothringischer Abgeordneter in der französischen Nationalversammlung. Ein Jahr später wurde ihm im Kabinett von Georges Bidault das Finanzressort übertragen. Von November 1947 bis Juli 1948 übernahm er kurz die Ministerpräsidentschaft, in den Jahren 1948 bis 1952 führte er in acht eher kurzlebigen Kabinetten das auswärtige Ressort.

Am 9. Mai 1950 gab er die »historische Erklärung« für die zukünftige Gestaltung Europas ab, die beginnend mit der Montan-Union schließlich im Europa der 25 Mitgliedstaaten weitere Erweiterungsschritte ermöglicht. Allerdings lagen dazwischen Phasen der Resignation, als Frankreich das Europa der Nationalitäten propagierte und nicht bereit war, Souveränität an eine übergeordnete Kraft abzugeben.

Ein wichtiger Schritt auf diesem Wege war die 1953 beschlossene Straßburger Konvention für Menschenrechte und bürgerliche Grundfreiheiten, deren Formulierungen von Schuman wesentlich beeinflusst waren.

1955 übernahm er noch kurzfristig im Kabinett von Edgar Faure das Justizressort. In den folgenden Jahren gab Schuman trotz französischem Gegenkurs durch General de Gaulle nicht auf, seine Europa-Idee zu verteidigen. 1958 wurde Schuman für zwei Perioden zum Präsidenten des Europäischen Parlaments gewählt. Im selben Jahr erhielt er für seine Verdienste

um die Idee eines geeinten Europas den Karlspreis der Stadt
Aachen. 1959 wurde er gemeinsam mit Karl Jaspers mit dem
Erasmus-Kulturpreis ausgezeichnet. Schuman machte sich vor
allem um die auswärtige Politik Frankreichs verdient, es gelang ihm, Frankreich gleichberechtigt als Partner an die Seite
der Sieger des Zweiten Weltkrieges zu stellen, was angesichts
der französischen Kapitulation von 1940 und der Taten und
Untaten des Vichy-Regimes sicherlich nicht einfach war. Gemeinsam mit dem deutschen Kanzler Konrad Adenauer und
dem italienischen Außenminister Alcide de Gasperi, zwei Politikern, deren Wertvorstellungen ebenfalls auf den Lehren der
katholischen Kirche basierten, legte er den Grundstein für ein
geeintes Europa.

Schuman, dessen Eltern und er selbst einen mehrfachen
Wechsel der Staatszugehörigkeit erlebt hatten – Schumans Vater
wurde 1837 im französischen Königreich geboren, 1871 wurde
Elsass-Lothringen deutsch, 1918 nach dem Ersten Weltkrieg
wieder französisch – war wohl ein idealer Vermittler der Idee
eines geeinten Europas, in dem die Grenzen nicht mehr jene
hermetische Wirkung hatten wie vor und nach den beiden Welt-
kriegen, als jeder, der jenseits der Grenze lebte, als natürlicher
Feind betrachtet wurde.

* 29. Juni 1886 in Clausen (Luxemburg)

† 4. September 1963 in Joy-Chazelles bei Metz

1940   Staatssekretär

1946–1947 Finanzminister

1947–1948 Premierminister

1948–1952 Außenminister

1955–1956 Justizminister

1955   Vizepremier

Felix Fürst Schwarzenberg

Felix Schwarzenberg, aus einer Familie des böhmischen Hochadels stammend, startete zunächst eine militärische Karriere, die er aber bald abbrach. 1828 ging er in den diplomatischen
Dienst, wo ihn vor allem der Lenker der österreichischen Außen-

politik in der Ära nach dem Wiener Kongress, Klemens Wenzel Fürst Metternich, sehr förderte. Schwarzenberg bewährte sich in St. Petersburg, in London und Paris und am Hof der Savoyer in Turin. Zuletzt Botschafter in Neapel, schloss er sich 1848 der Armee Radetzkys in Mailand an, der die Aufstände gegen die Habsburger in Oberitalien bekämpfte.

Angesichts der krisenhaften Situation im Jahr 1848 in Wien beschloss der habsburgische Familienrat, Kaiser Ferdinand zur Abdankung zu bewegen und ihn durch den erst 18-jährigen Franz Joseph, einen Neffen des bisherigen Kaisers, zu ersetzen. Ihm zur Seite sollte Schwarzenberg, gleichermaßen als Militär und Diplomat erfahren, stehen, da Metternich bereits das Land verlassen hatte. So kam Schwarzenberg nach der Niederschlagung der Revolution von 1848 durch Fürst Windischgrätz nach Wien und übernahm im November 1848 das Amt des Ministerpräsidenten. Seine erste Maßnahme war die Entlassung von Windischgrätz, der sich durch sein mitleidloses Vorgehen gegen die 48-Revolutionäre viele Feinde gemacht hatte.

Schwarzenberg gelang es in den dreieinhalb Jahren seiner Amtszeit – von November 1848 bis April 1952 –, die Revolution niederzukämpfen und die Stellung Österreichs in Europa wiederherzustellen. In Italien konnte er dank der Siege Feldmarschall Radetzkys Sardinien zum Frieden zwingen und damit zumindest für ein Jahrzehnt Ruhe schaffen. Die Befriedung Ungarns erwies sich durch die russische Intervention – Russland war dem Ersuchen von Franz Joseph nur zu gerne nachgekommen, betrachtete es doch die ungarische Revolution in engem Konnex mit dem Aufstand in Polen – viel schwieriger und langwieriger. Letztlich war das russische Eingreifen eine Demütigung Österreichs und ein erstes Anzeichen der Schwäche der Habsburger Monarchie.

Dass es auch im Inneren nicht mehr wie bisher weitergehen konnte, war Schwarzenberg klar. Er legte durch die Wahl seiner Kabinettskollegen die Grundlagen für eine gesellschaftliche und wirtschaftliche Modernisierung des Kaiserstaates. Schwarzenberg holte sich liberale Fachleute wie Alexander Bach und Karl Ludwig Bruck, aber auch Konservative wie Franz Stadion oder Leo Thun.

Er war ein Gegner der Revolution, wollte aber dem Konstitutionalismus eine Chance geben. Um Neuerungen erreichen zu können, musste die Revolution überwunden werden. In der Frankfurter Paulskirche konnte er sich mit seiner großösterreichischen Lösung – noch – gegen die Großdeutsche durchsetzen. Gegen die Beschlüsse des Reichstages von Kremsier, der eine föderalistische Lösung vorgeschlagen hatte, bevorzugte Schwarzenberg eine zentralistische Verfassung mit einer starken Zentralmacht. Um dies zu erreichen, zog er die österreichischen Vertreter aus Frankfurt ab: Damit war der Anspruch, eine gesamtdeutsche Vertretung zu sein, gefallen.

In der Innenpolitik versuchte er eine »Revolution von oben«, er suchte der Probleme Herr zu werden, indem er den Ton und das Tempo der nötigen Reformen diktierte. Er führte eine Grundentlastung zugunsten der Bauern durch, die Minister Bach und Schmerling schufen eine völlige Neuordnung der Verwaltung und eine neue Struktur der Rechtsprechung. Thun modernisierte mit Alexander Helfert, Antonin Krombholz, Franz Exner und Hermann Bonitz das Schulwesen. Die Reformen der inneren Struktur des Ballhausplatzes, also des Ministeriums des Äußern, stärkten für die Zukunft die Bedeutung des Ressorts nach innen und nach außen. Der Chef der Außenpolitik war ab nun der zweitmächtigste Mann im Staate.

Was eine künftige Verfassung betraf, war Schwarzenberg ein strenger Zentralist, Stadions liberalen Verfassungsentwurf ließ er in der Lade liegen, daher wurde Österreich weiterhin absolutistisch regiert. Er verteidigte vielmehr die Integrität des Gesamtstaates. Gegen die Pläne der Paulskirche eines rein deutschen Gesamtstaates stellte er das Konzept eines Mitteleuropastaates der 70 Millionen, er wollte die gesamte Monarchie dem Deutschen Bund eingliedern: ein zweifellos kühnes Projekt, das aber am Kleinmut der Beteiligten scheiterte. So nützte Schwarzenberg die Tatsache, dass die Partei der Kleindeutschen mit dem schwachen preußischen König Friedrich Wilhelm IV. die schlechteren Karten hatte, dazu, den Status quo ante, also vor der Revolution, wiederherzustellen. Metternich mag sich über das Talent des von ihm geförderten Schwarzenberg gefreut und amüsiert haben. Den Traum vom Staat der 70 Millionen Einwohner betrieb Schwarzenberg mit Hilfe seines Wirtschaftsministers Karl Ludwig von Bruck weiter. Dessen Pläne für die Beseitigung

der Zollschranken und die Errichtung einer großzügigen Zollunion erwiesen sich als zukunftsweisend.

Mit all diesen Neuerungen schaffte sich Schwarzenberg mehr
Feinde als Freunde, für die Liberalen schien er zu konservativ,
die Konservativen empfanden ihn als zu liberal. Und für den
Kaiser wurde Schwarzenberg zu mächtig, worauf er sich entschloss, seinen Ministerpräsidenten zu stürzen. Diese Tat nahm
ihm das Schicksal ab, denn Schwarzenberg brach während einer Ministerratssitzung plötzlich tot zusammen. Erst am Ende
seines Lebens erkannte Franz Joseph die wahre Bedeutung und
auch die Größe Schwarzenbergs.

* 2. Oktober 1800 in Böhmisch-Krumau (Česky Krumlow)

† 5. April 1852 in Wien

1828   Eintritt in den diplomatischen Dienst

1848   in der Armee Radetzkys

1848–1852 Ministerpräsident

LÉOPOLD SÉDAR SENGHOR

Der erste Präsident der afrikanischen Republik Senegal Senghor war Sohn eines wohlhabenden Händlers vom Stamme
der Serer. Er besuchte eine katholische Schule, sein ursprüng-
licher Berufswunsch war Priester und Lehrer. Mit zwanzig Jahren ging er ans Lycée nach Dakar. Da er literarisch besonders
begabt war, erhielt er ein Stipendium für Paris. 1928 begann
er am Lycée Louis-le-Grand zu studieren, anschließend an der
Sorbonne. In Paris traf er Aimé Césaire aus Martinique und
Léon-Gontran Damas aus Französisch-Guyana. Mit diesen beiden Kommilitonen formulierte er das Prinzip der »négritude«,
als sie die großen Einflüsse afrikanischer Kultur, etwa auf die
Fauves in der Malerei und Musik auf die europäische Kultur
des 20. Jahrhunderts entdeckten. Als Schwarzafrikaner unter
den Studenten einsam und isoliert, definierten sie »négritude«
als die Gesamtheit der kulturellen Werte der Welt der Schwarzen. Sie gingen davon aus, dass Afrikaner ihre Umwelt anders
wahrnehmen. Senghor formulierte dies so: »Die Emotion ist
schwarz, die Vernunft hellenisch.«

Ab 1935 unterrichtete Senghor im Rang eines Agrégé, was etwa einem stellvertretenden Professor entspricht, in Tours Französisch. Er war der erste Schwarzafrikaner, der einen so hohen Rang im französischen Unterrichtssystem erreichte.

1939 wurde er zum Militär eingezogen und geriet ein Jahr später in deutsche Kriegsgefangenschaft. Zwei Jahre verbrachte er in einem KZ, wo er eine ganze Reihe seiner wichtigsten Gedichte schrieb. Nach seiner Entlassung schloss er sich der französischen Résistance an.

Nach dem Zweiten Weltkrieg wurde er 1946 als einer der beiden Repräsentanten des Senegal in die französische Kammer gewählt. 1951 erfolgte seine Wiederwahl.

1948 gründete Senghor den Demokratischen Senegalesischen Block (Bloc Démocratique Sénégalais), 1956 wurde diese Partei umbenannt in Fortschrittliche Senegalesische Union.

1956 übernahm er das Bürgermeisteramt in der senegalesischen Stadt Thiès, einem Eisenbahnzentrum. In dieser Zeit bekämpfte er das von Frankreich erlassene Loi cadre, das eine Selbstverwaltung für afrikanische Territorien vorsah. Er meinte, dass dieses Gesetz die regionale Verwaltung gegenüber einer zentralen Verwaltung bevorzugte und somit zur Bildung von Kleinstaaten führen könnte. So half er mit, eine Reihe von Parteien zu gründen, die zu einem afrikanischen Bund oder einer regionalen Union führen sollten. In seinem Heimatland war es die schon erwähnte Senegalesische Fortschrittspartei, die sich nach 1976 Sozialistische Partei nannte. 1959 wurde die Mali-Föderation, neben Senegal bestehend aus Französisch-Soudan (= Mali), Dahomy (= Benin) und Obervolta (= Burkina Faso) gegründet. Im selben Jahr verhandelte Senghor mit dem französischen Staatspräsidenten Charles de Gaulle über die Unabhängigkeit des Senegal. Senegal wählte die Staatsform der Republik, 1960 wurde Senghor zum ersten Präsidenten des unabhängigen Landes gewählt. Die Mali-Föderation hatte sich inzwischen aufgelöst. Diese Konstellation wurde von den sogenannten Brazzaville-Staaten abgelöst, es waren dies die ehemaligen westafrikanischen französischen Kolonien, die sich 1960 auf einer Konferenz in Brazzaville (heute Republik Kongo) auf eine lose Zusammenarbeit mit starker Anlehnung an den Westen geeinigt hatten. 1961, auf der Konferenz von Monrovia

(Liberia), kam es zu einer einhelligen Verurteilung der südafrikanischen Rassenpolitik.

1962 unternahm der amtierende Ministerpräsident Mamadou Dia, ein Protégé Senghors, einen Staatsstreich, doch der Aufstand wurde niedergeschlagen, Dia inhaftiert. Ein Jahr später erhielt das Land eine Verfassung, an deren Formulierung Senghor wesentlichen Anteil nahm. Dreimal wurde Senghor in das Präsidentenamt wiedergewählt, und zwar 1963, 1968 und 1973. 1978 fanden die ersten freien Wahlen im Land statt, bei denen Senghor mehr als 80 Prozent der Stimmen gewann. Doch 1980 trat Senghor freiwillig von seinem Amt zurück. Danach lebte er fast ausschließlich in der Normandie auf einem Landgut, das seiner zweiten Frau Colette gehörte.

Während seiner Amtszeit bemühte sich Senghor um eine Modernisierung der Landwirtschaft, er bekämpfte die Korruption und versuchte mit allen Nachbarstaaten, aber auch mit der ehemaligen Kolonialmacht Frankreich gute Beziehungen aufrechtzuerhalten. Obwohl Senghor ein klassischer Intellektueller war, hatte er seine größte Gefolgschaft unter den Bauern. Er wollte im Senegal eine offene, humanistische Gesellschaft, die sich Extremismen verschloss.

Er schrieb in Französisch zahlreiche Gedichte und Essays, gab auch immer präzise Anweisungen, unter der Begleitung welchen Musikinstruments diese Gedichte vielleicht einmal gesungen würden.

1968 wurde er mit dem Friedenspreis des Deutschen Buchhandels ausgezeichnet. 1983 wurde er als erster Schwarzafrikaner in die Académie Française aufgenommen. Senghor war mit dem deutschen Bundeskanzler Willy Brandt befreundet, er stand mit dem tschechischen Präsidenten Vaclav Havel und dem estländischen Präsidenten Lennart Meri, beide ebenso wie er Politiker und Dichter, in einem ständigen Dialog. Der deutsche Bildhauer Arno Breker schuf in den späten siebziger Jahren eine Bronzebüste Senghors.

* 9. Oktober 1906 in Joal, Französisch-Westafrika (heute Senegal)
† 20. Dezember 2001 in der Normandie
1946–1958 Mitglied der französischen Kammer
1960–1980 Präsident von Senegal

Werke

Chants d'Ombre (1945)

Hosties noires (1948)

Chants pour Naëff (1949)

Éthiopiques (1956)

Nocturnes (1961)

On African Socialism (1964)

Selected Poems (1964)

Élegies majeures (1979)

Georg Kastriota genannt Skanderbeg

Georg Kastriota wurde unter dem Namen Skanderbeg zur Symbolfigur des Verteidigungskampfes der Albaner gegen die Türken. Der Sohn des Gjon (Johannes) Kastriota wurde etwa 1405 geboren, seine Familie gehörte zu den Vornehmsten des Landes. Sein Vater befand sich ständig in Auseinandersetzungen mit den Türken, 1415 und 1423 musste er seine vier Söhne als Geiseln an die Hohe Pforte ausliefern. Georg, der Aufnahme in das Pagenkorps fand, konvertierte in Adrianopel (Edirne) zum Islam und erhielt eine sehr gute Ausbildung. Von den Osmanen bekam er auch seinen Namen Iskander, das entspricht Alexander.

1438 ernannte ihn Sultan Murad II., an sich ein friedliebender und auch schöngeistiger Herrscher, zum Beg (Oberkommandierender) und Wali (Statthalter) in den albanischen Städten Misia, Skuria und Jonima (Kruja).

Skanderbeg erfüllte scheinbar getreulich seine Aufgaben, bis zur Niederlage der Osmanen bei Niš, da sie von einem ungarischen Heer unter dem Kommando von Hunyadi János geschlagen wurden. Unmittelbar nach dieser Schlacht verließ er das türkische Heer samt allen albanischen Soldaten und kündigte dem Sultan die Gefolgschaft auf. Er eroberte die noch von einer türkischen Besatzung gehaltene Festung Kruja.

Skanderbeg trat wieder zum christlichen Glauben über, forderte seinen Familienbesitz zurück und organisierte ab 1444 eine Liga der vornehmsten albanischen Fürsten. Um dieses Bündnis zu festigen, gingen sowohl er als auch seine Schwester Ehen mit anderen albanischen Familien ein. Er selbst wurde Kommandeur eines von den Fürsten aufgestellten Heeres und widmete sich fortan dem Kampf gegen die Osmanen, die immer wieder versuchten, Albanien zu überrennen. Bis zu seinem Tod 1468 schlug er 13 türkische Invasionen zurück und wurde damit schon zu Lebzeiten eine Symbolfigur, ein europäischer Held, der unter Beweis stellte, dass die Heere der Osmanen nicht unschlagbar waren. Sicherlich kam ihm dabei die wilde und zerklüftete Gebirgsstruktur Albaniens zu Hilfe, die für die großen osmanischen Heere keine Entfaltungsmöglichkeit bot.

Immer wieder versuchte er von den anderen europäischen Mächten Unterstützung zu erhalten, zumeist waren es finanzielle Subsidien und Waffenlieferungen, die aus Neapel, aus Venedig und vonseiten des Papstes kamen. Es waren dies Staaten, deren Interessen vital durch die Einfälle der Türken betroffen waren, und sie waren nur zu gerne bereit, die Mühen des Kampfes den Albanern zu überlassen. Der Papst ernannte Skanderbeg sogar zum Generalkapitän des Heiligen Stuhles und bezeichnete ihn als »Athleta Christi«.

1451 schloss Skanderbeg mit Neapel einen engeren Bündnisvertrag, womit er ein Vasallenverhältnis begründete. Nach dem Fall Konstantinopels 1453 wurde die Situation am Balkan noch bedrohlicher. Sultan Mehmed II. hatte die Stadt am Bosporus mit einem genialen Schlachtplan von der Landseite her eingenommen – damit standen die Osmanen für Jahrhunderte in Europa.

Als Skanderbeg in einer sehr gefährlichen Situation wieder den König von Neapel um Hilfe ersuchte, stellte ihm dieser eine Pension in Aussicht und beschenkte ihn mit Ländereien, aber effektive Hilfe war nirgends in Europa zu erhalten.

1461 schloss Skanderbeg mit Mehmed II. einen dreijährigen Waffenstillstand, den er 1463 erneuerte. Als er 1468 eines natürlichen Todes starb, wurde er in einer Kirche in Lezha beigesetzt. Seine Frau und sein damals 12-jähriger Sohn flohen nach Italien. Die Festung Kruja konnte sich noch zehn Jahre gegen die Osmanen behaupten, dann wurde sie dem Erdboden gleichgemacht. Auch die Grabeskirche in Lezha wurde völlig zerstört. Albanien, das in der Ära Kastriotas für kurze Zeit ein unabhängiger Staat war, wurde von den Osmanen für Jahrhunderte unterworfen. Viele albanische Christen flohen nach Italien, wo sie Aufnahme fanden und eine eigene Minderheit bildeten. Die zurückgebliebene albanische Bevölkerung wurde nach und nach moslemisch. Von Kastriota gibt es keine zeitgenössische bildliche Darstellung, alle Denkmäler und sonstigen Bildnisse wurden nach späteren Schilderungen hergestellt. In Albanien wird Skanderbeg als Nationalheld gefeiert, überall stehen seine Denkmäler, Straßen und Schulen sind nach ihm benannt, er wurde der Held zahlreicher Romane, die Titelfigur von Theaterstücken, sogar eine Oper über ihn wurde von Antonio Vivaldi komponiert. Im Wiener Kunsthistorischen Museum werden ein Prunkhelm und ein orientalisches Schwert aufbewahrt, die angeblich aus dem Eigentum Kastriotas stammen. Beide Stücke kommen aus der Ambraser Sammlung, das Schwert trägt den Vermerk: »Skänderwech«. Natürlich hat sich auch die Politik späterer Jahrhunderte seiner bemächtigt, der albanische König der Zwischenkriegszeit, Zogu, hielt sich für seinen legitimen Nachfolger, und Enver Hodscha, der kommunistische Staatschef nach dem Zweiten Weltkrieg, meinte, mit seiner Politik das Werk Skanderbegs fortzusetzen.

* 1405
† 17. Januar 1468 in Lezha (Albanien)
1415 und 1423 als Geisel in Adrianopel

1438	Beg und Wali in Albanien
1451	Bündnisvertrag mit Neapel
1453	Fall Konstantinopels
1461	Waffenstillstand mit Mehmed II.
1463	Erneuerung des Waffenstillstandes

HEINRICH FRIEDRICH KARL VON UND ZUM STEIN

Steins Ahnen gehörten zur Reichsritterschaft und lassen sich bis in das 14. bzw. in das 16. Jahrhundert zurückverfolgen. Seine Familie war an Mosel und Lahn begütert und besaß die reichsunmittelbaren Liegenschaften Schweighausen und Frücht im Taunus. Sein Vater war Kurfürstlich Mainzer Kammerherr, seine Mutter eine hoch gebildete Dame. Das protestantische Elternhaus pflegte eine offene Haltung, auch gegenüber Katholiken. Der jüngste Sohn Heinrich wurde durch Familienvertrag 1779 zum Familienerben.

Der junge Adelige studierte Geschichte, Staatswissenschaften und Jura in Göttingen, wo er die Werke und Lehren von Charles Montesquieu und Edmund Burke kennenlernte. Berufserfahrung sammelte er am Reichskammergericht in Wetzlar und beim Reichstag in Regensburg ebenso wie bei den Reichsbehörden in Wien. Durch weitere Reisen in die steirischen und ungarischen Montangebiete rundete er seine Ausbildung ab.

1780 trat er in den preußischen Staatsdienst ein und war damit auch am Ziel seiner Wünsche, da er eine große Verehrung für König Friedrich II. hegte. Auch die Verwandtschaft mit dem damaligen Industrie- und Bergbauminister Friedrich Anton von Heinitz mag durchaus hilfreich gewesen sein. Durch weitere Studien in Freiberg in Sachsen und in Berlin erweiterte Stein sein Wissen in Bezug auf den Bergbau. Schon 1784 wurde er zum Leiter der staatlichen Bergbauverwaltung in den preußischen Westprovinzen mit Sitz in Wetter an der Ruhr ernannt.

Dank seiner anerkannten Fähigkeiten wurde er ein Jahr später mit einer diplomatischen Mission am kurfürstlichen Hof in Mainz beauftragt. 1786 unternahm er eine Englandreise, um dort den Bergbau zu studieren. Tief beeindruckt zeigte er sich vom Prinzip des englischen »selfgovernment«.

Zehn Jahre später war der nun äußerst populäre Verwaltungsfachmann Leiter aller Hauptverwaltungsbehörden in den preußischen Westprovinzen mit dem Titel Oberkammerpräsident und dem Amtssitz in Minden. Diese Funktion entsprach etwa einem preußischen Statthalter im Westen Deutschlands. Nach der Säkularisierung der geistlichen Fürstentümer und der Abtretung der linksrheinischen Gebiete an die Franzosen musste Stein 1803 diese Änderung verwaltungstechnisch durchführen. Auch sein eigener Familienbesitz war in diesen Wirrnissen verloren gegangen. Nun trat er nachdrücklich für Verfassungs- und Verwaltungsreformen ein, um den preußischen Staat leistungsfähiger zu machen. Preußens Widerstandskraft gegen die

Franzosen müsse gestärkt werden, um die deutsche »nationale Unabhängigkeit« zu bewahren.

1804 wurde Stein zum preußischen Finanz- und Wirtschaftsminister ernannt, eine seiner wichtigsten finanztechnischen Maßnahmen war die Aufhebung der Binnenzölle. Er schuf das Statistische Bureau und führte zur Finanzierung der Rüstung Papiergeld mit Zwangskursen ein. Während der Kriegswirren gelang es ihm, die preußische Staatskasse über Stettin nach Königsberg zu retten, wodurch der Staat in den nächsten Monaten liquid blieb. Nach der Niederlage Preußens gegen Napoleon bei Jena 1806 plante Stein die Einführung von Fachministerien nach englischem Vorbild, doch der König lehnte ab. Er wollte vielmehr, dass Stein das Außenministerium übernehme und die Friedensverhandlungen führe, was Stein aber brüsk ablehnte. Nun kam es zum Konflikt mit König Friedrich Wilhelm III. Im Januar 1807 wurde er ungnädig entlassen, der König und auch seine Frau konnten Stein nicht ausstehen, wozu sein doch etwas schroffes Wesen beigetragen haben mag. Jedenfalls schrieb ihm der König ein grobes Entlassungsschreiben: » ... dass Sie vielmehr als ein widerspenstiger, trotziger, hartnäckiger und ungehorsamer Staatsdiener anzusehen sind, der, auf sein Genie und seine Talente pochend, weit entfernt, das Beste des Staates vor Augen zu haben, nur durch Kapricen geleitet, aus Leidenschaft und aus persönlichem Hass und Erbitterung handelt ...« Stein ging zurück nach Nassau und verfasste dort seine Denkschrift.

Doch nach dem Frieden von Tilsit wurde Stein von September 1807 bis November 1808 leitender Minister und damit bestimmend für die preußische Politik. Sofort installierte er ein Staatsministerium mit fünf Fachministerien, er reorganisierte die gesamte Verwaltung Preußens, das Regierungssystem wie das Behördenwesen, die Kommunalverfassungen wie das Militär und den öffentlichen Unterricht. Noch 1807 gab es eine generelle Bauernbefreiung, wenige Monate später folgte die Preußische Städteordnung, die die alten Ständeschranken durch moderne Selbstverwaltung ersetzte. Durch die Bauernbefreiung wurden auch Kräfte für die dringend nötige Industrialisierung des Landes frei. Steins Ziel war die Stärkung des Staates durch Mitverantwortung der Bürger. Er wollte in Preußen »Gemein-

geist und Bürgersinn« statt Untertanen in Lethargie und Kada-
vergehorsam heranziehen. In seiner »Nassauer Denkschrift«,
seinem wichtigsten politischen Dokument, hatte er alle seine
Vorstellungen präzisiert. Steins Weltbild ruhte auf gesicherten
und klaren ethischen Grundsätzen, es gab für ihn weder Zweifel
noch Zaudern.

1808 wurde er vom König wegen eines Aufrufs zum Befrei-
ungskampf gegen die napoleonische Herrschaft entlassen und
von Napoleon geächtet – er musste nach Böhmen ins Exil. Sein
Reformwerk wurde zwar verändert, aber in seinen Grundprinzipien von Karl August Hardenberg fortgeführt.

Erst 1812, nach dem Desaster Napoleons in Russland, konnte
Stein wieder zurückkehren. In der Zwischenzeit hatte er viel ge-
schrieben, eine Geschichte von Frankreich und über die Zeit der
Französischen Revolution.

1812 holte ihn Zar Alexander I. und machte ihn zu seinem
Berater, Stein wurde in dieser Funktion der Motor des europäischen Befreiungskampfes gegen Napoleon. Er vermittelte das
preußisch-russische Bündnis von Kalisch und sorgte für die nationale Erhebung der ostpreußischen Stände gegen Napoleon.
Ein Jahr später trat er an die Spitze des Verwaltungsrates der
verbündeten Mächte und regelte vor allem die Verwaltung der
befreiten Teile Deutschlands.

Nach 1814 und beim Wiener Kongress spielte der Innenpo-
litiker und Verwaltungsfachmann Stein keine besondere Rolle
mehr, er erhielt sich allerdings die Gunst des Zaren und nahm
so indirekt Einfluss auf die europäische Politik.

1816 erwarb er die säkularisierte Prämonstratenserprobs-
tei Cappenberg in Westfalen, die er zu seinem Hauptwohnsitz
machte. Durch lebhafte Korrespondenz und zahlreiche Reisen
hielt er Kontakte zu den entscheidenden politischen und kulturellen Persönlichkeiten seiner Zeit und nahm Anteil am politischen Leben seiner unmittelbaren Umgebung, doch übernahm
er kein Amt mehr. Erst ab 1826 saß er als Präsident den ersten
drei westfälischen Provinziallandtagen vor.

1819 gründete er in Frankfurt die »Gesellschaft für Deutsch-
lands ältere Geschichtskunde«, die eine Sammlung deutscher
Geschichtsquellen des Mittelalters, die »Monumenta Germaniae
Historica«, herausbrachte. Damit steht Stein an der Wiege eines

231

der größten deutschen historiografischen Projekte, die bis heute weitergeführt werden.

Steins Bewusstsein und sein Umgang mit anderen wurde stark von der Tatsache geprägt, dass er Reichsritter und damit reichsunmittelbar war, er war nur dem Kaiser und den Reichsbehörden unterworfen, durch seinen Grundbesitz auch wirtschaftlich völlig unabhängig. Der liberal-konservative Politiker Stein beseitigte mit seinen Reformen in Preußen das absolutistische Regierungssystem. Er war nie ein radikaler Politiker, die Ideen der Französischen Revolution waren ihm nicht gänzlich fremd, doch im Prinzip zu radikal. Er wollte keine Revolution zur Durchsetzung seiner Ideen, sondern Reformen. Die Europa beherrschende restaurative Politik der Nachkongresszeit, die einzig und allein die Handschrift Metternichs trägt, lehnte Stein völlig ab. Stein hatte sich nie als Preuße, sondern immer als Deutscher gefühlt. In einem Brief an einen Freund formulierte er dies so: »Ich habe nur ein Vaterland, das heißt Deutschland, und da ich nach alter Verfassung nur ihm und keinem besonderen Teil dessen angehöre, so bin ich auch nur ihm und nicht einem Teil desselben von ganzer Seele ergeben.«

* 26. Oktober 1757 in Nassau an der Lahn

† 29. Juni 1831 auf Schloss Cappenberg(Westfalen)

1773–1777 Jurastudium in Göttingen

1780   Eintritt in den preußischen Staatsdienst

1784   Leiter der Westfälischen Bergämter

1796   Oberpräsident sämtlicher Kammern der preußischen Westprovinzen

1803   Durchführung der Säkularisierungen

1804   preußischer Finanzminister

Januar 1807 Entlassung

1807–1808 leitender Minister

1808   Exil in Böhmen

1812   Berater des Zaren

1815   Teilnahme am Wiener Kongress

1816   Wohnsitz in Cappenberg in Westfalen

1819   Gründung der »Gesellschaft für ältere deutsche Geschichtsforschung«

Werke

Briefe und Schriften (1849–1854)

Briefwechsel, Denkschriften und Aufzeichnungen (1931–1937)

GUSTAV STRESEMANN

Der erste deutsche Friedensnobelpreisträger stammte aus einem kleinbürgerlichen protestantischen Geschäftshaushalt, seine Eltern besaßen einen Flaschenbiervertrieb. Stresemann war schon als Gymnasiast bildungshungrig und bildungsbewusst, ein ehrgeiziger Aufsteiger mit ausgeprägtem Harmoniebedürfnis, dem Kompromisse keinen Prestigeverlust bedeuteten. Da er klar national gesinnt war, schloss er sich während seiner Studienzeit einer Reformburschenschaft an. In Leipzig belegte er die Fächer Literatur, Geschichte und Nationalökonomie. 1900 erfolgte seine Promotion in Nationalökonomie, drei Jahre später heiratete er Käte Kleefeld, ein Mädchen aus jüdischer Familie. 1902 wurde er Syndikus im Verband sächsischer Industrieller.

Politisch betätigte er sich bei den Nationalliberalen, für die er dank seiner blendenden Rednergabe 1907 ein Reichstagsmandat eroberte. In Ernst Bassermann fand er einen überzeugten Förderer, der das politische Talent des jungen Mannes zu schätzen wusste. Bereits 1917 war Stresemann Fraktionsvorsitzender der Partei.

In seiner Programmatik war Stresemann nachdrücklich von den Ideen Friedrich Naumanns beeinflusst, er war ein strikter Gegner des Antisemitismus und wandte sich dezidiert gegen die Ausgrenzung der Sozialdemokratie. Dem sozialdemokratischen Klassenkampf stellte er sein Modell der sozialen Reformen und des jeweiligen Kompromisses gegenüber. Er war ein gemäßigter Politiker, für einen Liberalen seines Herkommens standen Leistung, Wettbewerb und die Anliegen des Mittelstandes im Zentrum seiner politischen Ideen und Aufgaben.

Im Ersten Weltkrieg teilte er zunächst die Ideen des Siegfriedens, sah er doch in England den Hauptgegner des Wilhelminischen Deutschlands. Er war überzeugt, dass ein siegreiches Ende des Krieges auch die Chance auf eine weit reichende Expansion des Deutschen Reiches brächte. Innenpolitisch bewahrte er sich viel eher seinen Realitätssinn, er sah die heraufkommenden gesellschaftspolitischen Veränderungen ziemlich klar. Doch brauchte er Jahre, bis er die Folgen der totalen Niederlage verkraftet hatte.

Was die künftige Staatsform Deutschlands betraf, entschied er sich schnell für die Republik, hatte doch die Überlegenheit des britischen Parlamentarismus ihn restlos überzeugt. Er trat für eine Beteiligung aller Parteien an der Gestaltung des politischen Lebens ein; eine Stärkung der Stellung des Reichspräsidenten, quasi als Ersatzmonarch, hielt er nicht für zielführend. Für seine Partei sah er die primäre Aufgabe im Ausgleich der Standpunkte, es sei die große Aufgabe des Liberalismus, eine auf Einigung zielende Politik einzuschlagen.

Die nach 1918 gegründete rechtsliberale Deutsche Volkspartei fand in Stresemann ihren Vorsitzenden und auch bedeutendsten Politiker. Ein Hemmschuh in der eigenen Partei waren die Vertreter der Schwerindustrie und die extremen Nationalisten.

1923, im Krisenjahr der Weimarer Republik, nach der Besetzung des Ruhrgebietes durch die Franzosen, nach dem Beinahe-Zusammenbruch der deutschen Wirtschaft, bildete Stresemann als Kanzler eine Koalitionsregierung aus der Zentrumspartei, den Sozialdemokraten, den Demokraten und der Deutschen Volkspartei, die dem krisengeschüttelten Staat eine Phase der relativen Stabilität sichern sollte. Außenpolitisch versuchte er, Deutschland als gleichberechtigten und kooperativen Partner der europäischen Staaten zu positionieren. Dabei fand er im französischen Premier Aristide Briand einen kongenialen Partner gleichen Temperaments. Doch Stresemann wurde nach wenigen Monaten von den Sozialdemokraten gestürzt, gehörte aber dem folgenden Kabinett des Reichskanzlers Wilhelm Marx als Außenminister an. Die Außenpolitik war nun das eigentliche Feld seiner Bewährung, es gelang ihm, die Räumung des Rheinlandes zu erreichen, mit dem Dawes-Abkommen die deutschen Reparationsleistungen an die wirtschaftliche Stabilität des Landes zu knüpfen, 1925 die Verträge von Locarno zu schließen, die Deutschland wieder in das Konzert der europäischen Mächte aufnahmen und die dem Sicherheitsbedürfnis aller Beteiligten dienten. Folge dieser Verträge war auch die Aufnahme Deutschlands in den Völkerbund ein Jahr später.

1928 unterzeichnete er für Deutschland den Briand-Kellogg-Pakt zur Ächtung des Krieges. Stresemann suchte auch engere Beziehungen zu den Vereinigten Staaten. Wirtschaftlich meinte er, dass eine engere Zusammenarbeit der europäischen Staaten zielführend wäre, wobei er die paneuropäischen Ideen des Österreichers Richard Coudenhove-Kalergi unterstützend aufnahm. Stresemann schätzte und nutzte den Völkerbund als internationales Instrument. Er war der Ansicht, dass eine Revision des Versailles Vertrages nur mit und nicht gegen die Sieger des Ersten Weltkrieges erreichbar wäre. Nur der Bolschewismus fand in ihm einen erklärten Gegner.

Für seine Bemühungen um eine europäische Verständigung wurde er 1926 gemeinsam mit Aristide Briand als erster Deutscher mit dem Friedensnobelpreis ausgezeichnet.

Mit seinem plötzlichen Tod infolge eines Schlaganfalles ging in der Weimarer Republik eine Ära zu Ende, eine Phase der Hoffnung für ein friedliches Zusammenleben in Europa. Der leidenschaftliche Parlamentarier Stresemann, ein mutiger und konsequenter Liberaler, hatte Deutschland für sechs Jahre zu einem akzeptierten Partner in Europa gemacht.

* 10. Mai 1878 in Berlin
† 3. Oktober 1929 in Berlin

1900	Promotion
1902	Verbandssyndikus
1903	Heirat mit Käte Kleefeld
1907	Reichstagsmitglied
1917	Fraktionsvorsitzender der Nationalliberalen
1923	Reichskanzler
1923–1929	Reichsaußenminister

CHARLES MAURICE TALLEYRAND-PÉRIGORD

Der französische Diplomat Talleyrand wurde zum Idealbild, sowohl im positiven als auch im negativen Sinn, aller Tugenden und Laster dieser Profession. Er war höchst gebildet, sehr gescheit, von kalter Überlegungskraft, genial im Auffinden von Möglichkeiten, wie man auf eine Situation reagieren könnte. Er verfügte gleichsam über das gesamte Repertoire dieses Berufsstandes, schwärmte für Frauen, war galant und liebenswürdig, ein Lebenskünstler und Libertin, aalglatt und angeblich Diener vieler Herren. Ihm wird der Spruch in den Mund gelegt, dass Verrat nur eine Frage des Zeitpunkts wäre.

Dass dieser viel gehasste Mann, der, gezeichnet von einem Klumpfuß – ob es ein Geburtsfehler oder ein Unfall im Kleinkindalter war, bleibt ungeklärt –, nicht gerade blendende Startbedingungen hatte, so diabolisch wie er vielfach dargestellt wurde, steht außer Frage.

Talleyrand, aus hochadeliger, aber verarmter Familie stammend, entschied sich, da ihm wegen seines körperlichen Gebrechens die militärische Laufbahn verschlossen war, für den geistlichen Berufsstand, besuchte das Priesterseminar in Saint-Sulpice und wurde 1779 zum Priester geweiht. Seine erste Anstellung war die Position eines Abtes von St. Denis. 1780 wurde er zum Generalagenten des französischen Klerus bestimmt, 1788 wurde er Bischof von Autun – eine beachtliche Karriere, die sicherlich nur seinen Talenten zuzuschreiben war.

Doch Talleyrand hatte auch eigene Meinungen, und die waren durchaus abweichend von den Standpunkten des französischen Klerus. 1789 schlug er sich als Mitglied der Generalstände auf die Seite der Revolution, sprach sich für die Verstaatlichung des Kirchengutes aus, um mit diesem Geld die enormen Staatsschulden zu begleichen. Die Kirche habe ihr Vermögen ja nur in und zur Ausübung ihrer Funktionen erhalten und nicht als persönlichen Besitz. Er selbst legte 1791 den Eid auf die Verfassung ab und verlangte dies auch von den Mitgliedern seiner Diözese. Daraufhin wurde er vom Papst exkommuniziert – kalt lächelnd legte Talleyrand seine kirchlichen Ämter nieder, die ihm immer nur Beruf und nicht Berufung waren.

Das revolutionäre Frankreich dürfte schon längst seine Fähigkeiten erkannt haben, denn er wurde nach England geschickt, um über dessen Neutralität zu verhandeln, leider ergebnislos.

Da Talleyrand offenbar über eine große Fantasie verfügte, gab es auch Kontakte zu Mitgliedern des alten Regimes, jedenfalls wurde er der Sympathie mit den Royalisten bezichtigt und musste Frankreich fluchtartig verlassen. Er wandte sich nach England, aber auch da wurde ihm wegen der Interventionen von französischen Exilanten der Boden zu heiß: 1794 ging er in die USA.

Erst 1796 kehrte er zurück, nun wurde der »Bürger« Talleyrand vom Direktorium unter der Führung von Paul Barras zum Außenminister bestellt. Wesentlichen Anteil an dieser Bestellung hatte die Fürsprache von Madame Germaine de Staël, einer der klügsten und einflussreichsten Damen dieser Zeit. Doch er blieb nur drei Jahre in dieser Funktion, wohl weil er schnell erkannte, dass diese Regierungsform keine Dauerlösung war.

Talleyrand sah den kommenden Mann in Napoleon Bonaparte, dem jungen General aus Korsika, der seinerseits die diplomatischen Fähigkeiten Talleyrands erkannt haben mag, jedenfalls trafen sich in dieser besonderen politischen Situation zwei kaltblütige Männer, der eine ein Aufsteiger, noch dazu italienischer Herkunft, der andere ein Mann, der mit klugem Kalkül das Optimum aus einer Situation herausholen konnte. 1799 war Talleyrand wieder Außenminister und begleitete den Korsen 1804 zu seiner Kaiserkrönung, für die er außenpolitisch alle Wege geebnet hatte. 1806 wurde er von Napoleon mit dem Fürstentitel »von Benevent« geehrt.

Doch je länger das Zusammenwirken der beiden dauerte, desto tiefer wurden die Widersprüche: Napoleon, der immer weiter vorwärts drängte und weitere Kriege und weitere Eroberungen vor Augen hatte, und Talleyrand, der meinte, das Erreichte sei genug. In dieser Situation wurde Talleyrand 1807 brüsk von Napoleon entlassen, er zog sich zurück.

Als Napoleons Karriere klar ersichtlich zu Ende ging, wechselte Talleyrand die Fronten und lief zum künftigen König Ludwig XVIII. über, der ihn postwendend zum Außenminister und später als Fürst Talleyrand zum erblichen Pair von Frankreich ernannte.

Seinem Wirken auf dem Wiener Kongress war es zu danken, dass das schwer angeschlagene und durch Niederlagen gedemütigte Frankreich als europäische Großmacht wie ein Phönix aus der Asche aufstieg. Er lieferte eine diplomatische Meisterleistung, die ihresgleichen suchte. Als Vertreter der geschlagenen Nation erreichte er bessere Bedingungen als so mancher

Siegerstaat. Jedenfalls wurde Frankreich in den Grenzen von 1789 wiederhergestellt.

In den folgenden Jahren hatte Talleyrand keine Minister-funktionen mehr, engagierte sich aber in der Pairskammer für Pressefreiheit. Jedenfalls schwenkte er 1830 rechtzeitig zum neuen Bürgerkönig Louis Philippe und zum Hause Orléans. Mit 76 Jahren trat er noch einmal ein offizielles Amt an, er wurde Frankreichs Botschafter in London, wo er wesentlich zur Ver-besserung des britisch-französischen Verhältnisses beitrug. Zu-letzt führte er die Verhandlungen über die Unabhängigkeit des Königreiches Belgien.

Talleyrand werden viele Liebschaften nachgesagt und eben-so viele unehelichen Kinder, Charles de Flahaut, Adjutant Na-poleons in Russland und in den Jahren vor 1848 französischer Botschafter in Wien, ist eines dieser Kinder, vom Maler Eugène Delacroix wurde es vielfach behauptet. Zuletzt lebte er mit der geschiedenen Ehefrau seines Neffen Edmond, mit Dorothée de Talleyrand, zusammen.

War er nur ein Opportunist, der alle verriet, ein Diener vieler Herren ohne eigene Gesinnung, oder gab es da einen Fixpunkt, dem er letztlich treu blieb? Talleyrand blieb sich zunächst selbst treu und sorgte für sein eigenes Weiterkommen, doch der »hin-kende Teufel«, wie er abschätzig bezeichnet wurde, hatte immer auch das Wohl seines Landes im Auge, etwa wenn er Napoleon in seinem Eroberungsdrang bremsen wollte oder wenn er für Frankreich auf dem Wiener Kongress hervorragende Bedin-gungen herausschlug.

* 2. Februar 1754 in Paris
† 17. Mai 1838 in Paris

1779	Priesterweihe
1780	Generalagent des französischen Klerus
1788	Bischof von Autun
1789	Mitglied der Generalstände
1791	Eid auf die Verfassung
1794	Flucht nach England und in die USA
1796	Rückkehr, Außenminister des Direktoriums
1799	wieder Außenminister
1807	Entlassung durch Napoleon

1814   Außenminister Ludwigs XVIII.
1814/1815 Teilnahme am Wiener Kongress
1830   Botschafter in London

Josip Brosz
genannt Tito

Josip Brosz – den Namen Tito nahm er erst 1934 als Tarnnamen an, möglicherweise leitet er sich vom Vornamen Titus ab – wurde in der ungarischen Reichshälfte der k. u. k. Monarchie als Sohn eines kroatischen Kleinbauern und einer slowenischen Mutter geboren. Er erlernte das Schlosserhandwerk und trat 1910 der sozialistischen Partei bei. In dieser Zeit arbeitete er beim Daimler-Werk in Wiener Neustadt, eine Unterkunft hatte er bei seinem Bruder in Neudörfl gefunden. Im darauf folgenden Jahr ging er wegen Arbeitslosigkeit nach Slowenien, in der Folge zog er mit anderen Kollegen durch Böhmen, Bayern, das Ruhrgebiet und auch nach Wien, immer dorthin, wo er kurzfristig Arbeit fand.

1913 wurde er zur Armee eingezogen. Nach Ausbruch des Ersten Weltkrieges musste er an die Front, zunächst nach Serbien und dann an die Karpatenfront gegen die Russen, wo er verwundet wurde und in russische Kriegsgefangenschaft geriet. 1917 wurde er Zeuge der Oktoberrevolution, was sein ganzes Leben veränderte. Ein Jahr später meldete er sich freiwillig zur Roten Armee und kämpfte auf der Seite der Bolschewiki gegen die Weiße Armee der ehemaligen zaristischen Offiziere.

Als er 1920 in sein Heimatland zurückkehrte, war dies mittlerweile ein geeinter Staat, das Königreich der Serben, Kroaten und Slowenen (SHS-Staat). Josip Brosz machte sich daran, die KP im SHS-Staat aufzubauen, übernahm offizielle Gewerkschaftsfunktionen und wanderte auch mehrmals ins Gefängnis, da die KP mittlerweile verboten war. Zuletzt saß er von 1928 bis 1934 im Gefängnis, anschließend ging er in den Untergrund. Er wurde ins Zentralkomitee der jugoslawischen KP – der Staat der Serben, Kroaten und Slowenen hieß ab 1928 offiziell Königreich Jugoslawien – aufgenommen. 1935 nahm er noch am VII.

Weltkongress der Komintern teil und unternahm eine ausgedehnte Reise durch die Sowjetunion. Während des Spanischen Bürgerkrieges organisierte er Transporte von Freiwilligen aus Jugoslawien auf die Iberische Halbinsel, er selbst nahm jedoch nicht an den Kämpfen teil. 1937 wurde er von der Komintern, die damals zentral die Geschicke der illegalen kommunistischen Parteien lenkte, zum Generalsekrtetär der KPJ bestellt. Bei einer 1940 stattfindenden Nationalkonferenz wurde er in dieser Funktion bestätigt.

Seit dem Überfall Deutschlands auf Jugoslawien und dem Bombardement Belgrads organisierte und kommandierte Tito den Partisanenkampf gegen deutsche und auch italienische Besatzer, die ihrerseits im Bündnis mit den kroatischen faschistischen Ustascha standen. In Bosnien eröffnete sich eine weitere Front gegen die royalistischen Četniks. Nach und nach errang seine »Volksbefreiungsarmee« beachtliche Erfolge im Partisanenkampf, der zweifellos durch die geografischen Gegebenheiten des Landes begünstigt wurde. Er konnte damit starke militärische Kräfte der Achsenmächte binden. Trotz schwerer Vergeltungsschläge der Deutschen gegen die Zivilbevölkerung blieb die Unterstützung der Menschen für die Partisanen in vollem Umfang bestehen.

1943 wurde der erfolgreiche Kommandant Tito zum Marschall ernannt und stand auch als Präsident an der Spitze des »Antifaschistischen Rates der Nationalen Befreiung« (AVNOJ). Mehrfach war Tito in großer Gefahr, von den Deutschen gefangen genommen zu werden. Im Mai 1944 gelang ihm nur noch mit einem britischen Flugzeug die Flucht nach Italien. Gegen Ende 1944 hatten die Partisanen das ganze Land unter ihrer Kontrolle, daher wurde Tito auch von den Alliierten anerkannt, vor allem die Briten spielten in diesem Zusammenhang eine Vorreiterrolle. Nach Gesprächen mit einem Vertrauten Churchills kam es sogar zu einer Begegnung Titos mit dem britischen Premier in Caserta in Italien. Tito pflegte aber auch gute Kontakte zur Sowjetunion – nicht nur weil er auch deren materielle Unterstützung brauchte, sondern weil er sich keineswegs auf eine der alliierten Mächte festlegen wollte.

Nach Kriegsende ließ sich Tito seinen Machterhalt durch eine Volksbefragung bestätigen und wurde mit 29. November 1945

Ministerpräsident der neuen Volksrepublik Jugoslawien – dem einzigen Staat, der seine Befreiung aus eigener Kraft geschafft hatte und der nicht von sowjetischen Truppen besetzt wurde.

In den ersten Monaten nach Kriegsende wurde mit den politischen Gegnern nach stalinistischer Methode brutalst aufgeräumt, es kam zu Massakern, Massenverhaftungen und wahllosen Morden wie dem Massaker von Bleiburg oder den Morden in den Foibe bei Triest.

1948 trennte Tito sich von der sowjetischen Bevormundung und schuf in der Folge einen nationalen Kommunismus, der als Titoismus eine spezielle Note hatte und zum Vorbild für alle nationalen kommunistischen Parteiregime wurde. Die jugoslawische KP wurde 1948 aus der Kominform, der Nachfolgeorganisation der Komintern, ausgeschlossen. Stalin und Tito führten eine erbitterte Auseinandersetzung, Stalin versuchte die jugoslawische Partei auf seine Seite zu ziehen und drohte offen in der »Prawda« mit Mord, wenn er das Schicksal Trotzkis als lehrreiches Beispiel zitierte. Tito seinerseits lehnte jede »freundschaftliche« Einladung nach Moskau ab. Erst 1953, nach Stalins Tod, rang sich die Sowjetunion dazu durch, den jugoslawischen Sonderweg als Fait accompli zu akzeptieren. 1955 stattete Stalins Nachfolger Nikita Chruschtschow Jugoslawien einen offiziellen Besuch ab.

Mit der Annahme einer neuen Verfassung im Jahr 1953 wurde Tito auch Staatspräsident, ab 1963 wurde dieses Mandat auf Lebenszeit verlängert.

1955 formte er gemeinsam mit Indiens Jawaharlal Nehru und Ägyptens Gamal Abdel Nasser die Gruppe der Blockfreien, die weder dem Westen noch dem Osten zugerechnet werden wollten. Als Anwalt der Interessen der Entwicklungsländer und durch eine bemüht ausgleichende, die Politik des Kalten Krieges egalisierende Politik erwarb sich Tito weltweites Ansehen. Dies änderte nichts an seinem autoritären Regierungsstil im Inneren, allerdings ließ er im Laufe der Jahre mehr Freiheiten zu, zunächst für Kunst und Kultur, später auch auf betrieblicher Ebene.

Der Einmarsch der Warschauer-Pakt-Staaten in die Tschechoslowakei im Sommer 1968 fand in Tito einen scharfen Kritiker, wofür er des Applauses des Westens sicher sein konnte. Dass er drei Jahre später den »kroatischen Frühling« niederschlug und zahllose Verhaftungen folgen ließ, wurde im Westen nicht mehr so wohlwollend aufgenommen. Außerdem ließ er eine Verfassungsreform folgen, die dem von niedergehaltenen Nationalitätenkonflikten bedrohten Staat mehr Föderalismus gewährte. Im Sommer 1980 musste sich Tito einer Beinamputation unterziehen, von der er sich nicht mehr erholte.

Tito hielt den Vielvölkerstaat Jugoslawien, der neben den drei quasi Staatsnationen noch mehrere größere und kleinere Minderheiten beherbergte, in den Jahrzehnten seines Regimes zusammen. Wie das Auseinanderfallen Jugoslawiens in den 1990er-Jahren beweist, war es nur seiner Autorität und seiner kompromisslosen Führung zu danken, dass dieser Staat so lange überlebte.

Dies war allerdings nur durch eine gemäßigt liberale Wirtschaftspolitik möglich, die keineswegs den sonstigen kommunistischen Systemen entsprach. In Jugoslawien gab es eine marktwirtschaftliche Wettbewerbs- und Preissituation, Arbeiter bzw. Arbeiterräte konnten Einfluss auf die jeweilige Produktion ausüben, es kam zu keiner Kollektivierung der Landwirtschaft, es gab größere Freiheiten für Kunst, Wissenschaft und Presse, und es herrschte reger Kontakt auch zu den demokratischen Staaten des Westens. Tito wurde im Laufe der Jahre ein respektierter, vielerorts geschätzter Repräsentant der Blockfreien.

* 25. Mai 1892 in Kumrovec (Kroatien)
† 4. Mai 1980 in Ljubljana

1910	Beitritt zur sozialistischen Partei
1913	k. u. k. Armee
1917–1920	als Freiwilliger in der Roten Armee der Sowjetunion
1920	Rückkehr nach Jugoslawien
1943	Marschall
1945	Ministerpräsident
1948	Trennung von Moskau
1953	Staatspräsident
1955	Mitbegründer der Gruppe der Blockfreien
1963	Staatspräsident auf Lebenszeit

Sithu U Thant

Der Birmane Sithu U Thant, der erste und bislang einzige Generalsekretär der Vereinten Nationen aus Asien, war der älteste von vier Söhnen wohlhabender Grundbesitzer und Reishändler. Sein Vater U Po war Mitbegründer der Zeitung »Sun« in Rangun und Gründungsmitglied der birmanischen Forschungsgemeinschaft. Nach dem Tod seines Vaters – er war damals 14 Jahre alt – führten Erbstreitigkeiten zu einer schwierigen finanziellen Situation für die Familie. Sithu U Thant besuchte die Universität und studierte Geschichte. Danach kehrte er in seinen Geburtsort zurück und unterrichtete als Lehrer an der Nationalschule, ab 1934 war er Direktor dieser Schule. Damals freundete er sich mit U Nu an, einem Vertreter der Schulaufsichtsbehörde und späteren Ministerpräsidenten des Landes. U Thant arbeitete auch als Übersetzer und übertrug einige Bücher ins Birmanische, unter anderem eines über die Vereinten Nationen. Ab 1942 war er Sekretär einer nationalen Behörde zur Reorganisation des Schulwesens. Zu Kriegsende schloss er sich der birmanischen Befreiungsbewegung unter General Aung San gegen die japanische Besatzungsmacht an. Ministerpräsident U Nu, mit dem er gemeinsam gegen die Japaner gekämpft hatte, ernannte ihn 1947 zum Pressedirektor und 1948 zum Rundfunkdirektor. Ein Jahr später avancierte er zum Informationsminister und blieb in dieser Funktion bis 1957. U Thant schrieb Reden für den Ministerpräsidenten, arrangierte seine Auslandsreisen und seine Begegnungen mit ausländischen Politikern. So nahm er auch als enger Berater U Nus an zahlreichen Konferenzen teil, z. B. 1955 an der Konferenz von Bandung, als am Höhepunkt des Kalten Krieges die Gruppe der Blockfreien ins Leben gerufen wurde.

Ab 1957 war er als ständiger Vertreter seines Landes bei der UNO akkreditiert. 1961 – nach dem Tod Dag Hammarskjölds – wurde er zunächst auf Empfehlung des Sicherheitsrates als interimistischer Generalsekretär gewählt und ein Jahr später einstimmig als regulärer Generalsekretär der Vereinten Nationen bestätigt. 1966 wurde er für fünf Jahre wiedergewählt.

U Thant brachte als Buddhist und Sozialist seine Überzeugungen zum Vorteil seiner Funktion in seine Amtsgeschäfte mit
ein – sich auch am Vorbild seines Vorgängers Hammarskjöld
orientierend.

Ihm gelang die Lokalisierung der Krisen im Kongo, in
Kaschmir und in Zypern. In seine Amtszeit fielen die Kubakrise
und der Sechs-Tage-Krieg zwischen Israel und den arabischen
Ländern. 1968 walzten russische Panzer den Prager Frühling
nieder, der indisch-pakistanische Krieg führte zur Gründung
des neuen Staates Bangladesh. Wie sein Vorgänger bemühte er
sich um Vermittlung und Ausgleich der Interessen, konnte aber
nicht wirklich das Gewicht der UNO als Vermittler in internationalen Konflikten ins Spiel bringen. Im Lauf der Jahre bemühte
er sich zunehmend um die Förderung der Länder der Dritten
Welt. In seine Amtszeit fiel auch die Aufnahme eines Dutzends
neuer asiatischer und afrikanischer Staaten. Seinem Engagement ist die Institutionalisierung noch heute wichtiger Entwick-
lungshilfe- und Umwelt-Organisationen der UN zu danken,
wie UNCTAD und UNITAR. In ihm fand die südafrikanische
Apartheid-Politik einen entschiedenen Gegner. Sein Verhältnis
zu den Vereinigten Staaten verschlechterte sich mit den Jahren,
da er die amerikanische Kriegsführung in Vietnam öffentlich
kritisierte.

Als U Thant in New York an Lungenkrebs starb, wurde er
in sein Heimatland überführt, dort aber ohne jede Ehrung beigesetzt. Birma war schon 1962 eine Militärdiktatur geworden.
Trotzdem säumten Tausende die Straßen, um ihm die letzte
Ehre zu erweisen. Studenten errichteten ihm sogar ein vorüber-
gehendes Mausoleum, wo sie Reden gegen die Miltärs hielten.
Als dieses Mausoleum durch die Militärs beseitigt wurde, kam
es in Rangun zu Unruhen.

* 22. Januar 1909 in Pantanaw (Birma)

† 25. November 1974 in New York

1945   Kämpfe gegen die Japaner

1947   Pressedirektor

1948   Rundfunkdirektor

1949–1957 Informationsminister

1955   Teilnahme an der Konferenz von Bandung

1957–1961 ständiger Vertreter Birmas bei den Vereinten Nationen
1961–1971 Generalsekretär der Vereinten Nationen

Werke

View from the UN (1978)

ALBRECHT WENZEL EUSEBIUS WALLENSTEIN

Der kaiserliche Feldherr, Politiker und Unternehmer, der eigentlich Waldstein hieß, stammte aus einer verarmten böhmischen Adelsfamilie. Wahrscheinlich 1606 war er, den Zug der Zeit erkennend, zum Katholizismus konvertiert, im Grunde war er aber religiös völlig indifferent. Woran er glaubte, das waren die Sterne, er meinte, mit der Astrologie sein Leben voraussehen zu können.

Wallensteins erste Ehe mit Lucretia Nekeš von Landek, verwitwete Vičkov, brachte ihm Vermögen, seine zweite Verbindung mit Isabella von Harrach verschaffte ihm gute gesellschaftliche Beziehungen. 1618 stellte er aus eigenen Mitteln eine Armee auf, die er Kaiser Ferdinand II. nach Ausbruch des Krieges in Böhmen, der später der Dreißigjährige genannt wurde, zur Verfügung stellte. Er stellte nur die Bedingung, dass er selbst den Oberbefehl innehaben müsse.

Nach dem Sieg über den »Winterkönig« Friedrich V. von der Pfalz erwarb Wallenstein etwa 60 Güter von geflohenen böhmischen Aufständischen, die den Kern des Fürstentums Friedland bildeten. Der Titel eines Fürsten von Friedland wurde ihm 1623 vom Kaiser für seine Erfolge als Heerführer verliehen.

Wallensteins Grundsatz für die Erhaltung der Armee lautete: »Der Krieg muss den Krieg ernähren.« Das hieß, dass die Landstriche, in denen die Soldaten kämpften oder überwinterten, nicht nur für Kost und Verpflegung zu sorgen hatten, sondern dass auch der Aufwand für die Besoldung im Wege von Kontributionen zu leisten war. Durch ein kompliziertes System an Magazinen, in denen er Vorräte für seine Truppen hortete, machte er sich unabhängig vom rechtzeitigen Eintreffen der Kontributionsleistungen. Er erzielte eine Reihe großartiger militärischer Erfolge und organisierte im Laufe der Jahre eine sehr effektive, schlagkräftige Armee von etwa 40.000 Mann, die auf ihn eingeschworen war.

Die Protestanten bekämpfte Wallenstein, weil er die föderalistische Struktur des Reiches für einen Unsegen hielt. Die Reichsidee sollte nach seiner Vision über den Interessen der Einzelfürsten stehen. Sein Traum war es, das Reich der Habsburger bis an die Ostsee auszudehnen. Letztlich scheiterte dieser Plan an der von den Schweden unterstützten Stadt Stralsund, die »mit Ketten an den Himmel geschmiedet« blieb, er konnte sie nicht einnehmen.

1627 vertrieb er den protestantischen Dänenkönig Christian IV. aus Deutschland, als Belohnung erhielt er das Herzogtum Mecklenburg und das Fürstentum Sagan, der Kaiser ernannte ihn zum »General der ozeanischen und baltischen Meere«, im Grunde ein höchst barocker Titel, der nicht der Realität standhielt.

Seine im Laufe der Jahre wachsende Macht und damit Unabhängigkeit erfüllten die an der Seite Ferdinands stehenden katholischen Fürsten, vor allem die mächtigen Kurfürsten, allen voran Maximilian von Bayern, mit zunehmendem Missbehagen. Wallenstein wurde immer mächtiger, reicher – und damit unangreifbarer. 1630 setzten diese Fürsten seine Absetzung durch, eine Demütigung, die dieser stolze und erfolgsgewohnte Mann nicht akzeptieren konnte und wollte.

Es muss ihn mit tiefer Befriedigung erfüllt haben, als Ferdinand II. ihn wegen des Kriegseintritts der Schweden neuerlich zum Generalissimus aller Truppen mit unbeschränkten Vollmachten ernannte. Nun standen alle katholischen Fürsten gegen ihn – es war nur eine Frage der Zeit, wann er ihnen einen Anlass bieten würde.

Ehrgeizig wie er war, hatte Wallenstein Geheimverhandlungen mit den Schweden, mit Brandenburg und Sachsen aufgenommen, um über ein Ende der Kampfhandlungen zu beraten. Alle historischen Indizien deuten darauf hin, dass er des Kriegführens leid war und Frieden machen wollte. Doch sein Frieden hätte auch die Protestanten eingeschlossen. Aus der Perspektive der nachfolgenden Schreckensjahre des Dreißigjährigen Krieges, den der große Wallenstein-Biograf Golo Mann als » … irre[n] europäische[n] Weltkrieg« bezeichnete, gesehen, war dies ein Zeitpunkt, an dem alle mit der Wahrung des Gesichts und ohne große Gebietsverluste ausgestiegen wären. Danach gab es nur noch Verluste für das Reich, profitieren konnten nur die auswärtigen Mächte wie Schweden oder besonders Frankreich.

Von seinen Gegnern wurde Wallenstein vorgeworfen, dass er das Haus Habsburg stürzen wollte, zumindest aber für sich die böhmische Krone sichern wollte. Seine Fürsprecher führten ins Treffen, dass er im Grunde nur Frieden wollte. Bei Abwägung aller bekannten Tatsachen wollte er sicherlich nur das Letztere. Jedenfalls war es ein Fehler, dass er zur Jahreswende 1634 von seinen Offizieren in den Pilsener Reversen das Versprechen der bedingungslosen Treue ihm gegenüber verlangte. Dies wurde als Beweis für die vielen später konstruierten Verschwörungstheorien genommen.

Als bekannt wurde, dass Ferdinand II. Wallenstein 1634 neuerlich abgesetzt hatte, machte sich eine Gruppe von Offizieren zu Vollstreckern des kaiserlichen Willens und ermordete den bereits von vielen Anhängern verlassenen und schwer kranken – Wallenstein litt extrem an der Gicht, der Krankheit der Reichen seiner Zeit – kaiserlichen Feldherrn in Eger.

Wallenstein war ein Grübler, nicht ein Mann der schnellen Entschlüsse, aber auch kaltblütig, ja gefühlsarm. Einerseits grausam und gewissenlos, konnte er andererseits große Güte an den Tag legen. Äußerst selbstbeherrscht neigte er dazu, sich in Extremsituationen zu unsinnigen Handlungen hinreißen zu lassen. Sein Antriebsmotor war der Ehrgeiz. Seine militärische Bedeutung blieb bis zur Französischen Revolution, bis zum Levée en masse, dem Volksheer der Franzosen, bestehen, war er doch der Erste, der ein stehendes Heer schuf und auch für dessen regelmäßige Besoldung und Versorgung sorgte, was die Einsatzfähigkeit der Truppen erheblich steigerte.

Viele seiner Zeitgenossen brachen bei der Nachricht von seinem Tod in Jubel aus, der spanische Gesandte in Wien, Iñigo Graf Oñate, meinte, dass Gott dem Hause Österreich eine große Gnade erwiesen habe. Auch Maximilian von Bayern machte aus seiner Freude über den Meuchelmord, denn das war diese schäbige Tat, kein Hehl: »Dass der Allmächtige den Meineid und die Bosheit des Friedländers und der ihm anhangenden Rebellen mit ihrem schließlichen Untergang so augenscheinlich gestraft, erfreu ich mich mit Eurer Kaiserlichen Majestät von getreuem Herzen und ist Gott dafür billig Ehr und Lob zu sagen.« Auch Kaiser Ferdinand II. schloss sich freudigen Herzens diesem Urteil an. Er ließ zwar 3000 Seelenmessen für Wallenstein lesen, aber nicht aus schlechtem Gewissen, sondern weil dies zu seinem Zeremoniell gehörte und eine Demonstration seiner Macht war.

Der Rest des Falles war eine reine Peinlichkeit: Alle, die auch nur den geringsten Anteil an der Ermordung Wallensteins hatten, wurden aus seinen konfiszierten Gütern, die mindestens einen Wert von neun bis zehn Millionen Gulden hatten, reichlich belohnt. Sogar jeder Soldat, der in Eger anwesend war, erhielt 500 Taler. Auch Maximilian von Bayern wollte ein Stück der Beute, er soll sich besonders für Pferde und Maulesel interessiert haben. Jedenfalls dauerte die Liquidierung von Wallensteins Vermögens acht Jahre lang. Manches Familienvermögen wurde durch diese schändliche Tat begründet. Richelieu, ein aufrechter Gegner Wallensteins und selbst nicht gerade zimperlich in der Wahl seiner Mittel, meinte: »Es gibt keinen Ausdruck, der abscheulich genug wäre, eine solche Tat zu charakterisieren, und keine Strafe in diesem Leben, die entsetzlich genug wäre, eine solche Tat zu sühnen.«

Als Wallensteins schriftlicher Nachlass, das heißt alle Papiere, die man in Eger bei ihm beschlagnahmte, gesichtet worden war, ergab sich nicht der geringste Hinweis auf einen Verrat seinerseits.

Es blieb der Tatbestand, dass nach seinem Tod die großartige Armee, die er geschaffen hatte, zerfiel und die Habsburger und die katholische Partei keine wirklichen militärischen Erfolge mehr erzielen konnten. Der Friede von 1648 war ein Friede der Erschöpfung. Im Reich hatte niemand gewonnen. Wallenstein, der seinem Kaiser ein treuer und höchst erfolgreicher Diener gewesen war, »Egrae obiit aegre«, starb bitterlich in Eger.

* 24. September 1583 in Heřmanice (Böhmen)
† 26. Februar 1634 in Eger (ermordet)

1606   Konversion zum Katholizismus
1618   Aufstellung einer eigenen Truppe

George Washington

Der erste Präsident der unabhängigen Vereinigten Staaten von Amerika kann wahrhaftig als Schöpfer dieses Staatengebildes bezeichnet werden. Er kämpfte jahrelang an vorderster Front für die Unabhängigkeit von der britischen Kolonialmacht und spielte eine wesentliche Rolle bei der Ausarbeitung der Verfassung dieses neuen Staates. John Marshall, Oberster Bundesrichter in der ersten Hälfte des 19. Jahrhunderts nannte ihn: »Der Erste im Kriege, Erste im Frieden, Erste im Herzen seiner Landsleute«.

Washington stammte aus einer Familie von wohlhabenden Grundbesitzern aus Virginia, einer der ältesten britischen Kolonien in der Neuen Welt. Seine Vorfahren stammten aus Nordostengland und waren 1657 in Amerika eingewandert. Eine wirklich gute Ausbildung hatte er durch den frühen Tod der Eltern nicht genossen. Mit 17 Jahren hatte er aber bereits eine wohl dotierte Funktion inne, die es ihm erlaubte, in Westvirginia Grund zu erwerben. Anfang der 50er-Jahre schloss er sich den Freimaurern an.

Die Kämpfe mit Indianern und Franzosen begannen 1753, als die Franzosen im Gebiet von Ohio Stützpunkte errichteten. 1755 begann ein regelrechter Krieg um dieses Gebiet, Washington wurde Kommandant der Milizen und bewährte sich als tapferer Soldat und noch besserer Organisator. Doch 1758 quittierte er den Militärdienst und heiratete ein Jahr später die verwitwete Martha Dandridge Custis, eine vermögende Frau. Leider blieb die Ehe kinderlos. Washington zog sich auf sein Landgut Mount Vernon zurück und führte das noble Leben eines Pflanzers, der Sklaven hielt und stetig seinen Besitz vermehrte. Er liebte die

249

elegante Fuchsjagd und importierte Luxusgüter aus Europa. Er baute vor allem Tabak an, doch als die Tabakpreise verfielen, stellte er rechtzeitig auf Weizen um. Um 1775 hatte er seinen Landbesitz verdoppelt, besaß etwa 100 Sklaven und war eine respektierte Persönlichkeit, die insofern am politischen Leben Anteil nahm, als er im Provinzparlament von Virginia saß.

Als die britischen Anforderungen an die Kolonien und damit die Unzufriedenheit der Bewohner stieg, gehörte auch er zu jenen, die gegen die Ausbeutung der Kolonie protestierten. Virginia entsandte ihn als Vertrauensmann zum Ersten Continentalkongress, bei dem die Maßnahmen gegen die Briten beschlossen wurden. Als 1775 die Kämpfe ausbrachen, stellte der Zweite Continentalkongress eine Armee auf, zu deren Kommandanten – auf Empfehlung von John Adams – Washington gewählt wurde. Er erzielte einige Erfolge, erlitt aber auch Niederlagen. Seine Triumphe, wie der unkonventionelle Übergang über den Fluss Delaware oder der Erfolg von Saratoga, wurden Legende. Washingtons Verdienst liegt nicht so sehr in den militärischen Erfolgen als in der Organisation dieses Krieges. Die Beschaffung von Truppen, Nachschub und Geldern aus den einzelnen Provinzen war die viel mühevollere Aufgabe. Außerdem kümmerte er sich um die Ausbildung der Armee, wobei ihm Friedrich Wilhelm von Steuben, ehemals im preußischen Generalstab, zur Seite stand. Es gelang Washington, aus einem Haufen undisziplinierter Rekruten eine Armee aufzubauen, die à la longue dem britischen Berufsheer gewachsen war. Der Eintritt der Franzosen in den Krieg auf der Seite der Amerikaner führte die Entscheidung herbei. Letztlich wurde der Krieg für die Briten, die wohl dank ihrer Flotte die Küstenstützpunkte halten, aber die gewaltigen Ausmaße des Territoriums mit ihren Truppen nicht effektiv kontrollieren konnten, zu einer zu kostspieligen Angelegenheit. Die britischen Kolonien in der Neuen Welt mussten in die Unabhängigkeit entlassen werden. 1783 nahm Washington als Vertreter des neuen Staatenbundes an den Pariser Friedensverhandlungen teil. Dann erfolgte abermals sein Rückzug auf sein Landgut, der jedoch nicht lange anhielt.

Washington wurde eingeladen, am Verfassunggebenden Konvent teilzunehmen, einstimmig wurde er zum Präsidenten dieses Gremiums gewählt. Es war nicht so sehr sein juristisches

Wissen um das Verfassungsrecht als vielmehr seine moralische Autorität und sein Prestige, die ihn in dieses Amt führten. Zwei Jahre später wurde er einstimmig vom Wahlgremium zum ersten Präsidenten der Vereinigten Staaten gewählt. Sein Vizepräsident wurde John Adams. Washington setzte Maßstäbe für die Ausübung des Amtes, er achtete peinlich darauf, die Würde des Amtes zu wahren, ohne in den Pomp europäischer Fürstenhöfe zu verfallen. In seiner Ära wurde auch die offizielle Anrede »Mr. President« geschaffen. 1792 wurde Washington wiedergewählt, 1796 verzichtete er auf eine weitere Kandidatur und wurde damit für alle weiteren Präsidenten zum Beispiel, dass zwei Amtsperioden genug seien. Nur Roosevelt durchbrach dieses Schema, doch 1951 wurde dieser Grundsatz mit dem 22. Zusatz zur Verfassung zum Gesetz erhoben.

Gemeinsam mit Alexander Hamilton, dem Finanzstaatssekretär und Begründer der Föderalistischen Partei, schuf Washington die Struktur aller bundesstaatlichen Behörden. Aus dem Nichts musste ein Behördenapparat geschaffen werden, eine gesunde Finanzverwaltung, eine stabile Währung, der Außenhandel musste angekurbelt werden, und die Territorien im Westen harrten noch der Besiedlung. Generell musste der Autorität der Bundesbehörden zum Durchbruch verholfen werden. Da jede seiner Regelungen zukunftsweisend war, überlegte er sehr genau, welche Schritte zu tun wären. Er selbst hielt sich von Parteipräferenzen fern.

Außenpolitisch gab er insofern eine Linie vor, als er den Vereinigten Staaten empfahl, sich aus allen europäischen Konflikten herauszuhalten. Auch als die Franzosen, die den Unabhängigkeitskampf unterstützt hatten, einen Diplomaten nach Amerika entsandten, blieb Washington unbeirrt. Außerdem musste der neue Staat noch einen Modus finden, um mit Großbritannien wieder zu normalen Handelsbeziehungen zu kommen, abgesehen davon gab es noch alte Verpflichtungen aus der Kriegszeit, die einer Erledigung harrten. So schloss er den Jay-Vertrag – verhandelt von John Jay –, der bis 1812 gültig blieb. Die Briten räumten damit ihre letzten Stützpunkte. Auch in seinem politischen Testament warnte Washington seine Nachfolger, sich nicht in europäische Konflikte einzumischen und keine Verträge über Allianzen mit ausländischen Staaten zu schließen. Nach seinem Rückzug aus der Politik eröffnete er eine Whiskey-Brennerei und wurde der größte Produzent zu seiner Zeit.

Der »Vater der Nation«, wie er schon 1778 genannt wurde, war ein persönlich höchst integrer Mann von großer Disziplin. Der 1,90 Meter große Hüne, der fast alle seine Zeitgenossen überragte, wurde ein leuchtendes Beispiel für Ehre und Patriotismus. Er war mit Benjamin Franklin und Lafayette befreundet, spätere Historiker machten ihm zum Vorwurf, dass er sich nicht vom Sklavenhandel distanziert habe. Tatsächlich nahm er nie offiziell dazu Stellung, wiewohl er im privaten Kreis öfter den Wunsch äußerte, seine Sklaven zu verkaufen, was aber wegen der Familienverhältnisse nicht ganz einfach war. Er hatte die Schwarzen als hervorragende Soldaten und damit auch als Patrioten kennengelernt, was seine private Meinung revidiert haben dürfte.

* 22. Februar 1732 in Popes Creek Plantation, Westmoreland County
† 14. Dezember 1799 in Mount Vernon
1755–1758 Milizkommandant in Virginia
1759 Ehe mit Martha Dandridge Custis
1775–1783 Unabhängigkeitskrieg
1783 Teilnahme an den Pariser Friedensverhandlungen
1788–1796 erster Präsident der Vereinigten Staaten

Thomas Woodrow Wilson

Der 28. Präsident der Vereinigten Staaten, Demokrat und Calvinist, wechselte von einer vielversprechenden wissenschaftlichen Laufbahn in die Politik. Er brachte so großartige Ideen wie den Völkerbund in den politischen Diskurs, war aber auch ein sturer Rassist.

Wilson wurde als Sohn eines presbyterianischen Pfarrers geboren und wuchs in den Südstaaten auf. Seine Vorfahren waren aus Schottland und Nordirland eingewandert, seine Eltern sympathisierten mit den Konföderierten, besaßen Sklaven, eröffneten für sie aber eine Sonntagsschule. Möglicherweise litt Wilson an Legasthenie, was seine anfänglichen Leseschwierigkeiten verständlich machen würde. Nach dem College studierte er in

Princeton, dann Rechtswissenschaften an der Universität von Virginia und wurde an der John Hopkins-Universität mit der Arbeit »Congressional Government« promoviert.

Er unterrichtete zunächst an einem College, zwischendurch versuchte er, mit einem Studienkollegen aus Virginia eine Rechtsanwaltskanzlei aufzubauen, doch der Beruf interessierte ihn nicht. Er beschäftigte sich vielmehr mit Geschichte und Politik, die einzelnen Fälle der Tagesroutine langweilten ihn.

1890 übernahm Wilson eine Professur für Rechtswissenschaft und Nationalökonomie in Princeton, 1902 wurde er Präsident dieser Universität. Weitere wissenschaftliche Arbeiten zum amerikanischen System folgten, 1908 publizierte er die Abhandlung »Constitutional Government of the United States« – gleichsam eine theoretische Grundlage für seine künftige praktische Arbeit in der Politik –, in der er zur Präsidentschaft meinte, diese »will be as big as and as influential as the man who occupies it«.

1910 kandidierte er für die Demokraten bei der Wahl zum Gouverneur von New Jersey. In dieser Funktion war er höchst erfolgreich, startete Steuerreformen und Reformen im Bank- und Währungswesen. So gewann er innenpolitisch an Gewicht und der Demokratische Convent stellte ihn als Kandidaten für die Präsidentschaftswahl 1912 auf. 1916 wurde er ein zweites Mal knapp gewählt, auch weil er mit dem Slogan »he kept us out of war« antrat, den er selbst jedoch nie verwendete, es war eine Kreation der Wahlkampfmanager oder von politischen Kommentatoren.

Wilsons erste Präsidentschaft bestand aus einer Fülle höchst wichtiger Gesetzesanträge, in seiner zweiten Amtsperiode widmete er sich in erster Linie dem Eintritt Amerikas in den Ersten Weltkrieg, der Friedensordnung nach dem Krieg und vor allem seiner Lieblingsidee, dem Völkerbund.

1913 begann er seine Amtsgeschäfte mit einer Reihe höchst wichtiger Reformgesetze. Der »New Freedom Act« konzipierte ein neues Wirtschaftsprogramm für freien Wettbewerb und Chancengleichheit, im »Underwood Tariff Act« erfolgte eine Reduktion der Schutzzölle, der »Federal Reserve Act« kontrollierte das Bank- und Kreditwesen und führte eine progressive Einkommensteuer ein, mit dem »Clayton Antitrust Act« wurden Monopole der Kontrolle unterworfen und Gewerkschaften unter Schutz gestellt. Sozialreformerische Gesetze wie das Verbot der Kinderarbeit und die Einführung des Acht-Stunden-Tages für Eisenbahner rundeten sein gesetzgeberisches Pogramm ab. Trotzdem erfolgte 1916 seine Wiederwahl nur mit knapper Mehrheit.

Vielfach wurde Wilson als antiimperialistisch interpretiert, doch tatsächlich erreichte unter seiner Ägide der Expansionsdrang der USA einen Höhepunkt: Wilson intervenierte in Nicaragua und in der Dominikanischen Republik, er schickte Truppen nach Kuba und nach Haiti.

1917 erfolgte die Kriegserklärung der Vereinigten Staaten an die Mittelmächte, offiziell weil das Deutsche Reich den U-Boot-Krieg auf amerikanische Transportschiffe ausgedehnt hatte, tatsächlich weil es massive Interessen der Wallstreet und der Rüstungskonzerne an einem Kriegseintritt gab. Wilson rechtfertigte diesen Schritt mit dem Argument, dass sich Amerika auf einem »Kreuzzug für die Demokratie« befände. Außerdem waren die anglo-amerikanischen Handelsverflechtungen schon so weit gediehen, dass sich Amerika nicht aus Europa heraushalten konnte. Wilson schloss aber weder mit Großbritannien noch mit Frankreich einen formellen Vertrag.

Am 8. Januar 1918 formulierte er im Kongress die berühmten 14 Punkte, die unbedingt für die Erzielung eines Friedensabkommens erreicht werden sollten, um eine sinnvolle Friedensordnung zu erzielen. Wilson verlangte das Selbstbestimmungsrecht der Völker, Freiheit für Schifffahrt und Handel, eine weitgehende Abrüstung, die Räumung von Russland, Belgien, Rumänien und Serbien, Elsass-Lothringen sollte wieder an Frankreich angeschlossen werden, Polen sollte ein unabhängiger Staat werden und schließlich, sein Herzenswunsch, die Gründung des Völkerbundes.

1919 bei der Pariser Friedenskonferenz konnte Wilson seine Vorstellungen nur zum Teil durchsetzen, die Deutschamerikaner waren mit den demütigenden Bedingungen für Deutschland nicht zufrieden, die irischen Wähler hatten vergeblich auf einen unabhängigen Staat Irland gehofft, und für Österreich-Ungarn entsprachen die Friedensregelungen nicht dem Selbstbestimmungsrecht der Völker, etwa in der Frage Südtirol. Wilson unterschrieb den Versailler Vertrag, obwohl er ihn als zu drakonisch ablehnte. Er tat dies, um die Idee des Völkerbundes durchzusetzen. Der Senat hat diesen Friedensvertrag nie ratifiziert, was zur grotesken Tatsache führte, dass Amerika nicht Mitglied des Völkerbundes wurde.

Für seine Bemühungen zur Schaffung einer friedvolleren Nachkriegssituation wurde Wilson 1919 mit dem Friedensnobelpreis ausgezeichnet.

Während einer Werbetour für den Völkerbund im Oktober 1919 brach Wilson infolge eines Schlaganfalls zusammen und blieb halbseitig gelähmt. Wie schwer seine nachfolgende Behinderung war, blieb der Öffentlichkeit bis nach seinem Tod verborgen. Er vollendete jedenfalls seine Amtsperiode, unterstützt und gepflegt von seiner zweiten Frau Edith, die ihm nur ausgewählte Materien vorlegte, alles andere auf die anderen Kabinettsmitglieder verteilte. Nach dem Ende der Präsidentschaft lebte er zurückgezogen in Washington.

Das positive Bild Wilsons wird durch die Tatsache, dass er ein überzeugter Rassist war, getrübt. Er führte in vielen gesellschaftlichen Bereichen die Rassentrennung ein, dort wo es sie zuvor nicht gegeben hatte, ja er setzte sogar das Militär zur Durchsetzung ein. Schon in Princeton hatte er farbige Studenten abgelehnt. Als Präsident entließ er farbige Bundesangestellte und behauptete, dass die Rassentrennung keine Demütigung, sondern ein Vorteil wäre.

* 28. Dezember 1856 in Staunton (Virginia)

† 3. Februar 1924 in Washington, D. C.

1875–1879	Studium in Princeton
1879–1883	Studium der Rechtswissenschaften an der Universität von Virginia
1883–1885	Abschluss des Studiums in Baltimore
1885	Heirat
1885–1888	Lehrtätigkeit am Bryn Mawr College
1890–1910	Professor für Rechtswissenschaften in Princeton
1910	Wahl zum Gouverneur von New Jersey
1912	Wahl zum Präsidenten
1916	Wiederwahl
1918	Verkündigung der 14 Punkte
1919	Schlaganfall